基督教文化研究丛书

主编 何光沪 高师宁

九编 第 **13** 册

缪斯与上帝的相遇
——基督宗教文艺研究论文集

包兆会 著

花木兰文化事业有限公司

国家图书馆出版品预行编目资料

缪斯与上帝的相遇——基督宗教文艺研究论文集／包兆会 著 ——
初版 —— 新北市：花木兰文化事业有限公司，2023〔民112〕
目 2+220 面；19×26 公分
（基督教文化研究丛书 九编 第 13 册）
ISBN 978-626-344-228-3（精装）
1.CST：基督教 2.CST：宗教文学 3.CST：视觉艺术
4.CST：文集
240.8   111021872

ISBN-978-626-344-228-3

9 786263 442283

基督教文化研究丛书
九编 第十三册
ISBN：978-626-344-228-3

缪斯与上帝的相遇
——基督宗教文艺研究论文集

作 者 包兆会
主 编 何光沪、高师宁
执行主编 张 欣
企 划 北京师范大学基督教文艺研究中心
总 编 辑 杜洁祥
副总编辑 杨嘉乐
编辑主任 许郁翎
编 辑 张雅淋、潘玟静 美术编辑 陈逸婷
出 版 花木兰文化事业有限公司
发 行 人 高小娟
联络地址 台湾235 新北市中和区中安街七二号十三楼
电话：02-2923-1455／传真：02-2923-1452
网 址 http://www.huamulan.tw 信箱 service@huamulans.com
印 刷 普罗文化出版广告事业
初 版 2023 年 3 月
定 价 九编 20 册（精装）新台币 56,000 元

缪斯与上帝的相遇
——基督宗教文艺研究论文集

包兆会 著

作者简介

包兆会，男，1972 年生，文学博士。现为南京大学文学院副教授。主要从事文图理论、基督教文学艺术、庄学研究。参编教材和著作多部，发表学术论文 60 余篇。香港道风山汉语基督教研究所访问学人，美国 Grinnell college 宗教系访问学者。杜克大学神学艺术中心"华人雅歌文艺奖"评委。曾主编《中国美学》杂志，《文学与图像》执行副主编。从 2015 年开始，在文学院开设《基督宗教与中国文学》、《中国基督宗教图像艺术》等课程。

提 要

本论文集收录了作者近年来对基督宗教文学以及基督宗教视觉艺术研究的一些学术成果。收录在本书中的大多数论文都已正式发表。基督宗教文学方面的研究可细分为三方面，一是对明代天主教作家吴历的文学创作与其信仰关系的考察，二是关注基督教文学创作与现当代文学的关系，这方面有三篇研究论文，分别是《〈和合本圣经〉对中国现代文学的影响——兼论影响的定位》，《岛子诗歌创作在当代的标本性意义》，《当代灵性诗歌对汉语写作的贡献及存在的问题》，三是涉及基督教文学理论的研究，有两篇，一篇是中文论文《什么是基督教文学——兼论什么是中国基督教文学》，一篇是英文论文 "The tension between literature and theology under the vision of discipline autonomy"（《学科自主性视野下文学与神学的张力》）。基督宗教视觉艺术方面的研究分为两方面。一是历史方面的研究，包括唐代的景教艺术，元代的景教石刻，明代的天主教插图本《进呈书像》，明代的天主教版画，晚清至民国的《天路历程》图像，西方 16 世纪的第一代、第二代宗教改教家对图像使用的思考，研究涉及图像的流传，视觉的本土化，图像应用的范围等诸问题。二是跨学科方面的研究，涉及图像符号与语言符号的关系，美学与神学的关系，这方面的论文有：《宗教改革时期言像之争的反思》、《论美学与神学的汇通及其意义》。附录部分是对两位基督徒画家及一位基督徒学人采访的稿子，采访的内容涉及被采访者创作的基督教图像和选编的中国基督教文丛。

"基督教文化研究丛书"总序

何光沪 高师宁

　　基督教产生两千年来，对西方文化以至世界文化产生了广泛深远的影响
——包括政治、社会、家庭在内的人生所有方面，包括文学、史学、哲学在内
的所有人文学科，包括人类学、社会学、经济学在内的所有社会科学，包括音
乐、美术、建筑在内的所有艺术门类……最宽广意义上的"文化"的一切领
域，概莫能外。

　　一般公认，从基督教成为国教或从加洛林文艺复兴开始，直到启蒙运动或
工业革命为止，欧洲的文化是彻头彻尾、彻里彻外地基督教化的，所以它被称
为"基督教文化"，正如中东、南亚和东亚的文化被分别称为"伊斯兰文
化"、"印度教文化"和"儒教文化"一样——当然，这些说法细究之下也有
问题，例如这些文化的兴衰期限、外来因素和内部多元性等等，或许需要重估。
但是，现代学者更应注意到的是，欧洲之外所有人类的生活方式，即文化，都
与基督教的传入和影响，发生了或多或少、或深或浅、或直接或间接，或片面
或全面的关系或联系，甚至因它而或急或缓、或大或小、或表面或深刻地发生
了转变或转型。

　　考虑到这些，现代学术的所谓"基督教文化"研究，就不会限于对"基督
教化的"或"基督教性质的"文化的研究，而还要研究全世界各时期各种文
化或文化形式与基督教的关系了。这当然是一个多姿多彩的、引人入胜的、万
花筒似的研究领域。而且，它也必然需要多种多样的角度和多学科的方法。

　　在中国，远自唐初景教传入，便有了文辞古奥的"大秦景教流行中国碑颂
并序"，以及值得研究的"敦煌景教文献"；元朝的"也里可温"问题，催生
了民国初期陈垣等人的史学杰作；明末清初的耶稣会士与儒生的交往对话，带

来了中西文化交流的丰硕成果；十九世纪初开始的新教传教和文化活动，更造成了中国社会、政治、文化、教育诸方面、全方位、至今不息的千古巨变……所有这些，为中国（和外国）学者进行上述意义的"基督教文化研究"提供了极其丰富、取之不竭的主题和材料。而这种研究，又必定会对中国在各方面的发展，提供重大的参考价值。

就中国大陆而言，这种研究自 1949 年基本中断，至 1980 年代开始复苏。也许因为积压愈久，爆发愈烈，封闭越久，兴致越高，所以到 1990 年代，以其学者在学术界所占比重之小，资源之匮乏、条件之艰难而言，这一研究的成长之快、成果之多、影响之大、领域之广，堪称奇迹。

然而，作为所谓条件艰难之一例，但却是关键的一例，即发表和出版不易的结果，大量的研究成果，经作者辛苦劳作完成之后，却被束之高阁，与读者不得相见。这是令作者抱恨终天、令读者扼腕叹息的事情，当然也是汉语学界以及中国和华语世界的巨大损失！再举一个意义不小的例子来说，由于出版限制而成果难见天日，一些博士研究生由于在答辩前无法满足学校要求出版的规定而毕业受阻，一些年轻教师由于同样原因而晋升无路，最后的结果是有关学术界因为这些新生力量的改行转业，后继乏人而蒙受损失！

因此，借着花木兰出版社甘为学术奉献的牺牲精神，我们现在推出这套采用多学科方法研究此一主题的"基督教文化研究丛书"，不但是要尽力把这个世界最大宗教对人类文化的巨大影响以及二者关联的方方面面呈现给读者，把中国学者在这些方面研究成果的参考价值贡献给读者，更是要尽力把世纪之交几十年中淹没无闻的学者著作，尤其是年轻世代的学者著作对汉语学术此一领域的贡献展现出来，让世人从这些被发掘出来的矿石之中，得以欣赏它们放射的多彩光辉！

2015 年 2 月 25 日
于香港道风山

目次

神学与文艺

吴历的基督宗教信仰
对其文学创作的影响

内容提要:

吴历在基督宗教文学创作方面所取得的成就是学界公认的,本文是对其基督宗教信仰如何影响其文学创作的具体研究。当吴历的心灵转向上帝并皈依基督宗教后,他诗歌写作发生了转变,这种转变不仅仅在题材和内容上转向了"天学",也体现在写作姿态改变上,他由先前人生的迷茫与无望,生命的哀怨与逃逸写作情调转向了对人生信、望、爱和生命的喜乐抒写,而在这一写作转变过程中,无论在对传统文化意象进行化用、拓新或直接引进外来文化意象上,还是在灵活运用中国古代各样文学形式表达基督宗教内容上,他都取得了不俗的成绩,可以说,基督宗教与文学在他那里进行了很好的结合,他成了中国古代天主教文学的代表。

关键词: 吴历、基督宗教信仰、天学诗、书写姿态、书写传统

《诗大序》曾总结诗歌写作与作家内心的关系,"诗者,志之所之也,在心为志,发言为诗。情动于中而行于言,言之不足,故嗟叹之,嗟叹之不足故永歌之,永歌之不足,不知手之舞之,足之蹈之也。"西汉哲学家扬雄在《法言·问神》中提到:"故言,心声也;书,心画也。"这两处都提到了诗是用来抒发心志怀抱的,一个人内心的心志和情感需要对应的语言甚至歌唱、舞蹈来对应表述。要研究吴历的基督宗教信仰对其文学写作的影响,首先要研究吴历的心灵转向,只有充分了解了吴历的心灵转向上帝后,才能更好地明白他皈依宗教信仰后他诗歌写作的题材和内容都转向"天学",因为"天学"正是他内心信仰的一种表达,也是他内心对信仰的一种体认和认信。

一、吴历的心灵转向及其文学创作的转变

在吴历未皈依天主教之前，中国传统文化是他安身立命之所，也是他文学创作的主要动力和表现对象。后来吴历在走向基督宗教信仰的过程中，渐渐发现，相较于基督宗教信仰，中国传统文化有它自身鄙陋之所在，他渐渐不再像以前那样热衷于道家的审美，佛教的空无。

1662 年，30 岁时其母逝，不久其妻也丧，吴历益觉人生无常，加上对时局的失望，他开始寻求解脱之道，希望通过参禅和学道来减轻人生愁苦。他早年学琴于陈珉，学诗于钱谦益，学儒于陈瑚，学画于王鉴、王时敏。后钱谦益和陈瑚转向禅悦，吴渔山在心灵转向上与业师相合，自此，以桃溪居士自居，十余年间，喜托迹于僧寺，广结交于禅友，或游江苏常熟虞山兴福寺，或与陈瑚赏玩浙江吴兴道场山，或探苏州好友默容和尚。渔山这种不屑于俗务、俗名的道家审美式[1]和佛教的超然式态度却在他遇到好友默容和尚去世上，使他再无法审美和超然起来。默容是渔山禅道知己，也是书画上良朋。就是这样知己，在 1671 年，即吴渔山 39 岁那年，因创建藏经阁，尽瘁而卒。噩耗传来，渔山悲痛欲绝，久未能已。时隔三年后，他在《兴福庵感旧图卷》款识中提到失去默公的感受："闻默公已挂履峰头，痛可言哉。"所能做的仅是"形于绢素，泚笔陨涕而已"。在那种情境下，佛教难以安慰他，"却到昙摩地，泪盈难解空"，道家的审美也安慰不了一个人在世上的孤独和孤单，"自怜南北客，未尽死生心。痴蝶还疑梦，饥鸟独守林。"在此人生境遇下，他多年前在心中已埋下的基督信仰种子开始从沉睡中苏醒，并在心田中发芽、开花、生根。现在，他终于找到了人生最重要的目标，潜心修道，"争如勤自克，振策入修门。"（《三巴集·克怠》），以及积极引人归道，"愿以常生道，引人笃信谋。"（《三余集·《次韵杂诗七首》之四），"予今村铎为谁鸣？十年踽踽无倦行。安得千村与万落，人人向道为死生。"（《三余集·可叹》后来，在 1688 年他晋升为司铎（神父）后，教会事务繁忙，在牧会与创作二者在时间上产生冲突时，吴历优先考虑了前者，他担心世人如羊迷路，走偏人生方向，不愿通过认罪悔改与永恒者上帝和好，最终在死亡面前人生变得一场空，"但见似羊亡去路，不

---

[1] 在渔山的早年诗画中对道家的遗世独立、寄情山水和道教的神仙思想均有反映，"笔到自成高遁处，采芝应有绮黄来。"（《写忧集·题画诗》之其十六）"援笔不离黄子久，澹浓游戏画虞山。"（《写忧集·题画诗》之其二十三）本文中吴历诗文的具体编撰体例及出处请参见《吴渔山集笺注》（吴历撰，章文钦笺注，北京：中华书局，2007 年版。）

见谁从悔复归。时光冉冉去如矢，此生长短难免死。"（《三余集·可叹》）此时道家审美自娱的写作以及儒家为追求所谓不朽[2]而进行的写作都没有像基督信仰在吴历心目和生活中具有分量，也就是说为了他的基督宗教信仰，他可以在必要时搁置他的创作，甚至他非常喜欢的绘事[3]。事实上，由于他修道的殷勤和牧养的繁重，他确实在 50 岁至 70 岁的 20 年间基本搁置了他的绘画创作。在《画债》一诗引言中他提道："盖学道以来，笔墨诸废。兼老病交侵，记司日钝矣。"确实，为了上帝的国度，他近 20 年几乎不画画，他也欠别人诗债，至于信主后，他也戒酒，欠人家酒债，用他自己的话说，"酒债诗逋正未归"（《三余集·见床头雪》）。

对于儒家伦理中对父慈子孝和对天下苍生的体恤，吴历一直认可、躬行[4]。但儒家思想在人的终极问题上语焉不详，若人的终极问题不解决，人的生死问题就无法给出满意的解释，这势必严重影响人生态度和选择，吴历自己经历这一点，"纷纷歧路久迷漫，所误非独鬓霜霰"（《三余集·可叹》），当时有些儒者面对宇宙之始是选择儒家的解释还是基督宗教的解释存在困惑，认为天主是宇宙之始，理、气、无极、太极又如何，吴渔山认为基督宗教在这一方面比儒家思考得更清楚，在《三巴集·诵圣会源流》第十一和第八首中，渔山试图将基督教中三位一体的观念与万物源于一种物质的观念区分开来："太极含三是漫然，真从元气说浑沦。残篇昔识诚明善，奥义今知父子神。""最高之处府潭潭，眷属团圆乐且耽。无古无今三位一，彻天彻地一家三。"同时上帝在"三位一体"中所展示出来的爱的连结也解决了人与世界的一种关系，人当效仿父、子、神的相亲相爱，应以爱来维系他人和万物。

嘉定教友赵仑与吴历关系密切，并仿明李九标记艾儒略等言行，为吴渔山神父作《续口铎日钞》，他曾在劝人入教时曾有一段自白："即如余亦儒教中人也，幼而吟诗，长而裒集《四书五经大全》注疏诸书，壮而屡试风檐，欣欣自得，以为道在是矣。即反而求诸理之大本大原，则穷思极虑，殚精疲神，而

---

2 曹丕《典论·论文》："盖文章经国之大业，不朽之盛事。"
3 "人世事无大小，皆如一梦，而绘事独非梦乎？然予所梦，惟笔与墨，梦之所见，山川草木而已。"（《墨井画跋·四十七》）"而今所适惟漫尔，与物荣枯无戚喜。林深不管凤书来，终岁卧游探画理。"（《写忧集·题凤阿山房图赠侯大年》之其五）绘事在吴历早期人生中非常重要，是他重要的精神寄托。
4 "遥怜稚子痴难疗，未解征夫鬓易零。花落乌程残醉后，何人不念故园亭？"（《吴兴月夜思家》，作于 1664 年）

不可得。乃知生死之故，性命之源，即孔子亦罕言之，不可得而闻焉。用是洗心涤虑，俯首入教，从此蒙昧一开，而大本大原之所在，始恍然若有以遇之，自喜非复故我矣。"[5]这段话对以耶补儒及为什么信教的阐述相信对吴渔山也是心有戚戚焉。由于儒者固执其所见识，忘却事物关键，反而嘲笑基督宗教不讲正理，"往往儒者堕其机，反嘲天学正理微。"

吴历大概是从 1676 年以后信主的，他的创作以此为分界线大体划分为两个时期，他的前期创作主要表现与信仰无关的应酬、从游、感怀、赏景之作。前期诗集分别为《桃溪》、《从游》，《桃溪》是他 30 岁前写的诗集，钱谦益为其作序，《从游》是康熙三年（1664）、四年（1665）渔山从陈瑚游吴兴所写，有陈瑚为其写序。1680 年，渔山奔赴澳门学道，在澳所作诸诗为《三巴集》，在收录的一百一十多首诗中，其中"圣学诗"占 82 首，《澳中杂咏》以吟泳澳门风物为主，占 30 首，部份亦涉及天主教，这说明他信教后他的写作兴趣和对象都转向了他所信仰的对象。渔山晚年写有《三余集》，是他在上海、嘉定传道时所作，年代在《三巴集》之后，此集收录的主要是他在修道、传道之余吟咏所得之诗作，计有九十余首，内容涉及信仰生活及在教会牧养群羊的情况。

《写忧集》编订于渔山传道于嘉定（约 1696 年）之时，包括了渔山早年至晚年之诗。同样，在这个诗集当中早年的渔山未皈依基督宗教，所写的诗有赏景，有朋友间的赠诗和应和，但不乏"发哀怨之音，寄其家国身世之感"之作，比较有代表性的在《写忧》（写于 1659 年）中提到"十年萍迹总无端，恸哭西台泪未干。……今日战尘犹不息，共谁沈醉老渔竿？"易代之际，衣冠之族，半破其家，伤其身世，渔山早期的诗中多用"悲秋"、"愁雨"、（《避地水乡》）"水寒"、"泪眼"、"悲歌"、"恸处"（《读西台恸哭记》）、"衔恨"、"泪眼"（《哭临桂伯瞿相国》）、"孤坟"（《孤山》）等哀怨之词，在题材上流露出对现实的逃逸，如"爱此一方烟水阔，后期垂钓送斜阳。"（《同陈南浦过横塘》），"从来话隐家山好，雨后烟萝更几层？"（《著书楼次韵话隐》）或感觉人生"路漫漫"（《哭临桂伯瞿相国》）。《写忧集》中写于晚年上海、嘉定的诗作不是很多，这些不多的诗作中主要记录了渔山与朋友的交往与创作上的应和，但以教友交往和应和为主，如与教友陆道淮谈论元画，苏州教

---

5 转引自方豪《中国天主教史人物传·赵仑》，北京：中华书局，1988 年版，第 236 页。

友沈惠子等来访不遇，张靓光、陆道淮教友拜访渔山老家常熟虞山情况。[6]可见，《写忧集》中的早年诗歌与晚年诗歌在写作旨趣和题材的不同也可看出宗教信仰对渔山写作的影响。

二、基督信仰对书写姿态的改变以及对旧有书写传统的转化

吴历因着心灵转向上帝，他的文学创作也随之发生了一百度转变。正如上文所分析的，他皈依基督宗教后，创作的内容和题材主要转向了基督宗教，因着他书写内容和题材的改变，吴历书写语汇的改变和突破也就成了自然而然的事情。在他的诗歌中提到了西洋器物，《三余集》中一些诗的标题如《试观千里镜》、《自鸣钟声》、《西灯》，《显微镜》等直接标示出这些器物，在《三巴集》中则出现了大量基督宗教专有词汇，从一些诗的标题如《庆贺圣母领报二首》、《闻教宗复辟》、《感谢圣会洪恩》（二首）、《七克颂》、《赞圣若瑟》（二首）、《圣依纳爵》、《圣方济各·沙勿略》等可看出。在吴历时代，诗歌中出现西方西洋器物和基督宗教专有词汇并不希罕，因为这些书写语汇实际上在较早以前或同时代的教外人士、反教者、同情基督宗教者及信教者的文章中使用过。

在吴渔山创作天学诗的时代，天主教传入中国已逾百年，教内、外人士已有人用基督宗教词汇入诗。隆武元年（1645），曾在澳门受洗的郑成功父亲郑芝龙，其赠毕方济诗云："紫薇之垣下毕星，沐日浴月过沧溟。泰西景教传天语，身是飞梁接天庭。……君伏天心来救世，崆峒访道归黄帝。"[7]此诗以"泰西景教"指天主教，以"天语"喻《圣经》和神示。毕方济字今梁，芝龙以"毕"为"毕宿星"，以"梁"为可接天庭的"飞梁"，谓毕方济为毕宿星下凡，"伏天心来救世"，做人类的飞梁，可以济人升天庭。这首诗充分表现作者对毕神父的了解和对教义的理解。康熙二十年（1681 年），尤侗（1608-1704）撰《外国竹枝词》百首，其《欧罗巴》一首描述天主教音乐："音声万变都成字，试作耶稣十字歌。"另一首是描写利玛窦的竹枝词："天主堂开天籁齐，钟鸣琴响自高低。阜成门外玫瑰发，杯酒还浇利泰西。"城通成，泰西应作西泰，利玛窦字，为趋韵而改。利玛窦始入中国，1610 年赐葬于阜成门二里沟。[8]这两首词中以天主、耶稣、利玛窦、天主堂入诗。当时反教最激进者杨光先在《破

---

6 分别见《与陆上游论元画》)、《苏娄诸子见访不值》（二首）、《汉昭、上游二子过虞山郊居》（二首）诗作。

7 见方豪《中国天主教史人物传·毕方济》，北京：中华书局，1988 年版，第 202 页。

8 《外国竹枝词一卷》，[清]尤侗撰[新文丰版]，1988 年版，第 587 页。

邪集》中也提到基督宗教信仰内容："天主悯亚当造罪，祸延世世苗裔，许躬自降生，救赎于五千年中。或遣天神下告，或托前知之口，代传降生在世事迹，预题其端，载之国史。降生期至，天神报童女玛利亚胎孕天主，玛利亚怡然允从，遂生子名曰耶稣，故玛利亚为天主之母，童身尚犹未坏。"虽然他认为这一信仰告白是"荒唐怪诞"，不足为信，但也是在传统文化框架外引介西方基督文化。同时代的基督宗教同情者康熙皇帝写有《十字歌》、《生命之宝》歌，在后一首歌中提到"天门久为初人闭，福路全是圣子通。我愿接受神圣子，儿子名分得永生。"他在康熙五十九年（1720），在阅读罗马禁令后认为天主教"禁止可也，免得多事。"下令全面禁教。同时代的生活在杭州的天主教教徒张星曜写有《十二宗徒赞》（四言与七律）。可见天学诗的创作，并不始于吴渔山，虽然这个名字由吴渔山提出[9]。

吴渔山真正给天学诗创作注入新的活力和创新性改变的不是因为写作语汇和题材的突破——这些其他诗人创作中都有，而是诗人皈依基督宗教后在信仰深处的写作，这种在信仰深处的写作反应在文本中就是书写姿态的转变以及对旧有书写传统对接过程中的创新转化。

一个诗人虽从事基督宗教题材写作，但若没有实际信仰体验，这样的写作难免有隔靴搔痒之嫌，难怪教外诗人尤侗一见渔山《三巴集》之〈岙中杂咏〉，便有自愧不如之叹。为之作序曰："予在史馆，纂《外国传》，见其风俗瑰怪，心甚异之，因作《竹枝词》百首，以纪其略。今吴子渔山所咏澳门，其地未离南粤，而为外国贡市会聚。耳目所遇，往往殊焉。使子云复起，必赍油素录其方言，而惜予之未及备也。……予异之益甚，亦执化人之祛矣。"[10]"执化人之祛"语出《列子·周穆王》："周穆王时，西极之国，有化人来，入水火，贯金石；反山川，移城邑，乘虚不坠，……居亡几何，谒王同游。王执化人之祛，腾而上者，中天乃止。"祛，袖口，周穆王是拉着飞仙的袖口上天的，这里尤侗用"执化人之祛（袖口）"，比喻自己对渔山及其所传的基督宗教信仰的向慕之情。

9　吴历于康熙三十五年（1696）在上海一带传道时，对牧下教友赵仑称："作天学诗最难，比不得他诗。"（转引自方豪《中国天主教史人物传·赵仑》，第236页。）在吴渔山诗中还提到"天学"等词，"晚知天学到城府，买鱼喜有守斋户。"（《三余集·渔父吟》）

10　转引自《吴渔山集笺注·三巴集序》，[清]吴历撰，章文钦笺注，北京：中华书局，2007年版，第21页。

对渔山来所说，他不但信，而且决定一生把自己献给传教事业，并效法耶稣和先辈贤人，所以，他的写作不同于普通的信徒写作，而是在信仰深处的写作。这种在信仰深处的写作所带出来的是人生的信、望、爱和生命的喜乐，而不是先前的人生的迷茫与无望，生命的哀怨与逃逸[11]。

吴渔山认为此生是有盼望的，因为人生不是漫无目的，在世时有上主掌管，在死后有天上永恒祝福等待，"永福在高天，人生非漫然，一身由我主，谁遣受拘牵"（《三巴集·五绝·其二》），"常生今有望，泼濯出尘封"（《三巴集·感咏圣会真理·其三》）。人生的盼望也在于人死后得到公正的审判，"若非死后权衡在，取义存仁枉圣贤。"（《三巴集·佚题》其十）因着天主掌握着赏善罚恶的权力，使取义成仁者死后上天堂，生前所做的一切得到了肯定，而作恶犯罪者将受到审判。因着对人生有这样一种盼望，也促使渔山五十岁时决定把自己奉献给上主，并长期担任上海、嘉定驻堂神父，七十岁回顾人生希冀的也是儿子能皈依在基督宗教里，"甲子重来又十年，飘然久不去琴川。堂前墨井水依在，屋后桃溪花自妍，懒读有孙应长大，废耕无役少烦煎，两儿如愿随修业，却爱传家道气全。"（《三巴集·七十自咏·其三》）

人生也充满喜乐，这种喜乐不是人世间所有，是与"福音经"中的真理、与永恒的创造者同在的喜乐，"此喜非常喜，铎声振四溟，七千年过隙，九万里扬舲，杲杲中天日，煌煌向晓星，承欢无别事，一卷福音经。"（《三巴集·感咏圣会真理·其六》吴渔山在另一首诗中也表达了人类重建永远幸福的事实，"寰区初建造，有地位中央，四序长春在，三时日不忙，此生皆极乐，其寿亦无疆，莫叹难寻觅，于今复降康。（《三巴集·感咏圣会真理·其二》）虽然上主建立的伊甸园世界（"寰区"）因着亚当夏娃偷吃禁果被驱逐出园，从

---

11 渔山早期在诗文表达人生的迷茫和哀怨已在正文第一部分详述，兹不举例，这里仅列举他在早期诗画题跋中多次表达他人生逃逸的心态："自违尘俗累，到此可偷安。"（《三余集·次韵杂诗七首》之其五）"时危不易论诗史，世醉宁知饮蔗浆。爱此一方烟水阔，后期垂钓送斜阳。"（《写忧集·同陈南浦过横塘》）"晋宋人物，意不在酒，托于酒以免时艰。元季人士，亦借绘事以逃名，悠然自适，老于林泉矣。"（《墨井画跋·四十六》）表达了自己效法古人，借诗画自娱逃世的想法。写于延陵（今江苏丹阳、常州一带）的1668年2月的诗云："自甘僵卧茅茨里，州县无求识姓名"（《诗钞补遗·题卧雪图》）就在他初次接触天主教信仰前后，他在1675年11-12月期间写的一首诗，也表明了他隐居、远放、独往的生活，"隐居只在一舟间，与世无求独往还。远放江湖读书去，还嫌耳目近青山。"（《诗钞补遗·题山水图》）

此人类失去了"极乐"和"寿无疆"，但因着耶稣基督道成肉身来到地上，重建了人与上主的和好，人类从此有了幸福安康的可能。此生也有安慰，"一日婴儿堕地时，庶无罪悔盖难之。自天而降福哉福，由女以生奇矣奇。……与偕昔许今来慰，记取阳回四线期。"（《三巴集·诵圣会源流》之四）

人生也充满感恩，当看到久旱的田禾遇到了从天而降的雨水时，渔山心中充满对造物主即天主的感恩，因为造物者顾念人的需要，"不遗斯民"，所以及时降下甘霖，作者自然"喜不自禁，作画题吟，以纪好雨应时之化。"（《墨井画跋·三十七》）

渔山认信后在写作中一方面继承自身旧有书写传统，另一方面对这一旧有的书写传统进行了创新与转化，这一创新与转化具体表现在两方面，一是对传统文化意象进行化用、拓新或直接引进外来文化意象，二是灵活运用中国古代各样文学形式表达基督宗教内容。

直接化用旧典，运用中国传统文化意象。渔山把传统文化意象中的语义隐而不显地转换成天主教含义，如"感叹渡来多少客，不求一掬洗尘心"（《渡头观浴禽》），"尘心"本指关心世俗事务的心情，道家和佛教的教义也都强调"洗尘心"，这里，"洗尘心"是指学道信天主教。其他如"却爱一方绿，高藏守道心"（《三余集·次韵和友人新绿》），方豪《释》："'守道'言虔守教义与教规。""而今谁不悟死归？梦回情至难忘耳"（《哭司教罗先生》），这里的视死如归不是儒家的"杀身成仁"、"舍生取义"，而是指死后魂归天国。《三巴集·七十自咏》第二首云："破堂如磬尚空悬……不愿人扶迎贵客，久衰我梦见前贤。床头囊橐都消尽，求舍艰难莫问田"。诗人所处的传道生活环境，与孔子赞颜回"一箪食，一瓢饮，在陋巷，人不堪其忧，回也不改其乐"（《论语·雍也》）情形并无二致，不同的是陋巷在这里转换成了"破堂"。"久衰"句之典亦出孔子《论语》："甚矣，吾衰也！久矣，吾不复梦见周公！"（《论语·述而》）只是"前贤"，在这里不是指周公，而是指耶稣会前辈或徐光启等教中先贤。

让基督宗教文化通过与传统文化意象和语汇相关联的部分进行对接，并在保留和继承传统文化意象和语汇内涵的基础上进行横向扩展拓新，使天主教教义在与传统文化对话过程中获得意义自明和对传统文化的超越，如"朋侪改业去渔人，闻比渔鱼更若辛。晚知天学到城府，买鱼喜有守斋户。"（《三余集·渔父吟》）在中国文化中，渔父代表隐逸，也代表生活的艰辛，但这里的渔人不是指打鱼为生的渔夫，而是指得人如得鱼、拯救人灵魂的渔人，《马可福音》一章 17 节记载耶稣对跟随他的人说："来跟从我，我要叫你们得人如得鱼一样。"渔山在这里讲述得是自己改行做了拯救人灵魂的渔人，他所从事的这一行业比捕鱼为生的渔人还辛苦。

直接运用基督宗教信仰系统中的词汇和语义。如"牧场"（《自东渡转西浦归途作》）"牧场"指教堂或信徒所在地。"守斋"（《三余集·渔父吟》）方豪《释》："天主教昔规定星期中若干日必守小斋，以纪念耶稣受难。小斋不减食，仅禁食热血动物，故水族动物不在禁例之内。"[12]"主恩"、"神业"（《三巴集·克怠》），分别指主的恩典，侍奉神的事业，如此等等。

吴渔山在灵活运用中国古代各样文学形式表达基督宗教内容方面在同时代甚至在中国基督教文学史上都少有人与之匹敌。他既有天学文（含有天主教内容的画跋、《续口铎日抄》），也有天学散曲（《天乐正音谱》）和天学诗，其中天学诗成就最大。天学诗创作无论在数量（100 多首）、质量和文体的灵活多变的使用上都有不凡的表现，如既有四言诗《三巴集·感谢圣会鸿恩》、带有四、六句的骈体文如《三巴集·圣方济各沙勿略》，也有绝句，绝句中以七绝居多，有五律、七律，律诗中以七律居多，诗歌中也有散体，比如七言古诗（《三巴集·诵圣会源流》）等，并结合"颂"、"赠"、"赞"、"诵"、"吟"、"题"、"和"等传统文学体例进行写作。限于篇幅，现以"和"这种文学体例考察渔山在信教后怎样用这种文学形式展现基督宗教内容的。在中国古代，和诗大致有以下几种方式：1. 和诗，只作诗酬和，不用被和诗原韵；2. 依韵，亦称同韵，和诗与被和诗同属一韵，但不必用其原字；3. 用韵，即用原诗韵的字而不必顺其次序；4. 次韵，亦称步韵，就是依次用原韵、原字按原次序相和。

渔山有"依韵"和诗，如《写忧集·灿文见访，予归不遇，用原韵答之》，也有作诗酬和的和诗，如《写忧集·和萧寺无聊纪事》（写于 1665）、《和拟买山茗上》（写于 1665）、《和吊孙太初处士墓》（写于 1665），也有"次韵"和诗。在上述各种和诗方式中，用次韵即依次用原韵、原字按原次序相和对方诗歌并有所出新对和诗的人来说要求比较高。渔山早期写有《著书楼次韵话隐》、《次韵答冯子玉》（写于 1669）、《次韵送冯半人归兰阴》（约写于 1678）、《次

---

12 转引自《吴渔山集笺注》，吴历撰，章文钦笺注，北京：中华书局，2007 年版，第 332 页。

韵和许侍御仲冬六日》（写于 1675）[13]等应和之诗，叙述的是与朋友的友情、别离及各地风景的秀丽。

后期也有次韵的和诗之作，如《三余集·次韵和友人新绿》（约写于 1696），诗中标题中的"友人"不知是否是教友，写得是春光，但诗内容透露的是因着上主创造世界，对春天的景象多一份欣赏，春光的易逝多一份豁达，以及自己对信仰的执着，"却爱一方绿，高藏守道心。物情春后见，超性句中深。谷雨休催老，梅天任布阴。海乡常愿暖，兼不问秋砧。""守道"指虔诚尊重天主教教义和教规，"超性"指天主教教义。写于 1690 年的《三余集·次韵杂诗七首》是与教友之间的往来唱和，诗中题记："姑苏沈、范二子杂诗共十有四章，各具新致慷慨。予反覆披诵，已有所触，遂乃和。"表达的则是信仰的生活，以及对信仰的追求，"病身如瘦竹，道侣类飘萍。"（第一首）"近究西文学，竟虚东下帷"（第三首），"愿以常生道，引人笃信谋。"（第三首）在这些诗歌中，既能按照传统文学格式次韵进行和诗，又巧用历史典故，增加诗歌的历史感和文化厚度，同时诗句想像奇特，比喻新颖，又能把自身信仰生活和状况通过这些诗句充分展现出来的要数这当中的第三首："近究西文学，竟虚东下帷。残篇多鼠迹，新简乱萤飞。忻见官除妄，绝无衲叩扉。"首句用"西文学"概括了西方语言文字之学，第二句"竟虚东下帷"句是挪用历史典故来表达自己意思，南朝梁任昉《赠王僧孺》诗："下帷无倦，升高有属。""下帷"指闭门苦读，但在这里作者强调的不是自己下帷苦读，而是感慨自己年事已高，用功甚多效果徒然，虚，徒然。一、二句中的"西"与"东"还巧妙地构成了对应。三、四句把竖条状的拉丁文比作"鼠迹"，把自己看拉丁文看得头昏目眩，眼花缭乱比作"乱萤飞"，比喻新奇，想像新奇，此两句作为"颔联"对仗也工整。五、六句作为"颈联"，作者在对仗中把自己所认信的信仰的真理性和与其他宗教的不相容性宣扬出来，"忻见官除妄，绝无衲叩扉"，作者很高兴官府废除民间宗教祠庙，忻，心喜；他也因着皈依基督宗教信仰，入教前常与其往来的高僧也几乎不再叩门拜访。在遵守五律的平仄、对仗以及依次用原韵、原字按原次序相和对方诗歌的情况下，渔山用深厚的中国文学修养、高超的写作技术和熟谙的传统文学形式把基督宗教内容深切真挚地表达出来，这确实是他在创作天学诗方面所取得极大成就。

---

13 以上都选自《写忧集》。

三、影响下的成就

　　吴渔山基督宗教信仰对其文学创作影响是很大的，在基督宗教介入文学创作情况下，其写作取得的很大成就，现代以来学者对其基督宗教文学创作屡有溢美之辞，并从各个角度对其进行肯定。著名书画研究家温肇桐在《清初六大家》一书中，评价渔山之诗"其诗中所写多抒发卓越的宗教情绪，令人读之遂有崇高之感。而其间或有论画或写景者，超逸可诵。"[14]肯定了诗歌中所饱含的宗教情绪和崇高之感。民国时期文学史研究专家朱杰勤对渔山的诗歌评价甚高，引其《和萧寺无聊纪事》、《次韵答冯子玉》二诗评价说："和作多难工，以其学他人之口吻，窒息自己之性情，步韵者其病尤甚，叠韵者其病又更甚，性情中人，每不喜此。但渔山此作，称心而出，不假修饰，得性情之正，温柔敦厚，吾见亦罕，故特表之。"[15]朱氏虽然不是直接评价其天学诗的创作成就，但对其和诗创作的高度肯定，实际上也间接肯定了渔山在天学诗方面的贡献，就如前文已分析的，渔山遵循"和诗"这一传统文学形式，但诗歌内容上推陈出新，把基督宗教内容真挚、深切、新颖而自然地展示出来。当代学者章学钦认为，渔山在基督宗教文学写作方面贡献很大，"他所创作的天学诗，以中国古典诗歌的文学形式，来表现西方天主教的宗教内容。他的《天乐正音谱》，以中国传统音乐的元明散曲与中文曲辞配成弥撒乐章，可称为天学散曲。他的《续口铎日抄》及含有天主教文化内容的画跋，可称为天学文。从而使他成为创立华化天学的第一人。"[16]

　　章文钦还认为，"渔山以其深厚的中国文化素养、高超的文学才能，和通过长期的学道、修道、传道生活培养出来的同时代华籍教士罕能达到的天学造诣，较好地体现了这两者之间的统一。故其天学诗能独辟境界，造语妍妙，时见佳句，得未曾有。"[17]章文钦笺注《吴渔山集》，出版有《吴渔山及其华化天学》和《吴渔山天学诗研究》等论著，对吴渔山文学文献搜集、校订和研究方面不遗余力，章氏评论应不是空穴来风，本文在前文中对其以"和诗"作为文学形式所进行的基督宗教写作给予详细分析，确实，其基督宗教诗歌中"造语妍妙，时见佳句"。赵盛楠在他的硕士学位论文《吴历诗歌研究二题》中对吴

14　温肇桐《清初六大家》，上海：世界书局，民国 34 年排印，中国名画家丛刊。

15　朱杰勤《吴渔山评传》，上海，《东方杂志》39 卷 3 号。

16　《吴渔山集笺注·前言》，吴历撰，章文钦笺注，北京：中华书局，2007 年版，第21 页。

17　《吴渔山集笺注·前言》，吴历撰，章文钦笺注，第 19 页。

渔山在基督宗教文学方面作出的贡献进一步细化到对其各种宗教诗歌类型的贡献。赵盛楠按照宗教功能把吴渔山的基督宗教诗歌划分为冥想诗、赞美诗、传教诗、启示诗[18]，诗歌具有冥想的品质，而天主教对修士冥想品格的训练，正有助于诗歌创作展示冥想的特点，在冥想当中诗歌空间的想像性、视觉性得以拓展，《三巴集》中的《诵圣会源流》（十二首）、《感咏圣会真理》（九首）等诗歌既有音乐美感，又有表现基督内容的视觉效果，正是这方面的杰出代表。在创作赞美诗方面，《天乐正音谱·每瑟论众乐章》（即《摩西之歌》）体现了渔山在这方面创作的成就，赵盛楠对比了渔山翻译的《摩西之歌》（见《圣经·申命记·三十二章》）对磐石意象的处理，以及描写雅各在荒野中受天主眷顾这一节[19]，通过与其他译本对比（如思高、新译、和合本），"对比诸译本发现，吴译本的好处在于他精确的押韵和意象的创造。歌唱本文的特殊性要求在于有韵律，韵律的形成在于对韵脚的把握。吴译的韵律感较之现代本强的多，这一章各短句押'U'韵。其中'遇''趋''衢''须'是方言偏韵，与'路''步''误'属于同韵。押韵的文本无论歌唱还是朗读时，都可以形成绵延不断的音乐感。而现代翻译体极为欧化，没有韵律作为情绪上的连接，句与句之间的断裂感很强，失去了原本语言语义粘连圆融的美感。"[20]

吴渔山基督宗教文学创作所取得得成就不仅在明清时代的天学诗写作中，无人能与比匹敌，同时代的杭州张星曜虽写有《十二宗徒圣人赞》、《圣人宗徒十四位行实》，但在题材内容及文体使用方面相较于渔山狭隘。在中国基督宗教文学史上，只有民国时期的刘廷芳写过大量的基督教诗歌，在新诗中也取得了相当的成就，但这是用现代诗写成的。因此，可以这么说，在用古典文学诗歌形式创作基督宗教方面，吴渔山的天学诗创作在这方面达到了空前绝后的高峰。实际上，宗教文学创作并不那么容易，它涉及到宗教与文学的关系，宗教对文学就像一把双刃剑，双方结合得好对文学自身情感和境界的提升有作用，若结合得不好，就容易牺牲文学的独立性，让文学成为宗教传达教义的工具。渔山曾提出"作天学诗最难，比不得他诗。"[21]相信他对基督宗教介入文学写作后对文学的正反面的影响都有很深的体会。本文通

---

18 赵盛楠《吴历诗歌研究二题》，上海师范大学硕士学位论文，2008年，未刊稿，第40页。

19 赵盛楠《吴历诗歌研究二题》，上海师范大学硕士学位论文，第48-50页。

20 赵盛楠《吴历诗歌研究二题》，上海师范大学硕士学位论文，第50页。

21 转引自方豪《中国天主教史人物传·赵仑》，第236页。

过吴渔山这样的个案研究，藉此探讨宗教与文学的关系，并藉着这样的研究，让学界进一步关注他在这方面所取得的成就以及在中国基督宗教文学史上的地位。如果说，在中国古代，佛教文学的代表是王维，道教文学的代表是李白，儒家文学的代表是杜甫，道家文学的代表是陶渊明，那么天主教文学的代表是吴渔山。

参考文献：

1. 章文钦《吴渔山天学诗研究》，载《澳门与中华历史文化》，澳门基金会，1995。
2. 吴历撰，章文钦笺注：《吴渔山集笺注》，北京：中华书局，2007。
3. 方豪《中国天主教史人物传》，北京：中华书局，1988。
4. 沈玮《从山水诗到天学诗——吴历诗歌研究》，首都师范大学硕士学位论文，2007年，未刊稿。
5. 赵盛楠《吴历诗歌研究二题》，上海师范大学硕士学位论文，2008年未刊稿。

原载于《神学美学》第六辑，2018年

《和合本圣经》对中国现代文学的影响
——兼论影响的定位[1]

按捷克汉学家高利克统计，在中国，"1995-2003 年间至少出版了 9 本有关《圣经》和中国现代文学的研究论著"[2]，他也提到了 2003 年以后还有几本重要的研究中国现当代基督教文学的著作，如 2004 年唐小林的《看不见的签名：现代汉语诗学与基督教》，2006 年刘丽霞的《中国基督教文学的历史存在》以及 2007 年陈伟华的《基督教文化与中国小说叙事新质》和 2010 年季玢的《野地里的百合花：论新时期以来的中国基督教文学》。不过，高利克没有提到这方面这一时期一些重要的研究论文，比如刘丽霞的《〈官话和合本圣经〉的成功翻译及其对中国新文学的影响》、任东升、温秀颖的《〈圣经〉译介对中国现代文学的影响》、王本朝的《〈圣经〉与中国现代文学的文体建构》、许正林的《中国现代文学与基督教文化》等[3]。国外研究《圣经》与中国现代文学的关系的汉学家主要以高利克和伊爱莲为代表，代表作有伊爱莲主编的《〈圣经〉与近代中国》和高利克著的《翻译与影响：《圣经》与中国

---

1 此文为纪念《圣经》（和合本）出版 100 周年的学术会议论文。
2 见高利克：《我的研究心路：〈圣经〉与中国现代文学》，刘燕译，梁慧校对，载《基督教思想评论》，第十七辑，2013 年，第 186 页。
3 刘丽霞：《〈官话和合本圣经〉的成功翻译及其对中国新文学的影响》，载《南京师范大学文学院学报》2005 年第 3 期；任东升、温秀颖的《〈圣经〉译介对中国现代文学的影响》，载《四川外语学院学报》2004 年第 1 期；王本朝的《〈圣经〉与中国现代文学的文体建构》；载《贵州社会科学》2001 年第 1 期；许正林：《中国现代文学与基督教文化》，载《文学评论》1999 年第 2 期。

现代文学》。[4]

由于前人在这方面研究较多，本文在综合前人研究成果的基础上，主要就《和合本圣经》对中国现代文学的影响作一详细勾勒，并对这一影响作一定位。

一、作为白话语体的先行者对现代白话语体的影响

现代文学是一种用白话文写作的五四以来的文学，所以现代文学首先在语体上是现代白话语体，是一种"国语"[5]，白话语体的发展对现代文学的建设有一定的贡献，现代学者陈学展作了这样的总结："国语运动自然于无形之中推动了国语文学运动，替他增加了不少的声势"，"文字改革运动也给文学革命运动增加了不少的助力。"[6]实际上，西方传教士是这场国语运动的最早推动者，它与晚清白话文运动和五四白话文运动共同构成了一条国语运动的发展线索。晚清的白话文运动，用胡适的话说："《七侠五义》之后，有《小五义》等等续编，都是三十多年来的作品。这一类的小说很可代表北方的平民文学。到了前清晚年，南方的文人也做了许多小说。刘鹗的《老残游记》,《李伯元》的《官场现形记》,《文明小史》，吴沃尧的《二十年目睹之怪现状》,……这些南北的白话小说，乃是这五十年中国文学的最高作品，最有文学价值的作品。这一段小说发达史，乃是中国"活文学"的一个自然趋势"[7]，这五十年中国文学指的就是晚清那一段历史。1904 年科举制度废除，"科举的制度究竟能使一般文人钻在那墨卷古文堆里过日子，永远不知道时文古文之外还有什么活的文学。倘使科举制度至今还存在，白话文学的运动决不会有这样容易的胜利。"[8]五四的白话文运动具体表现在以胡适、陈独秀等为代表，用胡适

---

4 伊爱莲主编，蔡锦图译：《〈圣经〉与近代中国》，香港：国际圣经学会，2003 年；马立安·高利克著、刘燕编译：《翻译与影响：〈圣经〉与中国现代文学》，社会科学文献出版社，2018 年。另外，美国学者魏贞恺的论文《和合本圣经与新文学运动》（吴恩扬译，载《金陵神学志》1995 年 Z1 期）。

5 "广义的'白话'是口头所说的日常语言，包括了各地的方言，而'国语'则是指相对通行最广的一种方言口语（'京音'），由于政权权力中心辐射和影响一度被称为'官话'，也基本相当于现在所言的普通话。"（安文军：《关于文学革命中白话问题的几点思考》，载《甘肃社会科学》2008 年第 6 期，第 149 页）

6 陈子展：《中国近代文学之变迁 最近三十年中国文学史》，上海：上海古籍出版社，2000 年版，第 285 页。

7 胡适：《五十周年来中国之文学》，载欧阳哲生编：《胡适文集》3，北京：北京大学出版社，1998 年版，第 202 页。

8 胡适：《五十周年来中国之文学》，载欧阳哲生编：《胡适文集》3，第 252 页。

的话这样总结："一九一六年以来的文学革命运动，方才是有意的主张白话文学。这个运动有两个要点与那些白话报或字母的运动绝不相同。第一，这个运动没有'他们''我们'的区别。白话并不单是'开通民智'的工具，白话乃是创造中国文学的唯一工具。……第二，这个运动老老实实的攻击古文的权威，认他做'死文学'。"[9]1918 年陈独秀创办的《每周评论》，1919 年初傅斯年创办的《新潮》刊物开始全用白话文写作，1919 年 9 月，《国音字典》出版，"有人估计，这一年（1919）之中，至少出了四百种白话报。"[10]1920 年，教育部颁布了一个部令，要国民学校一二年级的国文，从本年秋季开始，一律改用国语，从那一时期起，白话取得了国民教育的合法性，白话也公然被称为国语，"民国九年十年（1920-1921），白话公然叫做国语了。"[11]

胡适在写于 1923 年《五十周年来中国文学》中指出了文学革命的历史和新文学的大略，记录五十年来新旧文学过渡时期的短历史，但没有提及《和合本圣经》在白话文运动中的作用，不过，五四新文学运动的一重要人物周作人对《和合本圣经》在白话文运动中评价甚高，他认为，作为欧化的国语文学《和合本圣经》在语体方面是白话文的适时范本："前代虽有几种语录说部杂剧流传到今，也可以备考，但想用了来表现稍为优美精密的思想，还是不足。有人主张'文学的国语'或主张欧化的白话，所说都很有理：只是这种理想的言语不是急切能够造成的，须经过多少研究与试验，才能约略成一个基础；求'三年之艾'去救'七年之病'，本来也还算不得晚，不过我们总还想他好的快点。这个疗法，我近来在《圣书》译本里寻到，因为他真是经过多少研究与试验的欧化的文学的国语，可以供我们的参考与取法……白话的译本实在很好，在文学上也有很大的价值；我们虽然不能决怎样最好，指定一种尽美的模范，但可以说在现今是少见的好的白话文，这译本的目的本在宗教的一面，文学上未必有意注重，然而因了他慎重诚实的译法，原作的文学趣味保存的很多，所以也使译文的文学价值增高了。"[12]周作人在这里特别提到《和合本圣经》在白话文运动中提供了"欧洲的文学的国语"，《和合本圣经》的翻译主体是传

9　胡适：《五十周年来中国之文学》，载欧阳哲生编：《胡适文集》3，北京：北京大学出版社，1998 年版，第 252-253 页。

10　胡适：《五十周年来中国之文学》，载欧阳哲生编：《胡适文集》3，第 260 页。

11　胡适：《五十周年来中国之文学》，载欧阳哲生编：《胡适文集》3，第 261 页。

12　周作人《圣书与中国文学》，载周作人著、止庵校订：《周作人自编文集·艺术生活》，石家庄：河北教育出版社，2002 年版，第 42 页。

教士，翻译的语句和词汇自然有欧化的倾向，比如越来越多的以双音节词替代单音节词，增加被动句。

实际上，在《官话和合本圣经》以前，传教士们以白话文语体翻译《圣经》在这方面已作了长时间的准备。1864 年施约瑟和另外几位传教士（艾约瑟、包约翰、白汉理、丁韪良）组成了北京翻译委员会，着手将圣经翻译成北京官话。1872 第一部北京官话本的《新约全书》修订版的出版。1874 年，施约瑟主要负责的《旧约圣经》的北京官话译本完成，由美华圣经会出版。1878 年大英圣书公会将北京官话《新约全书》和施约瑟的《旧约全书》合并出版了《圣经全书》，这是中国第一部《新旧约全书》的白话文圣经，它成为往后四十年里最受重视的译本。"曾通行全中国达 40 余年之久"[13]。1878 年的《北京官话译本》成了1919 年《官话和合本圣经》的底本，传教士白汉理（HenryBlodget，1825-1903）则同时参加了《北京官话新约译本》（1872）和《官话和合本圣经》（1919）这二个不同历史时期的圣经翻译，而《北京官话译本》的参照系又来自于 1857 年麦都思的《南京官话新约译本》。

全程参与《和合本圣经》翻译并后期被任命为《和合本圣经》翻译委员会主席的富善（Chauncey Goodrich，1836-1925）早在《和合本圣经》翻译动工之前就意识到白话文圣经对当时社会和传教的重要性。1877 年在上海召开的第一次来华传教士大会上，他作了《一种特别参照北京官话的白话基督教文学的重要性》的报告，这篇报告提醒各差会传教士要重视白话文对传教的重要，"这篇文献事实上亦掀开了晚清由传教士所主导的白话文运动序幕——这一方向的白话文运动，与由中国本土知识分子所主导的白话及白话文运动彼此呼应亦彼此参照借鉴，而在发现、改进并推动这种新语言的态度、方式与结果上，传教士的实验和尝试，具有不可忽略的意义，事实上亦成为晚清新语文运动中不可或缺的一个组成部分。"[14]这篇报告也呼吁重视白话文《圣经》的翻译，这样有利于福音进入社会各个阶层，尤其是底层社会，"哪些普通民众该有多么需要白话文的《圣经》啊，这样他们就能够接近那被封闭的福音宝藏了。"[15]"这些书面文本材料改用白话语体文之后，马上变得老少皆宜，并成

---

13 杨森富：《中国基督教史》，台湾：商务印书馆，1984 年版，第 379 页。

14 段怀清《通往近代的白话文之路：富善在第一次上海传教大会上的报告之考察评价》，载《山东社会科学》2015 年第 7 期，第 88 页。

15 Records of the General Conference of the Protestant Missionaries of China, Held at Shanghai, May 10-24, 1877, Shanghai: Presbyterian Mission Press, 1878, p.215.

为这样一个新的、广阔而重要领域中的积极存在"[16]"正是这种简明的品质，使得基督教真理成为一种潜移默化的酵母力量，能够在社会上下各阶层均产生渐进的推动力量，并提升整个社会大众。"[17]"文学上的这种语言改变，从文言到白话，肇始于一种将真理传播到所有人的渴望，并通过接受基督教真理的方式，来让人们获得救赎。"[18]这篇报告也较早地意识到文言文表达的局限性："对于大多数读者来说，文言给人所产生的印象，就跟透过阴云的阳光一样。而且，由于高高在上，又被视为经典，这种语言就跟冰一样冷。"[19]1890年，上海宣教大会决定翻译三种版本，分别用深文理、浅文理和白话翻译，白话圣经翻译主要由狄考文主持新约汉译，富善主持旧约汉译。富善在 1918 年总结了翻译《和合本圣经》过程中的五条原则："（1）语言必须是真正口语化的（和我们的"英王詹姆斯圣经"一样），容易被所有能够阅读的人所明白；（2）语言必须是普遍通用而不是地区性的官话；（3）文体虽然要浅显易懂，却必须高雅简洁；（4）译文必须紧紧接近原文；（5）例证必须尽可能翻译而不是意译出来。"[20]这些翻译原则奠定了《和合本圣经》作为白话语体的先行者的基础。

1907 年召开的百年宣教大会时，《新约》的两种文理译本均以完成，但是在语言领域当时中国发生了很大的变化，社会上趋向于白话文运动的呼声越来越强。1868 年黄遵宪提倡诗歌写作"我手写我口，古岂能拘牵"[21]，当时维新运动中就有视白话为改革的对象，裘廷梁撰《论白话为维新之本》明确提出"崇白话废文言"的主张，认为白话有省日力、除骄气、免枉读、保圣教、便幼学、炼心力、少弃才、便贫民等"八益"[22]，梁启超的散文新体在文人阶层中把新词汇带入书面语言。在这一背景下，百年宣教大会的决议是将深文理和浅文理合为一种版本出版，白话文圣经翻译就显得越发重要。

1919 年 2 月《和合本圣经》正式出版发行，一些作家对其所提供的现代

16 Ibid., p.215.
17 Ibid, p.217.
18 Ibid, p.218.
19 Ibid, p.217.
20 尤思德著、蔡锦图译：《和合本与中文圣经翻译》，香港：汉语圣经译会，2002 年版，第 224 页。
21 黄遵宪：《杂感》其二，载黄遵宪著、钱仲联笺注：《人境庐诗草笺注》，上海：上海古籍出版社，1981 年版，第 42 页。
22 参见裘廷梁撰《论白话为维新之本》，载于《中国官音白话报》（初名《无锡白话报》）第十九、二十合期，1898 年 8 月 27 日。

白话文尤其欧化的文学的国语进行了积极肯定，这就是本文开头提到的周作人对其的高度评价，认为欧化的白话难找，但在《圣书》译本里找到，"因为他真是经过多少研究与试验的欧化的文学的国语，可以供我们的参考与取法。"[23]朱自清在 1936 年出版的《新诗杂话》回顾新诗运动时提到："近世基督教《圣经》的官话翻译，也增富了我们的语言。"[24]

二、对现代文学的文体、题材、意象、主题、结构等影响

《和合本圣经》对中国现代文学影响是深远的，也是多方面的。民国时期有数量不少的作家或提到读过《和合本圣经》或赞扬作《和合本圣经》的文学性[25]或肯定其对他们文学写作的帮助。早在新文学运动开始之初，有人攻击说"白话是马太福音体"，鲁迅就说"马太福音是好书，很应该看。犹太人钉杀耶稣的事更应该看"[26]。朱自清十分欣赏《圣经》中的诗歌白话译文，他认为白话文"《旧约》的《雅歌》尤其是美妙的诗"，"近世基督教《圣经》的官话翻译，增富了我们的语言"[27]。巴金很小的时候，从与母亲交往的外国友人那里获得了《和合本圣经》，他说他"很喜欢那本精装的《新旧约全书》官话译本"。[28]作家沈从文称《圣经》是他的"师傅"，他很喜欢《圣经》那"接近口语的译文，和部分充满抒情诗的篇章"，在反复阅读中，"学会了叙事抒情的基本知识。"[29]作家和学者周作人高度肯定了《和合本圣经》在"欧化的文学的国语"中的地位，"我记得从前有人反对新文学，说这些文章并不能算新，因为都是从《马太福音》出来的；当时觉得他的话很是可笑，现在想起来反要佩服他的先觉：《马太福音》的确是中国最早的欧化的文学的国语，我又

---

23 周作人《圣书与中国文学》，载周作人著、止庵校订：《周作人自编文集·艺术生活》，第 42 页。

24 朱自清：《新诗杂话》，南宁：广西师范大学出版社，2004 年版，第 69 页。

25 《和合本圣经》翻译委员通过的十八项译经原则中最起码有二条保证了译文的文学性，即第 9 条"尽可能保留隐喻（metaphors）和排比（comparisons）"，第 13 条"在翻译旧约的诗歌文学时，尽可能保存希伯来文的平行形式。"（尤思德著、蔡锦图译：《和合本与中文圣经翻译》，2002 年，第 224 页。）这些译经原则相当程度保证了《和合本圣经》的文学性。

26 鲁迅：《集外集拾遗补编·寸铁》，载《鲁迅全集》第八卷，1982 年版，第 89 页。

27 朱自清：《新诗杂话》，南宁：广西师范大学出版社，2004 年版，第 69 页。

28 《家庭的环境》，原载《忆》，上海：文化生活出版社，1936 年版，后收录在《巴金选集》，成都：四川人民出版社，1982 年版。

29 沈从文：《〈沈从文小说选集〉题记》，《沈从文文集》第 11 卷，长沙：湖南人民出版社，2013 年版，第 67 页。

预计他与中国新文学的前途有极大极深的关系。"[30]并认为作为文学的《和合本圣经》值得五四作家学习。1921 年 7 月他在《欧洲古代文学上的妇女观》中又指出："《旧约》里纯文学方面，有两篇小说，都用女主人公的名字作篇名，是古文学中难得的作品；这便是《以斯帖记》和《路得记》。……《以斯帖记》有戏剧的曲折，《路得记》有牧歌的优美。"[31]周作人对《和合本圣经》文学性的肯定也付诸于他的教学实践中。20 年代初中期他在燕京大学开设"国语文学"课程，主讲近代散文。据他自己回忆，他在授这门课过程中，会"加进一点白话译的《旧约全书》，是《传道书》与《路得记》吧"[32]。民国时期专门研究基督教文学的朱维之先生也肯定了《和合本圣经》给当时的文学作风、文学实质带来新的面貌，"《圣经》底'官话和合'译本，是在新文学运动初发生时完工的，它的影响不仅是用白话完成一部最初的'国语的文学'；并且给新时代青年以新的文学作风，新的文学实质。"[33]1941 年，他在《基督教与文学》中又提到《和合本圣经》恰好是在新文学运动前夕完成的，遂成为"新文学运动的先锋"[34]。他在晚年回忆时又提到中国文学青年阅读白话文《圣经》的场面："五四前夕完工的'官话和合本'《圣经》新译本，也引起了文学青年的好奇心，对其中的《诗篇》、《雅歌》、《约伯记》、《马太福音》等也觉得美不胜收。"[35]

具体地说，《和合本圣经》对中国现代文学的影响首先表现在对作家群体本人信仰的影响，有学者统计有以下一些作家受到了基督教信仰的影响，"基督教的社会氛围给中国现代文学带来的直接影响首先是一大批作家直接受染于宗教。他们中直接出身于宗教家庭的有：穆木天、林语堂、陈梦家等。曾经皈依过基督教的作家有：许地山、陆志韦、老舍、闻一多、苏雪林、庐隐等。接受过教会学校教育的有：许地山、冰心、庐隐、张资平、郁达夫、徐志摩、林语堂、周作人、赵景深、陈梦家、萧乾、施蛰存、胡也频、余上沅、熊佛西

30 周作人：《圣书与中国文学》，《艺术与生活》，长沙：岳麓书社，1989 年版，第 45 页。

31 周作人：《欧洲古代文学上的妇女观》，载周作人著、止庵校订：《周作人自编文集·艺术生活》，第 79 页。

32 周作人：《关于近代散文》，载钟叔河编订：《周作人散文全集》第 9 卷，南宁：广西师范大学出版社，2009 年版，第 588 页。

33 朱维之：《中国文学底宗教背景——一个鸟瞰》，《金陵神学志》第 21 卷，1940 年12 月 10 日。

34 参见朱维之：《基督教与文学》，影印本，上海：上海书店，1992 年版，第 70 页。

35 李寿兰：《文学翻译百家谈》，北京：北京大学出版社，1989 年版，第 189 页。

等。通过《圣经》等途径接受基督教影响的有：胡适、鲁迅、郭沫若、茅盾、废名、曹禺、艾青等。"[36]

其次，《和合本圣经》的文体对中国现代文学产生的直接影响是它给现代文学提供了祈祷体，赞美体和以《雅歌》为代表的情诗体等。中国传统文化中的诗歌没有这方面的祈祷体，赞美体和类似《雅歌》的情诗体，比如受《诗篇》等祈祷体的影响，中国现代文学出现了大量的祈祷体诗歌写作："现代作家也创作有'祈祷诗'，如冰心的《晚祷》，周作人的《对于小孩的祈祷》，梁宗岱的《晚祷》，陆志韦的《向晚》，王以仁的《读〈祈祷〉后的祈祷》，王独清的《圣母像前》等作品。它们表现了对上帝、基督和圣母的祈祷和呼告。"[37]再比如赞美体有"冰心《圣经》，艾青的《一个拿撒勒人的死》、《马槽》，徐志摩的《卡尔佛里》、《婴儿》和《天国的消息》等。"[38]再比如《雅歌》对中国现代文学的情诗体的影响。《雅歌》对于爱情的热烈追求和对身体的大胆描写，迎合了五四时期年轻人对爱情的向往，而在新文化运动之前，中国缺少专门歌颂爱之热烈和身体之美的诗篇，周作人也是这样肯定《雅歌》文学的："希伯来古文学里那些优美的牧歌（Eidyllia=Idylls）及恋爱诗等，在中国本很少见，当然可以希望他帮助中国的新兴文学，衍出一种新体。"[39]郭沫若就仿照《雅歌》写了一首缠绵悱恻的情诗《Venus》："我把你这张爱嘴，/比成着一个酒杯。喝不尽的葡萄美酒，/会使我时常沉醉。/我把你这对乳头，/比成着两座坟墓。/我们俩睡在墓中，血液儿化成甘露！"[40]其他的作家在这里就不一一举例[41]。

圣经文本的主题结构方面往往是爱与受难，彷徨与皈依，寻找和漫游等，现代文学在表现《圣经》有关主题时也采用了上述结构模式。比如，许地山小说的《玉官》采用的寻找和漫游天路的模式，小说结束时，玉官带着"一本白

---

36 许正林：《中国现代文学与基督教文化》，载《文学评论》1999 年第 2 期，第 120 页。

37 王本朝：《〈圣经〉与现代文学文体的建构》，载《贵州社会科学》2002 年第 1 期，第 54 页。

38 王本朝：《〈圣经〉与现代文学文体的建构》，第 54 页。

39 周作人，《艺术与生活》，1926 年最早出版，石家庄：河北教育出版社，2002 年版，第 41 页。

40 此诗收在他 1921 出版的第一部诗集《女神》中。

41 《雅歌》对中国现代文学的影响可参看高利克著、吴翔宇等译：《〈雅歌〉与中国现代文学对爱情的全新书写——论希伯来与中国文学的跨文学互动》，载《长江学术》2007 年第 4 期，第 18-26 页。

话《圣经》，一本《天路历程》，一本看不懂的《圣经》”上路。许地山的《缀网劳蛛》主要讲述的是一个爱与受难的故事。小说刻画了主人公尚洁是有着独立个性的女性形象，她是一个基督徒，具有博爱的宗教精神，对一个受伤的窃贼，她愿意为其疗伤，由此遭到她丈夫的妒嫉而被刺伤，丈夫欲与其离婚，她默默地去承受这一切，她的“爱”感动了盗贼，也最终感动了她的丈夫，夫妇重归于好。庐隐的小说《余泪》写的也是爱与受难的故事。附属于修道院的小学女教员白教师为“在基督的足下，不幸发生了自己残害自己的罪恶”而深感伤心和羞耻，决定在辛亥革命中只身上前线，以基督的爱劝说上帝的儿女们切勿自相残杀，最终她饮弹身亡。老舍的《大悲寺外》讲述的也是爱与受难的故事。故事以第一人称的视角叙述了一位穿灰布大褂、胖胖的黄先生“我最钦佩敬爱的一位老师”。这位黄先生爱每一个学生，学生有困难他会帮助，他还与学生同吃同睡。当学生误解他甚至辱骂他时，他却对学生说：“咱们彼此原谅吧！”有一次遭到学生的责打，窗外飞来的一块石头砸破了他的头。他伤势甚重被送往医院，在送之前，他说：“无论是谁打我来着，我决不，决不计较！”后来他终于死在医院里。冰心的小说《一个不重要的兵丁》讲述的也是爱与受难的故事。小说塑造的就是一个具有耶稣精神的普通士兵形象福和，他卑微老实，愿意自己吃亏，也愿意为别人牺牲自我一切，他甚至愿意为别人“代赎”——替赖账的士兵暗中付钱，代受欺负的小孩承受拳殴等。天主教作家苏雪林的自传体小说《棘心》刻讲述的是彷徨与皈依的主题，小说描写主人公杜醒秋旅法五年的生活，她在法国期间，面对母亲的逼婚，未婚夫对其的不理解，她自身又想追求独立和婚姻的自由，在彷徨中她病倒并最终皈依天主教的故事。在周作人看来，圣经的主题思想是值得肯定的，它弥补了中国文学的不足，“中国旧思想的弊病，在于有一个固定的中心，所以文化不能自由发展；现在我们用了多种表面不同而于人生都是必要的思想，调剂下去，或可以得到一个中和的结果。希伯莱思想与文艺，便是这多种思想中间，我们所期望的主要坚实的改造的努力。”[42]

再者，圣经题材、故事、语言和意象方面对中国现代作家的影响是深广的，主要原因是在民国时期宗教信仰自由的环境中，《圣经》作为一种宗教文化深入人心，现代作家从中不同程度地汲收其题材、故事、意象和语言作为其文学

---

42 周作人：《圣书与中国文学》，《小说月报》第 12 卷第 1 号，1921 年 1 月 10 日。

创作的养分。比如，以具体作家而论，圣经题材、故事、语言和意象对冰心的文学写作影响是全方位的。冰心在五四时期在教会学校和大学（北京贝满女中、燕京大学））接受教育，1921 年写了《傍晚》、《天婴》、《生命》、《孩子》等 16 首诗，就是根据阅读《圣经》之后写的，1921 年冰心写的基督教诗歌多达 16 首，大多直接取材于《和合本圣经》，她在 1921 发表的第一首圣诗《傍晚》前中说："圣经这一部书，我觉得每逢念它的时候，——无论在清晨在深夜——总在那词句里，不断的含有超绝的美。其中尤有一两节，俨然是幅图画；因为它充满了神圣、庄严、光明、奥妙的意象。我摘了最爱的几节，演绎出来。"[43] 冰心的许多作品如《十字架的园里》、《晚祷》、《相片》等都带有《圣经》的明显特征。从文体角度来说，圣经的题材、故事、语言和意象也影响着现代作家各种文体的创作，比如戏剧方面，《圣经》中大卫儿子暗嫩与他玛故事，向培良根据此故事编写了话剧《暗嫩》；诗歌方面，《中国近代文学大系·翻译文学集》（三）还收录了两首《旧约》诗歌，《弓歌》和《雅歌》[44]；小说方面的影响则更广泛，"基督教对现代小说的影响，可以列出一个长长的名单。许地山的《缀网劳蛛》、《商人妇》、《玉官》；徐玉诺的《哀求》；茅盾的《耶稣之死》、《参孙的复仇》；庐隐的《余泪》；郁达夫的《南迁》、《迷羊》、《风铃》；郭沫若的《落叶》、《双簧》；王独清的《圣母像前》；汪静之的《灰色马》；张资平的《约檀河之水》、《爱的焦点》、《跳跃着的人们》、《脱了轨迹的星球》、《上帝的儿女们》等；陈翔鹤的《大姐和大姐圣经的故事》；滕固的《石像的复活》；白采的《被摒弃者》；叶灵凤的《拿撒勒人》；沈从文的《冬的空》；巴金的《新生》、《电》、《田惠西》等；老舍的《老张的哲学》、《二马》、《赵子曰》、《猫城记》、《黑白李》、《柳屯的》、《四世同堂》等；萧乾的《蚕》、《皈依》、《鹏程》、《昙》、《参商》；勒以的《校长》；穆时英的《圣处女的感情》；李健吾的《使命》；李劼人的《死水微澜》；欧阳山的《谁救他们》；章依萍的《深誓》；徐訏的《精神病患者的悲歌》。这些作品不一定都是现代文学史上名作，但却构成一个独特的富于宗教色彩的文学世界，反映了基督教文化对中国现代文学广泛而浓厚的影响。"[45]

---

43 最初发表在《生命》第一卷第八册，1921 年 3 月 15 日，后收入卓如编：《冰心全集》第一卷，福州：海峡文艺出版社，1994 年版，第 163-164 页。

44 施蛰存：《中国近代文学大系·翻译文学（卷三）》，上海：上海书店，1990 年版，第 95-102 页。

45 梁工：《基督教文学》，北京：宗教文化出版社，2001 年版，第 403-404 页。

概言之，《和合本圣经》对中国现代文学影响是多方面的，特别是作为"欧化的文学的国语"的《圣经》和作为文学的《圣经》吸引着现代作家，并促进它在他们中间的传播[46]。

三、影响的定位

怎样评价《和合本圣经》对中国现代文学的影响是一个具有挑战性的话题。一方面，我们承认，《和合本圣经》从白话语体和文学方面对中国现代文学产生了影响，五四时代的知识分子曾自觉地学习欧化语言，并把它与学习西方的思维方式乃至文化精神相联系，《和合本圣经》确实为文学革命和新文学建设提供了欧化语言、新词汇、文学文本和精神思想，《和合本圣经》的翻译也十分严谨[47]，但另一方面我们也看到《和合本圣经》首先是作为宗教文本而不是作为文学文本被翻译。《圣经》的汉译呈现文学化的倾向主要发生在《和合本圣经》出版以后，比如许地山、陈梦家对《雅歌》的重新翻译，吴经熊博士则用五、七言古诗体尝试翻译《诗篇》，李荣芳和朱维之用"骚体"译哀歌。[48]所以，这就意味着它的影响首先是在宗教界的内部，这让《和合本圣经》的

---

46 "圣经文学性的介绍和对白话《圣经》语言优点的肯定，直接促进了圣经文学在一代青年作家中的进一步传播。"（任东升、温秀颖：《〈圣经〉译介对中国现代文学的影响》，载《四川外国语学院学报》，2004年第1期，第22页）

47 "圣经的每一卷都按译经者的人数分成数份，每位译者都分到一等分来修订或重译。流程模式大致如此：译者单独审读他们分到的部分，在一张特别设计的表格上写下任何所提议的改动，表格上复制了现有的版本，每一列汉字的旁边都留有足够的空间可以写下任何修改。这一阶段完成之后，译者和他的中文老师再度审稿，探讨每一点，衡量每个改动的利弊，并按他们的判断考量如此改动是否得体。不得不承认，这是一个极其与人有益、使人谦卑的过程。因为当西方同工意欲为自己所作的工喝彩自夸时，他的中文老师的"火眼金睛"（eagle eye）却挑出了一个致命的错误——有缺陷的结构、某个被误用的汉字、不平衡的句子、语意的曲解，或是足以损坏整体的不当表述。"（鲍康宁著、亦文编译：《官话和合译本》翻译过程——内地会宣教士鲍康宁的回顾》，载《教会》2019年3月号，https://www.churchchina.org/archives/190302.html。）

48 许地山译：《雅歌新译》，载《生命月刊》第二卷第四册和第五册，1921；李荣芳译：《哀歌》，燕京宗教学院，1931年；陈梦家译：《歌中之歌》，上海良友图书印刷公司，1932年；朱维之译：《劫后哀歌——耶利米哀歌之五》，载《真理与生命》第十二卷第一期，1939年3月；吴经熊译：《圣咏译义初稿》，上海：商务印书馆，1946年。在评价李荣芳用"骚体"译哀歌时，当代学者蔡锦图认为其翻译"是文学作品，而非供教会使用的典籍。"（见蔡锦图：《中文圣经翻译的历史回顾和研究》，《圣经文学研究》第5辑，人民文学出版社，2011年，第209页）

影响范围有限。

真正对现代文学产生直接影响并影响甚大的应该是胡适等提倡的文学革命，一些五四作家的白话文创作实践，五四时期外国文学的译介以及受外国文学影响所成立的有组织的文学社团，比如文学研究会和创造社。

1917 年 1 月 1 日胡适在《新青年》（第 2 卷第 5 号）杂志上正式发表《文学改良刍议》文章，主张文学革命，提出"白话文学之为中国文学之正宗，又为将来文学必用之利器"[49]的断言，陈独秀稍后在次月出版的《新青年》上发表了《文学革命论》一文，作为对胡适提倡白话文学的支持——"文学革命之气运，酝酿已非一日，其首举义旗之急先锋，则为吾友胡适。余甘冒全国学究之敌，高张'文学革命军'大旗，以为吾友之声援。"[50]胡适在这一期的《新青年》上发表了"白话诗八首"，呼应文学革命，作为倡导新文学（白话文学）的一种尝试。1918 年 4 月，胡适又发表《建设的文学革命论》，这一篇文章倡导从白话文出发，由通过"国语的文学"和"文学的国语"的互动，达到建设中国现代文学的目的，这一理想的实现，认为"中国将来的新文学用的白话，就是将来中国的标准国语。造中国将来白话文学的人，就是制定标准国语的人"[51]。1918 年 12 月 7 日，周作人在《新青年》上发表了《人的文学》，奠定了中国新文学思想建设的基础，提倡写作的人道主义，他提醒人们，"提倡的新文学，简单地说一句，是'人的文学'"，强调了在新文学建设中思想改革的重要性，作家需要对人生诸问题加以记录研究。1918 年的第四卷、第五卷《新青年》杂志完全用白话做文章，这二卷收录了周作人把古希腊诗人忒奥克里托斯(Theocritus)牧歌翻译成现代白话诗的《古诗今译》[52]和鲁迅创作的第一部短篇白话日记体小说《狂人日记》[53]。这一时

---

49 胡适：《文学改良刍议》（原载 1917 年 1 月 1 日《新青年》第 2 卷第 5 号），收录于欧阳哲生主编：《胡适文集 2·胡适文存》，北京：北京大学出版社，1998 年版，第 14 页。

50 陈独秀：《文学革命论》（原载 1917 年 2 月 1 日《新青年》第 2 卷第 6 号），收录于欧阳哲生主编：《胡适文集 2·胡适文存》，第 16 页。

51 胡适：《建设的文学革命论》（原载 1918 年 4 月 15 日《新青年》第 4 卷第 4 号），收录于欧阳哲生主编：《胡适文集 2·胡适文存》，第 48 页。

52 《新青年》1918 年第 4 卷第 2 号上发表了周作人的《古诗今译》，周作人认为这是他"所写的第一篇白话文"（见周作人：《知堂回忆录·蔡孑民二》，石家庄：河北教育出版社，2002 年版，第 383 页。）

53 该文首发于 1918 年 5 月 15 日 4 卷第 5 号的《新青年》月刊。

期的白话文文学创作初步有了成果，1920 年胡适出版中国现代文学史上第一部白话诗集《尝试集》，1922 年俞平伯的《冬夜》和康白情的《草儿》两部新诗集出版。刘半农曾在 1917-1919 年之间收集了当时白话诗初创时期的作品共 26 首，后在 1933 年出版，冠名为《初期白话诗稿》。1928 年新月书店出版了胡适的《白话文学史》。

　　欧洲新文学的译介及国外文学新思潮影响下所成立的文学社团对中国现代文学影响也甚大。1918 年胡适在《五十年来中国之文学》中提及周作人在翻译外国文学方面的贡献，"第二，是欧洲新文学的提倡。北欧的 Ibsen，Strindberg，Anderson；东欧的 Dostojevski，Kuprin，Tolstoi；新希腊的 Ephtaliotis；波兰的 Seinkiewicz；这一年之中，介绍了些这人的文学进来。在这一方面，周作人的成绩最好。他用的是直译的方法，严格的尽量保全原文的文法与口气。这种译法，近年来很有人仿效，是国语的欧化的一个起点。"[54]西方文学作品的大量译介，成为后来文学革命强烈的催化剂，其中，《圣经》"官话和合译本"也算是作为翻译文学为新文学提供了一个可借鉴的样本，诚如郭沫若所总结的："翻译的文体对于一国的国语或文学的铸造也决不是无足轻重的因素……让我们想到《新旧约全书》和近代西方文学作品的翻译对于现代的中国的语言文学上的影响吧"[55]。

　　茅盾 1920 年初了主持《小说月报》"小说新潮"栏编务工作，该栏目主要用来提倡新文学，这个"小说新潮"栏专登翻译的西洋小说或剧本，茅盾还写了《小说新潮栏宣言》，在宣言中他表达了他的新的文学观，"最新的不就是最美的最好的。凡是一个新，都是带着时代的色彩，适应于某时代的，在某时代便是新"[56]，"西洋的小说已经由浪漫主义（Romanticism）进而为写实主义（Realism）、表象主义（Symbolicism）、新浪漫主义（New Romanticism），我国却还是停留在写实以前，这个又显然是步人后尘。所以新派小说的介绍，于今实在是很急切的了。"[57]并具体提出了急需翻译的外国文学名著共二十位

54　胡适：《五十周年来中国之文学》，载欧阳哲生编：《胡适文集》3，北京：北京大学出版社，1998 年版，第 257 页。

55　郭沫若，《浮士德简论》，罗新璋：《翻译论集》，北京：商务印书馆，1984 年版，第 335 页。

56　茅盾：《小说新潮栏宣言》（原刊于《小说月报》第 11 卷第 1 号，1920 年 1 月 25 日），收录在《茅盾文艺杂论集》（上），上海：上海文艺出版社，1981 年版，第 6-7 页。

57　茅盾：《小说新潮栏宣言》，第 6 页。

作家的作品四十三部，如果戈理的《死魂灵》，托尔斯泰的《战争与和平》等。但茅盾同时也提到，并不是一味羡慕西方文学，创造新文学最好是与中国文学相结合，"……我们对于旧文学并不歧视，我们相信现在创造中国的新文艺时，西洋文学和中国的旧文学都有几分的帮助。我们并不想仅求保守旧的而不求进步，我们是想把旧的做研究材料，提出他的特质，和西洋文学的特质结合，另创一种自有的新文学出来。"[58]当他 1921 年初接管《小说月报》任主编后，他对《小说月报》进行革新，又设"译丛"、"海外文坛消息"等栏目。革新后的《小说月报》还以显著的位置刊载了周作人的《圣书与中国文学》[59]，这篇文章最早从新文学角度来论述《和合本圣经》对现代文学的贡献。当有人认为《小说月报》在革新后的一年中过于偏重翻译时，茅盾为此作了这样的解释："在这个意义上，我觉得翻译文学作品和创作一般地重要，而在尚未有成熟的'人的文学'之邦象现在的我国，翻译尤为重要；否则，将以何者疗救灵魂的贫乏，修补人性的缺陷呢？"[60]在茅盾、周作人、叶圣陶等人推动下，1921 年 1 月中国新文学运动产生了第一个社团"文学研究会"正式成立，该社团以《小说月报》为阵地，积极倡导文学革命。文学研究会的叶圣陶、朱自清等在 1921 年还成立了中国现代文学史上第一个新诗团体"中国新诗社"并于 1922 年 1 月在上海创办了第一个新诗刊物——《诗》月刊。

在日本留学的郭沫若、郁达夫等则在 1921 年 6 月成立了新文学运动的另一个具有较大影响力的文学社团创造社，他们长期生活在国外，阅读外国文学，受欧洲文学的影响，崇尚天才，主张个性解放，1921 年秋上海泰东图书局出版了郭沫若的新诗集《女神》、郭沫若的译作《少年维特之烦恼》以及中国现代文学史上较早的白话短篇小说集郁达夫的《沉沦》[61]，这些大大推进了中国现代文学的建设。"任何时代也没有象五四时期的作家那样自觉地有意识地把借鉴外国文学视为中国文学改革和创新的重要途径和关键所在，几乎

---

58 茅盾：《小说新潮栏宣言》，第 7 页。

59 周作人：《圣书与中国文学》刊于 1921 年 1 月《小说月报》12 卷第 1 号。

60 茅盾：《一年来的感想与明年的计划》（原载于《小说月报》第 12 卷第 12 号，1921 年 12 月 10 日），收录于《茅盾文艺杂论集》（上），上海：上海文艺出版社，1981 年，第 66 页。

61 中国最早的白话短篇小说集是北京《晨报社》编辑的《小说》（第 1 集），1920 年 11 月。

无一个新文学者不是借重外国文学特别是欧洲文学——或革新文学观念以创建新文学理论体系，或以外国文学为范本来创造各种新文体的具有现代色彩的文学作品。"[62]可见，胡适等领导的新文学革命运动、五四时期的外国文学译介以及新文学运动下成立的文学社团对中国现代文学的形成产生了直接和重大的影响。而作为宗教作品的《和合本圣经》的影响主要在教会圈子内，它作为文学作品在文学界响应不够，虽然有周作人1921年在《小说月报》上发表《圣书与中国文学》一文高度肯定《和合本圣经》对中国现代文学的贡献，但知识界和文学界响应者寥寥，当时新文学运动的发起者胡适和陈独秀[63]等人都没有把这一译本当作推广新文学新文体的手段，胡适认为《和合本圣经》在现代白话文运动中作用甚微，因为它的表达来自更早的中国白话小说传统[64]。但实事求是地说，在晚清的白话文运动中《和合本圣经》不仅吸收了中国白话小说的词汇，也创造了大量新词汇，美国学者魏贞恺（Janice Wickeri）认为"1919年出版的和合译本引进了一千个新的表达词组，八十七个新字，这表明翻译并非只是写下口说的语言而已，其更有塑造隐约显现的书面语言之效。"[65]一些基督教专有的词汇比如"恩惠"、"洗礼"等已被胡适、郭沫若等拿去使用[66]，《和合本圣经》也如上文分析的确实对现代文学的文体、题材、主题、结构、意象等多方面产生实质性的影响，所以胡适对《和合本圣经》在

---

62 朱德发：《中国五四文学史》，济南：山东文艺出版社，1986年版，第19页。

63 陈独秀认为白话的旧约和新约没有四书五经古雅，对《圣经》的白话翻译不是很认可。（参见陈独秀：《基督教与中国人》《独秀文存》卷1，上海：亚东图书馆，1922年版，第417页。）

64 "据我所知，在白话用作现代文字媒介的事情上，官话圣经并未发挥作用为其铺平道路。那些发生在新文学运动初期的辩论文章，都没有提到这一译本。那被提倡作为新文字媒介的白话，是伟大小说的白话，也也是圣经译者取来为他们的官话本作文字媒介的同一源头。"（参见：Marshall Broomhall, *The Bible in China*, London: British and Foreign Bible Society, 1934, p.5.）

65 美魏贞恺著、吴恩扬译：《和合本圣经与新文学运动》，第53页，《金陵神学志》，1995年Z1期。

66 学者夏晓红认为，文学革命参加者中，便有多人与晚清白话报刊有密切关系。梁启超夹带大量新名词的新体散文曾是文学革命的参加者喜爱的读物。胡适和郭沫都亲口承认从梁启超的"新文体"中分别得了"恩惠"，受了"洗礼"。"恩惠"与"洗礼"二词都是从西方文化转译过来的。（参见夏晓红：《五四白话文学的历史渊源》，载《中国现代文学研究丛刊》1985年第3期，第57页。）胡适曾提到："我个人受了梁先生无穷的恩惠"（参见胡适：《四十自述》，亚东图书馆，1933）；郭沫若也提到到当时有产阶级的子弟"可以说没有一个没有受过他的思想或文字的洗礼的"（参见郭沫若：《少年时代》，上海：海燕书店，1947）。

中国现代文学中影响的评价有失偏颇[67]。另一方面，当时教会界内部对它在中国现代文学中的影响评价又有拔高之嫌疑，如治教会史的学者王治心认为，"文言文不能普遍于普通教友，于是有官话土白，而官话土白又为当时外界所诟病。却不料这种官话土白，竟成了中国文学革命的先锋。"[68]官话土白的圣经译本最多是晚清和五四文学革命中的先锋之一吧，因为还有其他的白话文写作。"那些圣书的翻译者，特别是那些翻译国语《圣经》的人，助长了中国近代文艺的振兴。这些人具有先见之明，相信在外国所经历过文学的改革，在中国也必会有相同的情形，就是人民所日用的语言可为通用的文字，并且这也是最能清楚表达一个人的思想与意见。那早日将《圣经》翻译国语的人遭受许多的嘲笑与揶揄，但是他们却作了一个伟大运动的先驱，而这运动在我们今日已结了美好的果实。"[69]贾立言等对国语《圣经》中的文学的国语的使用也有美化的嫌疑，传教士用文学的国语翻译《圣经》首先不是从文学角度出发的，所以他们算不上有"先见之明"。

随着 20 世纪 20 年代爆发的"非基运动"，特别是随着 1928 年以后新文学运动的政治化与革命化色彩的加深[70]，以《和合本圣经》为代表的基督教文化对中国现代文学的影响受到了阻碍，它不如先前对中国现代文学影响广泛和深远，在这种大形势背景下，先前文学写作非常明显带着基督教痕迹的基督教作家比如冰心、老舍等，在 1928 以后他们与基督教文学的写作也渐行渐远。

---

67 胡适在《京报副刊》（1925 年 2 月 11 日）上开列的十本"青年必读书"中包括了《新约全书》，《新约全书》排在十本必读书的第七位，这说明胡适知道《新约全书》在西方文化中的重要以及对中国青年人的重要。但胡适对《新约全书》的重视并不意味着他就肯定《和合本圣经》对中国现代文学的积极影响。有位学者这样评价胡适面对和合本圣经的态度，"胡适这个圣经的爱好者、收藏家为何低估汉译圣经的意义？如果不是想抢得语言变革的头功，如同他不大承认晚清白话文运动的功绩那样，那就是判定汉语圣经不会起到历史上同类作品的作用，或者另有更好的方案。""文学革命中他们不取圣经译本，并非主观上拒斥基督教，而是语言革命的策略使然。"（参见陈镭：《文学革命时期的汉译圣经接受——以胡适、陈独秀为中心》，载《广州社会主义学院学报》，2010 年第 2 期，第 54 页，第 52 页。）

68 王治心：《中国基督教史纲》，上海：上海古籍出版社，2004 年版，第 254 页。

69 贾立言、冯雪冰：《汉文圣经译本小史》，上海：广学会，1934 年版，第 96 页。

70 中国现代文学的第二个十年即 1928 至 1937 年，在这十年中一个重要的文学思潮产生，即左翼文学的诞生，该文学提倡革命文学和无产阶级文学，强调文学的阶级性，1930 年，中国左翼作家联盟在上海正式宣告成立。

参考文献：

1. 袁进:《重新审视欧化白话文的起源——试论近代西方传教士对中国文学的影响》,载《文学评论》2007 年第 1 期。

2. 刘丽霞:《〈官话和合本圣经〉的成功翻译及其对中国新文学的影响》,载《南京师范大学文学院学报》2005 年第 3 期。

3. 刘丽霞:《传教士与中国现代文学》,《内蒙古社会科学（汉文版）》2006 年第 3 期。

4. 荣光启:《中文〈圣经〉语言与现代中国的"国语"目标》,载《江西师范大学学报（哲学社会科学版）》2010 年第 2 期。

5. 朱德发、赵佃强:《国语的文学与文学的国语：五四时期白话文学文献史料辑》,人民出版社,2013 年。

6. 美魏贞恺著、吴恩扬译:《和合本圣经与新文学运动》,载《金陵神学志》1995 年 Z1 期。

7. 陈镭:《文学革命时期的汉译圣经接受——以胡适、陈独秀为中心》,载《广州社会主义学院学报》2010 年第 2 期。

8. Marshall Broomhall, *The Bible in China*, London: British and Foreign Bible Society, 1934.

岛子诗歌创作在当代的标本性意义

　　岛子诗歌创作在当代具有标本性意义。岛子的身份在当代本身就是一个特殊的存在：他既是诗人，又是画家；既是从事现代和后现代文艺和理论的翻译者和评论者，又是在现代主义和后现代主义思潮影响下的作家；既是诗人，又是教徒。岛子身份的多重性及其每一组身份间所构成的张力、互动使岛子诗歌在这种背景讨论中获得了标本性的意义，也就是说，岛子多重身份中的每一组身份间所构成的张力、互动，使他的诗歌写作超越了一般诗人写作所能达至的高度和向度——绘画会丰富他诗歌画面的色彩和质地，从事现代和后现代文艺和理论的翻译使他的写作更具自觉和知性，基督教教徒的身份使他的诗歌写作多了一个信仰的质地和内涵。但同样，若岛子对诗歌外的领域在诗歌中的渗透和侵入处理不好，这些领域不但不丰富和深化岛子的诗歌写作，反而有可能会损害他诗歌写作的品质。诗与画，理论的知性与创作的感性，文学与宗教等关系始终是文艺史的基本命题，而上述三种关系在岛子诗歌中都或显或隐的存在，这种现象在中国当代诗人中并不多见，这就使讨论岛子的诗歌创作在当代具有了标本性的意义。

　　诗歌与绘画的关系。就岛子诗歌而言，岛子的诗歌在三个层面上与绘画构成关系。一是就诗歌的写作修辞而言，在岛子诗歌中，通过诗的语言成像以及诗中色彩词的广泛使用，使他的诗有诗情也有浓郁的画意，比如《大山·森林·我们（组诗）》（1984）[1]中对四月森林的描写："积雪，被迟钝的嫩芽/刺绣出春的图案/四月，站在返青的林梢和大山的肩胛上/向赭色的地平线呼唤

1　此诗收录在岛子著的《岛子诗选》（香港：中国国际文化出版社，2015）中。正文中岛子的其他诗歌也收录在该诗选中。

/枫树的歌声饮醉了阳光/和四月和候鸟和林中之河/聚结起绿的躁动与紫的勃起/撬动每一块被暗夜压低的晨曦",诗中对四月森林以强烈的视觉化形式给予描写,而四月大地上缤纷的颜色如青色、褐色、绿色、紫色等在诗中也有相应地呈现。二是就文体而言,岛子的有些诗本身就是图像诗,比如《春天的三重替身及其图说》,诗中有骷髅、乐谱、手枪等图案,与诗歌语言文本构成了语图合体。三是从岛子双重身份来说,岛子既是诗人又是画家,自然,他的画作与他的诗作之间构成一种内在的隐秘互动关系,这方面有待更深入的文本调查和研究。就双方美学质地来说,岛子的基督教画作在心性和品质上更接近其诗歌中的挽歌类型,一种肃穆、沉思和哀婉的心绪笼罩在其晚近抒写的挽歌中,如《弥撒:大饥荒悲悼》、《津门大爆炸挽歌》,也体现在《上帝与黄金》等系列画作中。

理论的知性与创作的感性。岛子诗歌在语言使用方面不落窠臼,诗歌文本想象奇特,意象新颖,风格稍嫌奇崛,在瞬间的细节精确抒写和场景的营造方面也都显示了作者较好的文学功力。岛子的诗歌还有一个可贵的品质,那就是他诗歌中的智性。这种智性帮助他在展现诗歌技巧和语言时更加干净有力,在诗思上更加深邃,岛子诗歌中所体现出来的智性与岛子喜欢艺术理论和善思是有关系的,他精通西方艺术史,了解西方现代和后现代诗歌各个流派的嬗变及其肌理,并亲躬亲为,翻译后现代理论家利奥塔的《后现代知识状况》,也编有美国自白派诗人的诗歌以及《西方后现代主义艺术系谱》。

再者是文学与宗教的关系。文学与宗教的关系在岛子那里更具体表现为诗人与基督教教徒的关系。在这方面,岛子处理得恰当。当一个诗人成为一个教徒后,会面临诗人的身份和教徒身份的冲突,这使他的写作面临极大张力,也面临新的转折和机遇,宗教信仰对他写作就成了一把双刃剑。如果作者处理不好这两者的关系,宗教信仰就有可能给他写作带来负面影响,这些负面影响表现在:先前的文学写作转变成了主题先行的福音写作;面对所要求的信仰的虔诚,作者无形中对自身的想象力构成某种抑制;诗歌要求创新,而宗教要求规训;因着强调宗教教义和经验,诗人在诗中就有可能忽略了复杂丰富的生活经验,也有可能在诗艺展现上变得简单、单调。岛子避免了这方面的陷阱和危险。对基督徒诗人来说,几千年来的基督教的教义和精神可以相对不变,但诗人结合时代处境在基督信仰中所展示出来的情感与经验是可以丰富多变的,诗歌的技艺和语言也是可以随时代发展而发展的,岛子在他的诗歌中展现了属于他这个时代的现代诗艺和情感。诗人对信仰与写作辩证地处理对诗人来说很重要，一方面诗人写作中所体现来的信仰教义和精神属于正统的信仰光谱之中，另一方面诗人用个人化和处境化的方式处理信仰问题从而让他的写作首先回到个体，藉此摆脱千篇一律的来自自身文化群体和所皈依的宗教集团所规定的某种集体性语汇和想象。对岛子来说，基督宗教信仰对他诗歌写作还带来了新的突破口，一方面基督宗教信仰让他推进诗歌题材时更有力量，另一方面让他诗思前进的方向更明确，诗歌的情感更质朴从容，因为有信仰的悲悯和盼望渗透在里面。艾略特说，伟大的文学一定具有文学性，但光具文学性的文学不一定伟大。宗教经验和宗教情感使岛子诗歌写作迈向了一个新的境地。

对岛子来说，如果他在诗歌中更好地处理以下两组概念关系，那么他的诗歌表现力会更加丰富，尤其在抒写基督教诗歌方面将会有更大的进展，那么他的诗歌写作对当代的诗歌写作尤其基督教诗歌写作将会更具标本性和典范性意义。

一是更好地处理诗歌中的玄想与冥想的关系。玄想者漫游，冥想者精思；玄想者意象与意象之间跳跃式前进，属于横向上展开；冥想者意象与意象之间内在关系紧密，在纵向上推进；玄想者场景和主题多次转换，冥想者场景和主题相对单一集中，冥想者常常捕捉某一瞬间的思想，描绘稍纵即逝的景物或对某一熟悉的场景再次的想象和补充。简而言之，相对冥想者，玄想者诗歌场景性的完整性方面展现较弱，因缺少场景性支撑导致诗歌中诗思或诗的观念性过强。岛子有些诗歌在玄想方面比较突出，如《春天三重替身及其图说》、《我，西尔维娅·普拉斯》。冥想的诗歌如艾米莉·狄金森的《虫鸣》，弥尔顿的《失乐园》。《虫鸣》仅仅围绕草丛中的虫鸣进行了想象，整个想象场面既宏伟又不乏具体细腻，整首诗意境悠远、境界开阔、让人深思。《失乐园》是对《圣经》题材的具体想象和补充。《圣经》中描写上帝创造亚当夏娃以及蛇引诱夏娃仅出现在《创世记》第二章、第三章中，但在弥尔顿笔下，经过他再次的丰富想象和补充，演变成了十二卷的《失乐园》。弥尔顿富有创造性地详细描述了撒旦反抗上帝战败后的复仇，包括他怎样偷偷进入上帝创造的伊甸园，引诱夏娃偷食禁果，以致人类始祖最终被逐出伊甸园，弥尔顿也详细描写了亚当如何期待与夏娃见面。诗中大量运用圣经人物意象，将撒旦和亚当夏娃刻画得栩栩如生，但又不违背圣经场景和主题。

　　二是更好地处理智性与神性的关系。宗教诗歌写作需要智性和神性，智性更多体现在诗艺和生活的哲思上，而神性则偏向于神恩。偏向于智性的写作在诗的末了一般也会提到需要信仰救赎的信息，但整首诗的叙事的角度和进程都是在描写现世的特定事件中进行，最后诗歌中所展现的世界需要一种上行的力量藉此获得拯救和提升，于是，在诗的末了作者就水到渠成地带出了救赎的信息。总体来看，这样的写作宗教思想成分浓一些，而不是宗教经验和情感多一些，因为诗歌的运行方向和诗歌的题材处理一直在世界之中。岛子的很多诗歌就属于这方面的写作。偏向于神性的写作，意味着一开始就从神恩的角度来看待万物，从神性角度俯瞰和触摸万物，所以宗教经验和情感会更丰富些，作者虽然描写的是现世的生活，但已直接超越了现世，有神性和超越的维度直接介入现世，作者自始至终带着事物的两个尺度进行写作：一是事物的内在尺度，即它的客观性和世界性，一是事物的超验尺度，即事物的源头联结着神恩与上帝创造。如当代诗人鲁西西的写作就是偏向于神性的写作，哪怕她看到风，一棵柳树，她都充满喜乐、惊讶和颤抖，她这方面诗歌的代表作如《风的界面》、《柳树的五种形式》、《喜悦》[2]等。

　　可喜的是，近年来，一些带着神性的、冥想的、质朴的诗歌在他创作中已出现。在这些诗歌中岛子尝试用宗教精神和宗教感受力来处理复杂的现实经验，技巧和修辞手法质朴。对岛子来说，这是一种创作转型，是一种更深的信仰扎根和心灵的转向。这样的诗歌不同于他前中期诗歌中的一种形式试验的创新和高难度的炫技，这是"豪华落尽见真淳"后的一种精神的内敛和自省，也是诗人愿意交付自己在写作上，愿向有恩典、有怜悯的某种终极实在者开放和仰望。他近期的诗歌如《弥撒：大饥荒哀悼》、《津门大爆炸挽歌》等就是这方面的体现。这些诗宗教性经验与当下性经验以及哀悼性态度相结合，在诗歌情感处理上不偏向极端——既不走向控诉，也不轻易给出廉价的承诺，在苦难中又让人又不失盼望，这些都体现了作者在处理经验、情感、题材方面很好的平衡能力。上述诗也不像他前期一些诗歌，那些诗歌玄想隐晦、意象怪诞、意象与意象连接突兀跳跃。阿多诺说，奥斯维辛集中营之后写诗是一种矫情。苦难则让岛子诗歌回归日常和质朴。

原载《人文艺术》第十五辑，2016 年

2　这些诗歌收录在鲁西西的《鲁西西诗歌选》（北京：光明日报出版社，2005）中。

当代灵性诗歌对汉语写作的贡献及存在的问题

内容提要：

当代灵性诗歌对汉语写作的贡献主要表现在书写方式的突破，提供了"我与你"对语写作，尤其在神性的他者光照和启示下，诗人的写作成了聆听的写作，诗人的写作语调、写作姿态也不知不觉发生改变。表现在书写内容（对象）上给汉语注入了一种神性超验维度，对汉语神学思想提供了一次美学能力的教育。当代灵性诗歌存在着概念式、表态式和总结式的写作，诗人大多展现和分享的是来自教育体制、信仰和文化传统中的集体性词汇、想象与表达。这些"族系"相似的表达模式影响了诗歌的品性。要想使自身的写作更具个性和原创力，诗人在这方面所要走的路还很远。

关键词：灵性诗歌、"我与你"、神性维度、集体性的词汇、想象与表达

当代灵性诗歌写作若从北村的诗歌写作算起，至今已有 10 多年。在施玮主编的灵性文学丛书中专门有一辑是编录当代灵性诗歌写作的[1]。在这一辑命为《琴与炉》诗选集中选录当代 26 位诗人共 244 首诗[2]。这说明当代灵性诗歌

1　施玮主编灵性文学丛书：《琴与炉》（诗歌卷）（第一辑）、《此岸彼岸》（散文卷）（第一辑）、《新城路 100 号》（小说卷）（第一辑）、《放逐伊甸》（长篇小说），该丛书由中国电影出版社 2008 年出版。

2　所谓灵性诗歌写作，按主编丛书施玮的意思，基本上是有基督信仰的一种灵性诗歌写作，但所编选的诗歌当中，有些诗歌既没有体现出基督教两大独特核心教义的创造论和救赎论（基督事件）内容，也没有体现出宽泛意义上的神性维度写作，这尤其表现在樊松坪所选录的诗歌中，从这一点来看，整本诗歌编选都标以灵性诗歌写作确实有点问题。由于这不是本文讨论的核心，在此不再申论。

写作渐成气候，值得学术界和批评界重视。本文拟对这方面写作的得、失作一总结，就教于各位方家。

一、对汉语写作的贡献之一：书写方式的突破

当代灵性诗歌在写作语式上有所突破和贡献，开拓和加深了"我与你"对语写作的内涵。阅读当代灵性诗歌，给人最大的感受是写作语式上的突破，在诗歌卷《琴与炉》中，书写汉语灵性诗歌的大多数诗人都涉及"我与你"的对语写作。以排列在该书前五位的诗人诗歌为例，有施玮的《初熟之祭》、北村的《爱人》、樊松坪的《当寒冷被激活成一千种思念的方式》、鲁西西《走遍了地极》、齐宏伟的《献诗》等。尤其在该书选录的北村13首诗歌中，有《爱人》、《诗人》、《医治》、《这一滴眼泪甚好》、《轻微的回声》、《泪水》等涉及对"我与你"的对语写作。

传统的诗歌写作也有"我与你"的对语写作，但没有像灵性诗歌写作中那么密集。以往的诗歌也有主体间性的写作，但他者不很独立，他者往往被内化为"我"独白的一个组成部分，是"我"自说自话的独语自白，这尤其表现在古典诗歌中的"天人合一"的写作模式中，古代文人写作中的"悲秋"和"伤春"，包括李白《独坐敬亭山》中"我"与"敬亭山"之间的"相看两不厌"，无论"秋"、"春"以及"敬亭山"与我之间的关系主要是一种感应的关系；也有现当代诗歌中有独立的你与我的对谈，但"你"不具有神圣主体的位置[3]，而灵性诗歌写作中的你，是一神圣主体，我所说的话是对神圣主体的"回应"，"所谓'回应'自然意味着：（1）'你'说话在前，'你'是主动的；（2）'我'是被动的，'我'的回应是围绕着'你'的言说进行，因而是被'你'所先行地规约着的。"[4]也就是说，作为神圣主体的你在我之外，与我保持着足够的距离，这种距离以致于我有时触摸不到，把握不到，以致于要集中精力细心察看和聆听。

有了这样一个全然陌生的他者的存在，汉语写作的另一维度被开启，就是一种聆听的写作。对聆听写作的强调在我们汉语文化中都是不过分的，因为在

3　如柯岩《周总理，你在哪里》中"你"是周总理，表达我们对逝世的"你"的想念；在海子《答复》中的"你"虽带有神圣的性质，是"神秘的质问者"，但毕竟"你"是"麦地"，无法对我进一步言说。

4　刘光耀：《从汉语神学到抒情诗的范式转移》，载刘光耀、杨慧林主编：《神学美学》第2辑，上海：三联书店，2008年版，第67-68页。

以往的诗歌中太多充满写作主体自我膨胀的抒情——"地球，我的母亲/地球，我的母亲……/地球，我的母亲……"（郭沫若《地球，我的母亲》）[5]，青春期的形而上学说的冲动——"有的人活着，他已经死了；有的人死了，他还活着。"（臧克家《有的人》)，以及唯我天下独尊的真理独断——"毫无疑问/我所做的馅饼/是全天下/最好吃的（赵丽华《一个人来到田纳西》)。聆听的写作远离上述诗人哲学的形而上学独白，自我的虚妄和独断，而是用强大和神圣的"你"来限制个人的自我抒情和漫无边际的想象，在聆听"你"的过程中逐渐走出个人狭小世界。北村的《爱人》[6]是这方面的代表作。因着充满神性的爱的你的存在——"所有的寒冷中有你的声音"，我从此不再独自行动，"我怎么能让它/越过你/去渴求别的利益/在你的脸上/有我的一生"，因为你给我在这个世界上所没有的温暖，所以我愿意与你一同来承受这个世界的冷漠和暴力，"虽然到处是强盗、锁链/和摆放刀锋的世界/偷走爱情和最后一点东西/亲爱的不要惊慌/今夜我们至少可以一同受伤"。这个世界也助燃了"我"的身体欲望，世界成了"贪婪者的集市"，我曾经也是其中的一员，但我在你的典范中批判、认识自己，更新并赋予自身生命的价值和意义，挽救自身免于金钱、利益交换、商品的物化和扭曲之中，"我"终于有能力告别过去，与你相守在一起，哪怕一起"终生屈辱"，"如遗弃的农具"，因为是你让我坚信，"我们即使/在锈蚀中仍可举起赞美的光辉"，"夜路尽头会有人提灯迎候"。

真正的倾听，不是用自己的听来占有世界和某个人的内心，我们听到了一个不可能被填充的缺席的空位，听到了空白。倾听不是去占有、控制对方，把他者内化为自身的一部分，倾听者必须能听到他的听的无能为力，听到那最应被听的东西的'听不见性'，从而在自身存留一个为他者的空位。倾听的写作也就成了意识到自我的有限的写作，对灵性诗歌写作者来说，凡是能说清楚的，只是我已经经验到的部分，相对于开放的、无限的、尚未经验到的部份，我们有限的经验事实上是等于零，"等你静静自启，方才无言识你。"（齐宏伟《献诗》）"所有关于你的知，都只显明对你的无知；所有关于你的说，都只说明语言的无能。//所有大海的彭湃，在你那里，只是沧海一粟。所有开启的奥秘——

---

5 据统计，郭沫若在该诗中连续重复了 23 次"地球，我的母亲"。
6 北村《爱情》，载施玮主编《琴与炉》，《诗歌卷》（第一辑），北京：中国广播电视出版社，2008 年版。正文中下引引该书诗歌仅注名作者及篇名。

都引起孩子般的敬畏,而非满足私下好奇。"(齐宏伟《天梯》)尤其在神圣者你面前,要谈论我们的经验,难免就像是亵漫神圣一样,所以保持沉默和倾听:"可以不说话/只用祈祷/可以收紧思维的伞/只用默想/然后把灵魂暴露在阳光下/可以只用凝视/把它点燃"(北村《想象》)。灵修大师艾克哈特(Meister Eckhart)尤其推崇听:"对人而言,听是收获性的,看则是消耗性的。在永恒生命中,我们通过的力量而获得的幸福要比通过看的力量所获得的多。因为去听这个永恒的世界的力量是内在于我的,而看的力量则是外在于我的;这是因为在听中我是被动的,而在看中我是主动的。"[7]因着主动,看易产生对于差异和他者的暴力支配,听因着被动,听的声音就不会停留于由自我中心的身体所构成的界限内,听者总是集中力量来凝神聆听,"用圣洁之法辨别遥远的足音"(北村《深谷》),以免听错和没听明白,在听中我们走向了开放。

聆听的写作因着对"你"的听使自我走向谦卑,由此在"我与你"对谈过程中诗人的写作语调、写作姿态不知不觉发生改变。在神圣的他者面前,诗中的我不由得压低嗓音说话,诗人的写作也就成了谦卑的、被动式的写作,放弃了以往诗歌写作中诗人所常有的音调高亢,夸张式抒情和独断式结论的写作模式。在施玮的《初熟之祭》中,我被"载在雅歌中","被不经意地抛下","被吩咐留在这里","不敢唤你回来","直到有一天,可以举起新禾召唤你",在这当中有"我等待嫁你的艰辛",我在你面前总是被动的:"被不经意地抛下"、"被吩咐"、"等待"、"召唤",而你在我面前总是主动和强有力的:"百合花的香气,令我惊慌羞愧","你走向我所不能去的地方","你就这样去了天上,我就这样呆在地下",我对你的情感也是依赖性的,我的"惊慌羞愧",孤独、脆弱,一直到在丰收喜悦中的哭泣……。

宋代诗评家范温云:"练句不如练意,非老于文学不能道此。"(《潜溪诗眼》)练意更在练气,气之弘大刚正,则"胸中不患不开阔,气象不患不和平"(罗大经《鹤林玉露》)。从事当代灵性诗歌写作的诗人由于作品中有一神性的"你"的存在把"神之灵、神之律"贯穿在作品中,你的爱的存在可以化解人生悲情,世界冷漠和残酷,贯注"生命活力之气"、"温柔盼望之气"于诗意之中,由此其所写文学之"格调"为之一变,作品显得内敛、舒缓、节制

---

7 Meister Eckhart: *A Modern Translation*, Trans. by Raymond Bernard Blakney, New York: Harper & Row, 1969, p.108. 转引自曾庆豹:《倾听的神学》,载刘光耀、杨慧林主编:《神学美学》第1辑,上海:三联书店,2006年,第76页。

及清洁，书写方式也与以往有所转变，我与你在对谈过程中始终保持着聆听和被转化的契机，在这当中诗人所彰显人格面目之精神形象自制、谦卑、温柔自与以往不同。

二、对汉语写作的贡献之二：书写内容（对象）的突破

有了道路的开启，就有了真理性和生命质态的改变，于是有了书写内容（对象）方面的突破。在当代灵性诗歌写作中，写作内容（对象）方面的突破首先表现在因着自身写作姿态的调整，诗人观看自身和万物的生命形态发生改变，尤其学会了对生活形式的观照。"众多的书面语诗歌由于关心人的处境和生活的意义问题而在诗中引入政治和伦理关怀，这事实上是对生活内容（观念）的投身。'意义'总是与内容有关，而'意味'只是形式。追求意义的诗歌总是试图说明'什么'（伦理、政治、宗教的观念等等），诗和艺术被等同于文化或思想，因而这种诗总是要借助注释和阐释才能被理解；而关心意味的诗歌则对文化观念毫无兴趣，它不说明，而是去显现，去存在，去'是'。追求意义的诗歌试图在每句话中都说出点什么，使每句话都携带某种意图或观念，修辞和隐喻不过是这种观念的载体；而关心意味的诗歌则每句话看起来都是'废话'，然而这些平凡之极的话语在一种对机缘的洞见中却能连接为一个极具力量的整体。"[8]追求意义的诗歌注重深奥，关心意味的诗歌则体验事物本来面目的那种明晰。当代追求灵性诗歌写作的诗人之所以有可能做到对生活形式的观照，是因为来自于本源性的《圣经》信仰赋予诗人以爱，爱是自由的基础，在爱的自由中诗人把在日常生活观察中从属于自己个人的东西、观念挪开，让事物从主体的独断和辖制中释放出来，最终让观察的事物呈现它自身，就像桂花开了又凋谢了那样，在花开花谢之间就显露了它们所有的结构和功能。鲁西西的《柳树的五种形式》[9]是这方面的佳作。柳树把自身的叶子认作"是树的一个妹妹，或一个肢体"。柳树因生在河边，于是"记念根基的宽阔处，就知道自己真的有河"。柳树也显现为被爱者："柳树啊，/你使枝下垂的时候风爱你，/你枯干的时候春天降临，/亲自将你内里的嫩叶显露。"柳树也持守着自身的安静，无论白天黑夜，还是刮风，甚至叶子都离开它，它都要"认真地睡"。"柳树是一个富户，一个债主"，它在夏天"大片大片地借出

8　一行：《词的伦理》，上海：上海书店出版社，2007年版，第102页。

9　鲁西西《柳树的五种形式》，载鲁西西《鲁西西诗歌选》，北京：光明日报出版社，2004年版。

叶子"，在秋天"大把大把地给出绿色"，在冬天则免了所有的债。在汉语古典诗歌中，柳树显现为离别和友爱的关联物，所谓"杨柳岸，晓风残月"（柳永《雨霖铃》）所谓"青青一树伤心色，曾入几人离恨中。"（白居易《青门柳》）但在鲁西西的这首诗中，柳树被注入了新的内容，不再是伤心别离的情感相关物，围绕它的是欢快、慷慨与爱，这慷慨、欢快和爱深深植根于诗人信仰中的爱，诗人因着信仰中的爱在观察柳树时充满了温柔和体贴，并细致地感应柳树的生长和涌动，同时也馈赠给柳树生命般的欢乐与爱。

当代灵性诗歌写作在书写内容（对象）上的一主要贡献是给汉语注入了一种神性超验内容。刘再复曾把文学写作分为四个维度："国家·社会·历史"的维度，叩问存在的意义的维度，神性的维度和自然的维度，并认为神性维度的写作在中国很缺乏[10]，而当代灵性诗歌写作弥补了我们汉语写作的这一匮乏。不仅如此，当代灵性诗歌写作激活了汉语中的神学思想，它以更有力的感觉、更清晰地知觉重新谈论在传统基督教神学里早已存在的如基督、启示、救赎和神性东西的到来，诗人对语言的敏感性和对伟大艺术作品的超验性格的意识构建了神学的文化能力，艺术有能力使宗教传统及其意义更为有力表现，或使之更为生动，宗教也因通过艺术性的活动得以"展示"，遗憾的是，这方面并没有在教内外形成广泛共识："在生活世界，美学经验享有一个很高的价值，但在神学和教会的领域里，我们看到了美学能力的下降。由于教会的目的太关心艺术的功用化，继续囿于一个传统的规范化的美学概念，对于在造型艺术、电影和当代文学领域里新的经常具有挑战性的风格形式过敏，这样以教会为导向的基督徒就失去了和活生生的文化世界的联系。这种文化—美学能力丢失的一个最明显的标志是这样一个事实，就是在对牧师和神学家的教育中，美学能力的教育几乎没有出现。"[11]可见，汉语灵性诗歌写作的出现，不但给

---

10 刘再复认为，中国的现代文学如果从审美的内涵来说只有一个维度，即"国家·社会·历史"的维度；西方有卡夫卡、萨特、加缪、贝克特，都属叩问存在的意义这一维度，中国只有鲁迅的《野草》、张爱玲的《倾城之恋》有一点；自然的维度，一种是外向自然，也就是大自然，如中国古代道家一系的山水写作，一种是内向自然，就是生命自然，如西方的意识流小说。刘认为，中国作品缺乏超验维度的写作，就是和神和"无限"对话的维度。详见刘再复、林岗在《罪与文学：关于忏悔意识与灵魂维度的考察》（香港：牛津大学出版社，2002年版）中的相关论述。

11 [德]卡尔—约瑟夫·库舍尔：《文学作为对于二十世纪天主教神学的挑战》，包向飞译，载刘光耀、杨慧林主编：《神学美学》第2辑，上海：三联书店，2008年，第249-250页。

汉语文学提供了一个神性维度的写作，而且对汉语神学思想也提供了一次美学能力的教育。

这方面比较突出的贡献是北村对耶稣形象的系列描写，它既丰富了汉语在耶稣形象方面的塑造，也深化和拓宽了汉语中耶稣形象所包含的神学思想内容。在北村诗歌中有用"你"、"他"指称耶稣的："所有的寒冷中有你的声音"（《爱人》）"他比在上面时更清瘦，更接近我心的模样"（《他和我》），"他已在天上放养"（《想象》）；有用"我们"表达与耶稣的同在："今夜我们至少可以一同受伤"、"终生屈辱是我们的粮食"（《爱人》）；也用"弟弟"形象表达耶稣为爱人类舍去一切，以致于用自身的死换取更多人的生命："衣裳褴褛的弟弟，披戴幸福的麦粒"（《弟弟》）[12]，弟弟也是孤独的，"谁聆听弟弟的爱情，孤独的帐篷"。在《深谷》中耶稣则成了在最安静之处的那个"苍白的孩子"，"发出了有史以来最低沉的声音"；在《诗人》中耶稣则成了在地上孤独死去、清瘦善良、无毒无害、声音暗哑的"诗人"。北村因着言说"基督事件"，他自身也成为这个时代的观看者和上帝使命的传达者。

三、写作中存在的危险及问题

好的诗歌作品中呈现的是"见"，而不是"看"，它是在对真实日常生活细节的描述，瞬间经验的准确书写，以及日常场景的叙事基础上，对更为广远事物的朝向和倾注。若以此衡量当代从事灵性诗歌写作的诗人，我们遗憾地发现，符合这要求的诗人并不多，据笔者有限的阅读，诗人北村的某些诗在同类诗人当中更接近好的诗歌标准。北村的诗如《爱人》中有真实日常生活细节的描述，这是"强盗、锁链/和摆放刀锋的世界"，在这日常生活细节中有我们对世界的瞬间经验，这个世界如刀锋、锁链般刚硬、冰冷、残忍，因而我们产生"寒冷"，"惊慌"，但因着在寒冷中你给予我的温暖和光辉，我最终选择了你，我们可以一同承受世界对我们的伤害。诗在世界与你所给予我不同内容中构成了张力叙事。这一张力叙事在第三节中继续得到日常场景叙事的支撑，这个世界是"贪婪者的集市"，在集市中"终生屈辱是我们的粮食"，我们"如同遗弃的农具"，但"在锈蚀中仍可举起赞美的光辉"。有了上述日常场景叙事的支撑，有了从世界和从你而来的两种不同的价值观所构成的张力经

---

12 因为"一粒麦子不落在地里死了，仍旧是一粒；若是死了，就结出许多子粒来。"（约十二24）

验准确的书写，北村第四节中所描述的未来盼望和天堂世界就不会落空，因为从高处来的带着温暖清洁的广远世界就在可触摸的日常经验和广阔的日常场景之中。

不理想的灵性诗歌写作对广远的事物、不在场的要素的表达可能直接用心灵的东西和不存在来表达，用理智化和观点化后的语言来书写，也就是说其诗歌写作为其神学服务，被神学功用化、工具化，抵达神学的同时没有抵达诗歌本身。在《琴与炉》这本诗歌集中，所选录的诗很多有这方面的问题，包括当中写得比较好的诗人如施玮也存在这个问题。如在《锋芒》这首诗中，她直接宣告主耶稣基督救赎的主题，"你以笑脸帮助绝望的人洗涤灵魂中的苦难，拔出生命中的倒刺/你以真理注释存在的锋芒/似一道鞭子——/驱逐人心中的牛、羊、铜钱/恢复那起初的荣美。恢复纯粹的生命/恢复柔软、易哭的良心"。这是一种概念式、表态式和总结式的写作，是写作懒惰的表现，因为概念式、表态式和总结式的写作是一种自动化和习惯化的写作，没有让语言经过淬炼道成肉身，即让诗中的语言回到象征之言、沉默之言、祈祷之言和诗性之言，而是直接以日常常用的已磨损的语言道说神圣的事物。

对于认信诗人来说，他还要警惕认信传统影响自身的诗歌写作，也就是说他要告诫自己，不要只认为写出了认信层面的诗歌就是好诗歌，实际上，那些和基督教传统相去甚远的诗人，他们往往能够比无数牧师和专业神学家更深刻地看到现实的秘密，因为诗是存在的展开，从存在的经验开始，而不是对存在的终结判断，它以清楚的当前性唤醒时间和永恒、物质和精神，人类和其他东西之间的连续性，它包含宗教的维度，但不局限于宗教的维度。[13] 由于灵性诗人因着自身信仰，易犯结论先行，在诗的上行过程中没有对日常细节的进行描述，也没有以日常场景叙事作为支撑，得出的结论抽象、飘渺自在情理之中；诗人也因着爱教义过于爱生活的真理，导致诗在打开生活和神性两个空间时不够宽阔有力，这方面李光耀教授在评论《琴与炉》诗集时已有所认识："然而，也许可以说，只有当在肯定神学的这种引导、约束下跨进了否定神学的畛域之时，人们在神学上才会更成熟、更具创造性，这从里尔克、陀思妥耶夫斯基（Dostoevsky）那里看得很清楚的，虽内中详情此难尽赘。在这个意义上，这诗集（指《琴与炉》——笔者按）当为汉语基督教诗歌的'初熟'的'果实'。

---

13 严格说来，并不是每个人都能写作尤其写诗，写诗的总是少数的，因为诗歌代表着一个民族最精细的感受与智慧。

正所谓'路漫漫其修远兮',她还有甚多的求索在等着要去做吧。"[14]

总之,要避免自身的诗歌写作走向概念式、表态式和总结式的写作,当代灵性诗人就要反省自身的"习性"。按法国社会学家布尔迪厄的理解,"习性"(habitus)涉及有关知识的基本资源,是作为人们生活于某种特定的文化或亚文化群的结果而获得。如果一个人带有工人阶级的背景,他就会负载这一环境对他的行为的某种影响(例如言谈方式的类型、有关本阶级的常识、甚至对婚姻的态度等等)。作为处在文学场内和基督信仰传统中的灵性诗人,他们的习性易被文学体制、教育制度、文化制度和教会传统所形塑。他们在当代灵性诗歌写作中不自觉地采纳了趋向于快意的、毫不费力的言说方式,这与我们的教育制度和文学体制培养有关系,我们的教育制度和文学体制拟培养我们在言说方式和思维方式上与集体保持"高度一致",同时这种言说也因与我们文学场和教育制度所提倡的有一致之处,获得了其"合法性"的存在。

当代灵性诗歌中所出现的大量神学意象和词汇同样也是认信诗人长期受信仰传统和教会体制"规驯"的结果,于是他们在语词表达中自然拥有和分享了这种教会体制的集体性的词汇、想象和表达。这些"族系"相似性的表现模式,无疑损害了那些对基督教还不了解的读者的阅读兴趣,也影响了诗歌在展现其品性方面的高致。[15]更重要的是,集体性的词汇、想象与表达无论出自于教育体制内的,教会传统的,还是来自于我们文化传统的[16],若没有转化为真正个人经验的表达,这样的表达还不是一个很成熟的表达,因为那种从日常

---

14 刘光耀:《从汉语神学到抒情诗的范式转移》,载刘光耀、杨慧林主编:《神学美学》第2辑,上海:三联书店,2008年,第75页。

15 同样写《圣经》中的耶稣故事,在《琴与炉》诗歌集中,笔者认为北村的《他与我》相对写得好些,该诗歌集的一些作者因太紧扣《圣经》题材、内容和叙事来写,反而写作有些拘谨局促。王国维在《人间词话》中说:"诗人对宇宙人生须入乎其内,又须出乎其外。入乎其内,故能写之;出乎其外,故能观之。入乎其内,故有生气;出乎其外,故有高致。"。北村之所以在《他与我》中写耶稣在客西马尼园祷告写得比较"高致",是因为摆脱了教会传统在这一题材上的集体性语词、想象和表达。

16 传统的集体性文化意象在当代灵性诗歌中也频频出现,如"不能以睡莲的清高观看饥渴的人"、"舞着雪白的羽毛,在芭蕉叶的雨中/与瘦菊对饮"(施玮《锋芒》)"此刻正守着阿房宫坠落的屋檐"(樊松坪《我想象那是你的语言》)、"你漫舞南山的晓光残月,不过加重着更多双眼睛的/熟思无赌,我终是你叛逃的妃,沉沉于罪恶的疆土。"(樊松坪《隔》)"掬水月之手,你宛在天际又在眼前。弄花香满衣,你恍如消失又总飘起。"(齐宏伟《献诗》)"暗香浮动,是你天姿初露。"(齐宏伟《天梯》)

惯用的语言、文化和教会传统中自动化获得的语言和思维积淀着大众的意见，僵化的伦理，诗人独立人格在这当中没有展现。对于一个诗人来说，他首先需要精神上的独立，而精神上的独立不是简单地继承传统或通过自动化表达就可以达到的；他需要更高智慧的写作，即一种更具个性和原创力的写作。遗憾的是，当代灵性诗歌中大多展现的是一种集体性的想象、语汇与表达，因此当代灵性诗人在这方面所要走的路还很远。

原载杨剑龙主编：《灵魂拯救与灵性文学》，

新加坡：新加坡青年书局，2009

什么是基督教文学
——兼论什么是中国基督教文学

要理解什么是中国基督教文学，首先要明白什么是基督教文学？因为什么是基督教文学成了衡量哪些作品可以称之为中国基督教文学、哪些作品不是中国基督教文学一个重要标尺。而了解什么是基督教文学，必须先考察一下以往对基督教文学阐释的历史。

一、中外作家、学者对基督教文学的理解

对于基督教文学是什么，在中外基督教文学理论和批评中，有以下不同角度的回答，这些不同角度的回答可以帮助我们了解基督教文学是什么以及不是什么。

基督徒诗人艾略特（1888-1965）强调了基督教文学中的"基督教"是一种基督教精神而不是一种教义、圣经词汇和神学的展现。他认为宗教诗就是用宗教精神来处理整个生活的诗歌，不是用个人的宗教情感或宗教经验取代宗教本身成为诗歌的主题，宗教主题的范围可以更宽广些。不能仅仅用《圣经》中的救赎取代三一论上帝。他反对用神学和教义来处理诗歌题材，这样容易让诗歌题材变成一种特殊宗教意识的产物，从而失去大多数诗歌所见到的普遍情感。他"期待的作品是无意识地表现基督教情感的，而非有意为基督教辩护的。切斯特顿先生的作品魅力便在于——它出现非基督教的世界。"[1]

基督教作家 C.S. 路易斯（1898-1963）也提出了与艾略特差不多的看法，

---

1 艾略特：《宗教与文学》，载包兆会主编：《汉语光与盐文丛·理论卷》，北京：九州出版社，2019年版，第8页。

只不过他的表达更形象生动。他在《基督教与文学》中，提到了《哥林多后书》3 章 18 节经文的内容，经文讲述一个基督徒对于基督就像镜子对于客观物体，通过镜子返照变成主的形状。路易斯把基督徒与基督的关系用在了文学写作与基督信仰的关系中，"将这个原则以其最大的普遍性运用到文学中，我们应得到所有批评理论的基础，那就是一个作者应该从不认为是他自己给存在事物带来从未出现过的美丽或智慧，而应仅仅是在他的艺术中体现或反射永恒的美或智慧。"[2]也就是说，基督教文学写作不是直接书写或浓缩教义，而是反射基督带来的美或智慧。中国基督教作家莫非（1957-）认为，对基督教文学的定义很难用作者信徒身份或是否有基督教内容成分来衡量，在定义一部作品是否是基督教文学时，重点应放在作品本身对信仰到底说了些什么。而作者对信仰的言说，是水到渠成的，他们先有属灵的生命和视野，然后再由文学出发来创作，最终顺理成章地写出了成熟的基督教文学作品。莫非也强调了作品是否是基督教文学，由作品本身对信仰到底说了什么来决定，不是由作者宗教身份或基督教题材来决定。[3]

艾略特也强调了基督教文学写作首先是文学写作，然后才是带着基督信仰或精神的写作。艾略特提醒宗教文学写作者，宗教文学首先是文学，虽然文学的伟大不能只用文学标准来决定（意指还要有神学和伦理标准），但是我们必须记得一部作品算不算文学，却只能用文学标准来决定。[4]当代的基督徒作家莫非对艾略特这一观点持肯定态度，她认同艾略特对文学创作自主性的强调，认同基督教文学不应成为教义的传声筒，"他（艾略特）强调的是，文学作品不能脱离文学规则。也就是说创作应有其自主性，不能拿来作任何价值观传递的奴婢。前述几位传世作者和一般号称'基督徒作者'的最大差别，就在写作是为文学而作，而非只为传扬基督教而写。"[5]

早在 20 世纪 40 年代，中国最早一批研究基督教文学的学者朱维之在《基督教与文学》中也谈到了他对基督教文学的理解。在该书中朱先生并没有明确

---

2 C.S. 路易斯：《基督教与文学》，载包兆会主编：《汉语光与盐文丛·理论卷》，北京：九州出版社，2019 年版，第 22 页。

3 莫非：《重拾彩虹尽头的金钥匙——基督教文学初探索》，载包兆会主编《汉语光与盐文丛·理论卷》，北京：九州出版社，2019 年版，第 175 页，第 177 页。

4 艾略特：《艾略特诗学文集》，王恩衷编译，北京：国际文化出版公司，1989 年版，第 127 页。

5 莫非：《重拾彩虹尽头的金钥匙——基督教文学初探索》，载氏著：《创作，一种属灵的经历》，台北：宇宙光出版社，2012 年版，第 18 页。

讨论什么是基督教文学，但从他书的体例编排以及编书的初衷来看，他还是强调基督教文学本身是文学的，即有着明显的、直接反映基督教价值观和基督教信仰的认信文学，但他也认为基督教文学也需包括表现基督教元素的比如基督教题材、内容和价值观方面的世界文学名著。从他引用的一些世界文学名著来看，一些作家未认信上帝，甚至作品中的神学思想也不符合正统教义，但这不妨碍朱维之把他们的作品纳入基督教文学行列中，比如他提到"张资平底《冲积期化石》和《上帝的儿女们》也是同样的作品，一方面描述教会底精神，一方面揭发它底黑暗面，可作为基督教徒底悔改资料。"[6]也提到郁达夫的基督教小说，"郁达夫底《沉沦》，叙述一个青年受教会学校底强迫信教而起反感的事；《南迁》中叙述那一个青年得到一个信基督教的女子底安慰，中间有一篇动人的说教；只是她底信仰太规于形式，叫他对于宗教只爱登室而不愿入室"[7]。这个只能说归入与基督教有关的写作中去，不能算真正意义上具有基督教精神的基督教文学，朱维之自己也意识到这一点，"这些还只是中国基督教小说底先声，希望今后关于这方面的作品有更伟大的出来，能够真正表现现代基督教底精神。"[8]作者之所以这样编选，一方面可能跟我国当时基督教文学不成熟有关，所以凡涉及到基督教元素的文学先包括进来再说，其次也跟作者编选作品的用意有关，他要把有基督教元素的世界文学名著介绍给文学青年，让他们来了解基督教。

确实，基督教文学需要见证真理，但并不意味着要把基督教文学纳入神学的怀抱，也不必说惟有充满着圣经引语和神学术语的作品才算是见证真理的文学。文学有其自身的发展历史，基督教文学需要根据不同的时代发展自己的内容和形式。这方面被越来越多的基督教文字工作者所共识。

20世纪60-70年代的香港基督徒文字工作者许牧世（1914-2002）反对把基督教文学变成神学的奴仆，处处受神学观念的限制，但强调基督教文学是见证真理的文学，但见证真理不需要作品中充满着圣经引语和神学术语，他给出了具体的写作内容和方向，"为了提示写作方向起见，假定基督教文学需要有比较具体的内容，那么我想'信、望、爱'这三字就是它所应具有的内容了。一个基督徒怎能见证基督呢？从他具有信、望、爱的思想，情感和生活他能见证

6　朱维之：《基督教与文学》，上海：青年协会书局，1941年版，第305页。

7　朱维之：《基督教与文学》，第305页。

8　朱维之：《基督教与文学》，第305页。

基督。一个基督徒作者怎能以写作见证基督呢？从他具有信、望、爱内容的作品能见证基督。所以我说基督教文学就是信、望、爱的文学。"[9]说到底，许牧世赞成的是基督教文学是一种肯定基督教思想和基督教精神的一种文学创作。

同时期的基督教文字工作者也是香港圣公会牧师何世明（1911-1996）认为基督教文学必须具备两者，即要有基督教意识，传播真理，也必须像文学才行，"我们更必须承认凡称得上是基督教文学的作品，不论题材如何，用何形式，也必须具有基督教意识，而且更须负起传扬福音，散播真理的责任。但既然称之为"文学"，则无论其是否为"基督教"，也必须像"文学"才行。"[10]"一切基督教文学作品，都必须具有基督教意识，这一点是无须说得的。因为说到底，我们所以要去写作基督教文学，其最大的原因，无非是向未信基督教的人传扬福音，散播真理；向已信基督的人增进灵程，培养信心。"[11]

基督徒作家梁锡华（1947-）在20世纪80年代前期对基督教文学是这样理解的，"我想大胆为基督教文学下一个简单的定义，就是：客观上有助阐明或宣扬基督教的文学。这定义包涵相当广远，现按正反而分述个人意见如下：第一：作品即使不是出自基督教徒之手，但若能起定义所提那点作用的，可以统称为基督教文学。举例说，徐志摩和茅盾都不是基督徒，但徐氏的诗作《加尔佛里》和茅盾的经句摘抄作品《耶稣之死》，却无妨划入基督教文学。"[12]

笔者认为，梁锡华对基督教文学的定义宽泛了些，因为阐明或宣扬基督教的有可能基督教思想或基督教精神在其作品中占次要地位，基督教思想或基督教精神是其作品写作目的的副产品，该作品主要宣传其他思想，或该作品仅仅借用了基督教题材，但主要不是为了表达基督教，上述这样的作品属于基督教文学是可疑的。比如，梁锡华提到的茅盾的《耶稣之死》，笔者认为把它归入基督教文学值。得商榷因为茅盾在该小说中对基督教信仰的耶稣进行了精心剪裁和改写，他删去表现耶稣神性的情节，只留下他的人性；并且又对"人性耶稣"的其他情节进行删削，只留下他与法利赛人作斗争的主线，突出了耶稣现实革命斗争的精神，耶稣这一形象与《圣经》不合。作者在作品中也不是

9　许牧世：《泛论基督教文学》，载许牧世主编：《基督教文学论丛》，香港：基督教文艺出版社，1971年版，第9页。
10　何世明：《基督教文学的种种问题》，载许牧世主编：《基督教文学论丛》，第107页。
11　何世明：《基督教文学的种种问题》，载许牧世主编：《基督教文学论丛》，第112页。
12　梁锡华：《基督教文学的辨与辩》，载氏著：《己见集》，香港：中国学社，1989年版，第50页。此文写于1984年。

为了表达基督教思想，而是作者藉着耶稣之死这一故事情节展现自己对时局的担忧[13]以及某种救世理想。可见，光有基督教题材和内容的写作，有可能作品不能体现基督教思想和基督教精神，这样的作品不在基督教文学行列里面。所以，严格意义上，《耶稣之死》不属于基督教文学，梁锡华对于什么是基督教文学他还作了五点具体说明，其中第4点提到"取《圣经》作为素材的文学作品，要以不悖圣经基本教训的才算基督教文学，否则不是。"[14]可见，他还是倾向于基督教文学需要体现基督教思想或基督教精神的，否则，这样的文学不算是基督教文学。基督教作家莫非也认为，这样的文学不算是基督教文学，原因是这样的文学缺乏基督教精神，只有基督教形式，作者只抓住基督教旋律中一、两个音符，来作全然不相干的，或与教义有所违背。[15]

二、基督教文学的范畴与分类

与基督教文学相关的，就是对基督教文学的分类，通过对基督教文学的分类以及范畴划定来探索基督教文学的内涵与外延。英国当代基督教学者麦格拉斯（Alister E. McGrath，1953-）[16]在他主编的《基督教文学经典选读》专书中，用三大分类来涵盖他书中的基督教文学。第一类是"专门为基督徒的需要所写的文学作品——如祈祷文、灵修作品和证道文"；第二类是"一般性的文学作品（如故事和诗歌），其并不是特别为基督教的信仰所写，但是却受到基督教思想、价值观、形象和叙述所塑造或影响"；第三类是"与基督教思想、人物、学派或机构互动的文学作品，其通常是由那些认为自己是基督教的观察家或是批评家所写的。"[17]

研究 20 世纪 20 年代中国基督教文学的台湾学者刘宜涯（1954-）在使用"基督教文学"这一名词时，将其范畴包含下列三种："一是作者是基督徒，因有虔诚信仰，经心灵内化而在文字中显现基督教精神的文学作品；二是作者为基督教徒，有意用各样式的文学作品来传教，内容在于宣扬福音，劝人信主，

---

13 《耶稣之死》创作于 1942 年。

14 梁锡华：《基督教文学的辨与辩》，载氏著：《己见集》，第 51 页。

15 莫非：《重拾彩虹尽头的金钥匙——基督教文学初探索》，载氏著：《创作，一种属灵的经历》，台北：宇宙光出版社，2012 年，第 25 页。

16 Alister E. McGrath，大陆译之为麦格拉斯，港台译为"麦格夫"或"麦葛福"。

17 Alister E. McGrath (ed.), *Christian literature: an anthology*, Malden, Mass: Blackwell Publishers, 2001, Preface, xiv-xv. 亦可参见麦格拉斯：《基督教文学经典选读》，苏欲晓译，北京：北京大学出版社，2004 年版，序言。

宗教目的大于一切。三是作者未必是基督徒，但受到基督教的影响，在创作时不拘文体，反映出基督教的精神，不论内容是论议、讽刺或宣扬，也无论其目的在释放情感、彰显教义或是改革教会，也都可归类于基督教。"[18]特别是第三类基督教文学，刘宜涯认为这是中国自晚清依赖的特殊环境使然的，"在五四时期的爱国情绪，以及1920年代反基督教的刺激下，他们借由文字发声，以诗歌、散文、小说、祷诗、议论，以及圣经故事改写等方式来表达，而文中或正面直述他们的意见或事件，或是借用感怀的方式显于诗词，亦或是采讽刺与反讽的笔法，皆是对教会的反应，虽然笔法不同，表达或许对于部分教会人士感到刺耳，但是目的都是在求教会的好处。"[19]

研究民国基督教文学的当代学者刘丽霞在《中国基督教文学的历史存在》中把基督教文学分为狭义和广义的，狭义的基督教文学是指限于赞美诗、祷文、宣道文等在内的传统意义上的基督教文学，广义的是指基督教著作家本着基督教的主旨和精神，不违背基督教思想而创作的具有文学要素的一类文学。在前一个层面，著作者更多地基于信徒的立场，而在后一个层面，著作者则更多地基于作家的立场。[20]

当代基督徒作家施玮则在《华文基督教文学浅议》中将基督教文学划分轻文学与重文学之分，基督教轻文学"是一种信仰渗透性的文学。所起的作用是文化松土、福音预工。传递出与圣经相合的世界观、人生观的作品，可以成为现代文学中的一股清流。给人看见与罪性文学（自我中心、人本主义）、黑暗文学相反的神性文学（以超越人的上帝造物之道为中心）、光明文学。与基督教有关的文学作品，可以让人了解基督教的形式乃至教义。一些揭露教会中黑暗面的文学作品，我认为也可以称为基督教轻文学，它们至少让人知道有教会、圣经。更深一点，有些作品还揭示了人的罪性的无处不在，介绍了基督教历史中的一些文化背景，等等。总的来说，基督教轻文学是让人知道基督教，并吸引人对之感兴趣。"[21]基督教重文学"是一个帮助人信仰认

18 刘宜涯：《圣坛前的创作——20年代基督教文学研究》，台北：秀威资讯科技股份有限公司，2010年版，第8页。

19 刘宜涯：《圣坛前的创作——20年代基督教文学研究》，第8-9页。

20 刘丽霞：《中国基督教文学的历史存在》，北京：社科文献出版社，2006年版，第1页。

21 施玮：《华文基督教文学浅议》，载包兆会主编《汉语光与盐文丛·理论卷》，北京：九州出版社，2019年版，第185页。

知更为丰富的文学。这一信仰是人对真理的认知（真理包括人对上帝的正确认识和对人自己的正确认识）；这一信仰认知也是人对有了基督生命的人的内心以及外在生活的认知。这一信仰认知同时也是人对基督教教义、神学、历史、宗教形式等更深入更准确的认知：基督教重文学所起的作用是让人对基督徒的属天生命、团契教会、信仰教义感兴趣，并有一些相对准确的认识。"[22]施玮对基督教重文学与轻文学的划分标准更多偏向于创作者的身份与宗教体认，即从事基督教重文学的创作者需要拥有对《圣经》真理的认知和对信仰生活的体认。

当地基督徒作家莫非也认同施玮把基督教文学划分为基督教重文学与基督教轻文学，认为"只要生活融合基督教价值观，纵使未提信仰也可算是基督教文学"[23]，并把这类基督教文学归入"基督教轻文学"，"这此类应归为"基督教轻文学"，在福音预工上可以发挥作用，在敌视基督教的文化中不致太引起反感，可以铺出一条路帮助世人进入基督教。但若要把人一路带到十字架底下，仍须配合'基督教重文学'，具体写出基督教内容才有可能。"[24]

三、基督教文学的几个特征

综上所述，笔者认为，什么是基督教文学虽然中外没有一个标准的定义，基督徒作家和学者对基督教文学边界的理解也有迥异，但整体而言，相信上述大多数的基督徒作家和学者认同基督教文学具有以下几个特征：

1. 由宗教徒创作的文学应该是组成基督教文学的核心主干部分，这里的"基督教"既包括新教也包括天主教，所以中国新教作家和天主教作家作品都在中国基督教文学范围内，创作中国基督教文学的作家大多数应具有宗教徒的身份。

2. 基督教文学首先是文学，基督教文学属于文学的一个文类，即带着基督教信仰或基督教精神进行写作的文学，既然是文学，就首先需要用文学的标准和规则来衡量基督教文学，就如艾略特所说的，"一部作品是文学不是文

---

22 施玮：《华文基督教文学浅议》，载包兆会主编《汉语光与盐文丛·理论卷》，第186页。

23 莫非：《重拾彩虹尽头的金钥匙——基督教文学初探索》，载氏著：《创作，一种属灵的经历》，台北：宇宙光出版社，2012年版，第26页。

24 莫非：《重拾彩虹尽头的金钥匙——基督教文学初探索》，载氏著：《创作，一种属灵的经历》，第26页。

学，只能用文学的标准来决定，但是文学的'伟大性'却不能仅仅用文学的标准来决定。"[25]

  3. 非宗教徒创作的文学作品虽然不属于基督教文学的核心主干部分，但倘若非宗教徒创作的文学作品主要传达了基督教思想和精神，这样的文学作品也属于基督教文学范围内，比如创作于20世纪20年代的郭沫若的小说《落叶》和向培良的戏剧作品《暗嫩》他们两人都不是宗教徒，但这两部作品都表达了基督教思想。《落叶》（1925）这部小说有郭沫若以往的一些影子。在留学日本期间，1916年夏他与东京圣路加医院护士佐藤富子相识。不久，与佐藤富子在冈山同居。佐藤富子出生于基督教家庭，父亲是牧师，她自身也是基督徒。作为基督徒的安娜与一个有妇之夫的异国男子未婚同居，在基督教看来是有罪的。郭沫若也表示过，要把他们的爱情故事写成小说。《落叶》中的菊子与洪师武就有着当年郭沫若与佐藤富子的影子。这部作品由菊子致中国留学生洪师武的四十一封书信组成，小说通过这些情书，为读者勾画了一幅情意绵长、痴心示爱的爱情画卷，描绘了一位心地纯洁、为爱可以舍弃一切的日本女性形象。《落叶》正文前有以作者口吻写下的"小序"，概括介绍了洪师武与菊子相恋、以及得到这些信件的经过和菊子、洪师武的结局。菊子对洪师武的爱是真诚的、热烈的、纯洁的，菊子姑娘并不贪图恋人的金钱，她对洪师武的爱恋不是建筑在金钱之上。爱恋中的中国留学生洪师武总是寄钱给菊子姑娘，然而她深知留学生经济不宽裕，所以一直拒绝洪师武的汇款，菊子姑娘认为有比金钱更加重要的东西，那就是爱人的一颗心。但身为牧师会主席的父亲却强迫她割断情丝，而多事的邻人又拿她的事来歧视她，她苦苦挣扎，洪师武又怀疑自己染上性病，因爱她而拒绝她，最后菊子不得不悲伤地离开日本，成了一片委身于逝水的落叶，漂迹南洋。向培良的《暗嫩》是中国现代戏剧中取材自《圣经》的少数作品之一，此故事来源于《旧约·撒母耳记》：众王之王大卫的儿子暗嫩爱上了同父异母的妹妹他玛，因苦于无缘相见，于是听从朋友约拿达的建议在家装病，希望父亲能派妹妹来看他。他玛果然奉命而来。暗嫩向他玛表达了相思之情并要发生关系，他玛希望暗嫩向父亲提亲，明媒正娶她，但暗嫩不顾他玛的反对当场侵犯了她，得手后又粗暴地将她赶走。此故事的主题讲述的是一个兄妹之爱和乱伦的故事，也是男性引诱女性的故事。向培良的剧本《暗嫩》一方面忠

---

25 艾略特著、王恩衷编译：《艾略特诗学文集》，北京：国际文化出版公司，1989年版，第127页。

实《圣经》文本，另一方面该剧又表现出他受当时唯美主义和颓废主义的影响，他在塑造《圣经》人物约拿达和暗嫩人物形象时，加了一些自己的创造性发挥，比如把前者塑造成花花公子，把后者塑造成颓废主义者。对约拿达而言，情人间的山盟海誓很快烟消云散，情人间的爱恋和身体拥有也很快转向厌倦乏味；对暗嫩而言，女性存在着魅力之迷，包括女性的肉体和气息都诱引着他，他渴望接近女性，又害怕接近她，他在剧本中不由地喊到："呵，上帝，你为什么要创造女人，又创造了美？到底女人是什么东西？为什么这样不休憩地引诱着我呢？我不知道，完全不能知道。"最终他占有他玛、知道了女人一切秘密后，他发现他所追寻的美不过如此，他把他玛赶了出去。

4. 有些作品虽然涉及到基督教题材、内容、圣经语汇，但基督教可能是其作品目的的副产品，该作品只不过抓住基督教旋律中一、两个音符，或仅仅借用了基督教题材和语汇，其核心不是为了反映基督教精神，即使反映了却与基督教教义有所违背，这样的文学作品应不属于基督教文学范围内。如 1933 年艾青因为革命被关进监狱，加上身患疾病，他以为自己将死，这让他想起了《圣经》中的耶稣，于是他写下了诗歌《一个拿撒勒人的死》，突出耶稣为理想被抓，也为理想而死，遭受各样苦难，而耶稣所在时代的群众觉悟不高，作者通过写耶稣受难实际上暗含着对自己受难处境的理解，也是对自己受难的叹息，耶稣只不过是作者在特别时期精神和情感上的"抓手"。这样的诗歌不属于基督教诗歌范围内。

四、什么是中国基督教文学

有了对什么是基督教文学以及基督教文学的类别了解之后，我们对中国基督教文学的内涵、外延以及中国基督宗教文学的类别也就比较容易得出了。可以把中国基督教文学分成三大领域：一、宗教徒创作的宗教文学，二、受基督教影响的文学，三、文学中的基督教。其中，受学者关注的是受基督教影响的文学和文学中的基督教，关注文学作品中的基督教文化，比如杨剑龙、马佳、罗宾逊等学者研究都侧重于这方面[26]，而宗教徒创作的文学反而没有得到足够的重视，这严重影响了学界对中国基督教文学的体认。

---

26 具体请参见罗宾逊：《两刃之剑：基督教与二十世纪中国小说》（傅光明、梁刚译，台湾：业强出版社，1992）、马佳：《十字架下的徘徊：基督教宗教文化与中国现代文学》（上海：学林出版社，1995）、杨剑龙：《旷野的呼声：中国现代作家与基督教》（上海：上海教育出版社，1998）。

对于中国基督教文学，笔者认为要强调两点，一、这里的"中国"是指文化意义上的，所以，中国基督教文学强调不论地域和种族，只要是用汉语写作的中外作家都在入选范围，这当中既包括华人也包括传教士撰写的汉语作品。二、中国基督教文学以原创为主，也适当包括一些汉译基督教文学，如圣经文学，奠定中国基督教文学研究的前辈朱维之先生曾指出汉译圣经对中国文学的影响，并肯定汉译圣经和圣诗也是中国基督教文学的重要组成部分，"若有人问我：中国基督教文学最伟大成就是什么？我毫不犹疑地说：'五四'以前，《国语和合本圣经》是最伟大的成就；'五四'以后，《普天颂赞》是最伟大的成就。"[27]

基督徒文学与非基督徒文学有重合也有分离的地方，重合的地方表现在人类有着共同的处境以及对神圣之物的盼望，分离的地方表现在对这个世界和人类的困境所提供的解决方案和出路的不同，而基督徒的文学，需要寻找这个重合点，以引起非基督徒的接受者的共鸣。

文学与信仰的结合是一把双刃剑，如果两者关系处理不好，文学很有可能成为对经文的仿写，对教义学说和神学观念的注释，信仰决不是宗教徒降低文学自身写作难度的借口和理由。

以上两点可作为理想的中国基督教文学作品与不理想的中国基督教文学作品之间的分野所在，也可作为衡量基督教文学作品一个重要的尺度。

朱维之先生在编《基督教与文学》时曾提到编此书的两种希望："第一，希望基督徒青年多发生文学的兴趣，随时注意基督教本身的文学，使自己的宗教生活美化，深刻化；更能接受文学底新挑战，扩展基督教文学新的前程。第二，希望我国文学青年多发生对基督教的兴趣，多注意世界文学中基督教元素底的重要性，更能接受基督教底新挑战，使我国文学发出新的光辉。"[28]朱先生的希望也是笔者的希望，希望中国基督教文学成为中国宗教徒宗教生活不可或缺的一部分，希望中国基督教文学将来成为中国文学的一个重要文类，也能够给中国文学带来新的希望和图景。

---

27 朱维之：《漫谈四十年来基督教文学在中国》，选自《金陵神学志》（金陵神学院40周年特刊），第26卷第1、2期，1950年，第75页。

28 朱维之：《基督教与文学·导言》（上海书店，1992），第6页，《基督教与文学》（上海：青年协会书局，1941）影印本。

The Tension Between Literature and Theology Under The Vision of Discipline Autonomy[1]

Abstract:

The intersection between literature and religion/theology remains fruitful. Some scholars believe that relationship intertwines easier and more productively when the two fields are combined. For instance, both disciplines have the same foundation to define what Christian literature is; it becomes unnecessary to discuss it any further. However, scholars who hold this opinion underestimate the complexity and multi-dimensional nature of literature and religion/theology, trying to deal with this question too conclusively. Other scholars think it is too difficult to discuss the intersection between literature and theology, that it draws out the problem of boundaries among disciplines and inter-disciplines. The text focuses on the tension between theology and literature under the vision of discipline autonomy to call for more viable exploration within the field mentioned above. The tension between literature and theology appears in their different language functions, experience patterns, and paradox caused by doctrinal norms and standards with creativity and imagination within the literature. With the framework of discipline autonomy, the text offers a much broader worldview to understand the foundations of tension between religion and literature.

Key words: literature, theology, tension, Discipline Autonomy

---

1　本文是 2018 年 8 月在美国圣母大学举行的基督教文学艺术会议上宣读的会议论文。

The relationship between literature and religion/theology is a vital topic. Various opinions and responses exist around this theme. One citizen thinks that literature and theology pursue common goals with similar characters. Two of them are interested in exploring the complexity of humanity and the whole worldly picture; they care about the destiny and future of human beings. Literature needs religion and vice versa. Religion would be able to improve and deepen literary thoughts and a writer's worldview; at the same time, faith also needs literature and propagates itself by applying literature as a tool because literature makes religion incarnate.

While literary works make religious thoughts more concrete and realistic by expressing literature and its imagination, the simplistic solution to deal with the relationship between them could not convince most people. It would not persuade them to believe their fixed answer. That solution is more straightforward, caused by misleading opinion, which is that Christian literature would have been produced as long as literary writers put literature and theology together. Furthermore, there is no longer a necessity to define what Christian literature is. These people underestimate the complexity and multi-dimension nature of the question; others think that literature is better separated from religion and in opposition to religion. Literature does not need religion to contribute when a writer writes because, in the secular age, most readers don't believe that God exists, so they are opposed to religious contents and thoughts as well as the holy Spirit running within the literature. Yet the opinion about the separation and opposition between them is too pessimistic. Literature needs religion, and religions need literature, Literary writing needs a writer's belief system, and faith provides the belief system. Therefore, humans should be reasonable when rationally evaluating the complicated relationship between the two disciplines. The most productive place to explore the complex relation starts with analyzing the history of autonomy and the division of fields. This starting point fits the situation and allows for discussion of this complicated issue with a comprehensive pattern. The following text mainly discusses the tension between literature and theology to call for more viable exploration and finally puts forward some ideas and suggestions to reconcile the tension and conflicts between literature and theology.

I. the formation of tension between literature and theology

According to Lewis' theory, literature and theology in the medieval ages were inseparable; literature contains theology. A divine order caused this relationship with God, which sustained the entire living world and the universe before the Middle age, as proven by the following excerpt: "……But the Model universe of our ancestors had a built-in significance. And that in two senses; as having 'significant form' (it is an admirable design) and as a manifestation of the wisdom and goodness that created it. There was no question of waking it into beauty or life."[2] The French philosopher Tienne Henry Gilson comments that, as for Christian spirits, our physical world has a different physical appearance. Thus, the former world based on force, energy, and the law was used to distribute the analogy about God's existence. If anyone understands this, therefore, he will know that Catholic Christianity, with sacred quality, has engraved its divine connection with God utilizing laws for its existence and operation.[3] In the Middle ages, the universities of Western Europe categorized disciplines as follows: theology, law (church law and civil law) and physician. These three disciplines were deemed the advanced disciplines. At the same time, the literary designated the junior, regarded as a low-level subject and a preparatory to the advanced disciplines. These four disciplines are known as the "four rivers of paradise," dominated by theology at the head. In the Middle Age, theology was paramount to all other disciplines combined; literature, as a maidservant of theology, existed for theological requirements, such as propagating religious thought and doctrine.

Even during the Renaissance, the literature maintained a positive relationship with theology. It provided theological interpretation to the world in the forms of literary works from Dante, Spencer, Chaucer, Donne, Shakespeare, and Milton. These words filled the Medieval universe model with God. The Renaissance entry of *Encyclopaedia Britannica* describes the relationship between the Renaissance and the Middle Age, highlighting that people who lived in the Renaissance didn't abandon Medieval values and cosmology. Although they had a new awareness of the individual and an awakened interest in the material world and nature, "Few historians

---

2 C.S. Lewis, *the Discarded image*, London: Cambridge University Press, 1964, p.204.
3 Tienne Henry Gilson, *The Spirit of Medieval Philosophy*, translated by A.H.C. Downes. London: University of Notre Dame Press, 1991, p.100.

are comfortable with the triumphalist and western Europe-centred image of the Renaissance as the irresistible march of modernity and progress. A sharp break with medieval values and institutions, a new awareness of the individual, an awakened interest in the material world and nature, and a recovery of the cultural heritage of ancient Greece and Rome-there were once understood to be the major achievements of the Renaissance. Today, every particular of this formula is under suspicion if not altogether repudiated. Nevertheless, the term Renaissance remains a widely recognized label for the multifaceted period between the heyday of medieval universalism."[4]

At the start of the Enlightenment movement, with the Disciplinary differentiation and autonomy, the relationship between literature and theology became tense. They were not as intimately connected as before. During the Enlightenment movement, Kant separates the phenomenal world and God. He pays more intention to the phenomenal world and deals with the human's cognitive ability, not caring who created the world. He recognizes God's existence yet does not believe in an omnipotent, material Christian God. He requires the presupposition of God's existence from the perspective of epistemology. That there exists knowledge beyond the human cognitive ability, such as perceptual intuition and category intuition, which is called faith. In ethics, the presupposition of God's existence is also necessary. We cannot find Summum Bonum in this world, and Summum Bonum cannot become a reality in this phenomenal world. Under the circumstances, we need God, who is a representative of Summum Bonum, which provides a direction for the moral pursuit of human beings:

> Hence to set ourselves a final purpose in conformity with the moral law, we must assume a righteous cause of the world (an author of the world); and to the extent that setting ourselves a final purpose is necessary, to that extent (i.e., to the same degree and on the same ground) it is also essential that we assume [that there is] a moral cause of the world: in other words, that there is a God."[5]

---

4 "history of Europe." *Encyclopedia Britannica*. 2018. Encyclopedia Britannica Online. 01 Jul. 2018 <http://www.britannica.com/EBchecked/topic/195896/history-of-Europe>.

5 Immanuel Kant, *Critique of Judgment*, trans. Werner S. Pluhar, Indianapolis: Hackett Publishing Company, 1987, p.340.

Although Kant leaves a place for faith, he focuses on human beings' various abilities, such as cognitive ability, which is the foundation of science, mathematics, and philosophy. Secondly, Kant elaborates on the power of will, which is the foundation of morals and ethics. Additionally, he ascribes to the power of feeling and aesthetics, which is the foundation of Aesthetics. Accompanying the Enlightenment movement was a sense shared among the disciplines of a desire to abandon the restrictions of theology. Philosopher Jürgen Habermas refers to this social phenomenon:

> The progressive differentiation of science and knowledge, morality and art, with which Max Weber characterized the rationalism of Western culture, implies both the specialized treatment of specific domains and their detachment from the current tradition, which continues to flow on in a quasi-natural fashion in the hermeneutic medium of daily life. This detachment is the problem generated by the autonomous logic of the differentiated value spheres.[6]

Jürgen Habermas pointed out that literature had become another specialized field during the eighteenth century. Then, in the eighteenth century, literature, classic arts, and music were institutionalized and separated from the church. Finally, in about the mid-19th century, with an aesthetic concept of art, artists began making "art for art" (*l'art pour l'art*), wherein the self is expected to create work. So the autonomy of aesthetics to form a clear solution.[7]

Modern society progressed with differentiation and autonomy of discipline. Unfortunately, it was not a clever strategic move for the church to respond to this issue with escapism and silence. Holland theologist Abraham Kuyper demonstrated the relationship between literature and theology from a rich illuminating perspective. On one side, he emphasizes God's absolute sovereignty, "There is not a square inch in the whole domain of our human existence over which Christ, who is sovereign over all, does not cry Mine!"[8] On the other side, he recognizes the independence of

---

6　Jürgen Habermas, "Modernity an Unfinished Project," in *Jürgen Habermas and the Unfinished Project of Modernity*, edited by Maurizio Passerin d'Entrèves and Seyla Benhabib, Cambridge: Polity Press, 1996, p.46.

7　Ibid, p.46.

8　Abraham Kuyper, "sphere sovereignty," in *Abraham Kuyper: A centennial Reader*, ed. James D. Bratt, Grand Rapids: Eerdmans, 1998, p.488.

various social spheres, Otherwise known as sphere sovereignty, where each has its authority and particular law of working and respects the others. Of course, the absolute sovereign is the ontological premise of the sphere sovereignty of discipline. With the background of the differentiation and autonomy osf the field, the relation between them displays more tension and opposition in Chinese circles, "In Christian academic circles, there is a more popular idea, which is aesthetics opposite to religion, literature opposite to religion. From the perspective of some scholars, it is incompatible between religion and art. Once art visualizes the meaning of religion, it also loses its aesthetic characteristics. At the same time, 'Fall' becomes the typical 'preaching' pattern. "[9]

In this historical background, Literature and religion constituted a contradiction. Wei Zhi Zhu, an expert in Christian literature, describes the tension between these two: "But modern literature will never be a special religious servant and maidservant. It is a good opponent of religion and is always a challenge to religion…… Christianity in the future should not only be expressed and publicized by literature, but it also Stands up bravely to accept literature challenge."[10]

II. the embodiment of the tension between literature and theology

Firstly, their tension appears as the different language functions between referential and Aesthetic (poetic) functions. Language has a hierarchical function, of which the referential function is substantial, connecting to the cognitive aspect of language; Language's aesthetic function contains self-referentiality. Theology emphasizes language's referential function. According to literature, literary language's aesthetic function is primary and predominant, although its referential function plays an important role that refers to the thing. Literary language's self-referentiality means that the particular application of literary language forms a nearly coercive forced power for drawing our attention to the methodology of expressing itself, helping readers to enforce the intensity of their aesthetic feelings and to

---

9 Fen Ji, "Path Description of Christianity literature-Concerning the Dilemma of Chinese Christian literature,' in *Journal of Suzhou Technological Institute (Social Science Edition)*, vol.3, 2008, p.83.

10 WeiZhi Zhu, *Christianity and Literature*, Changchun: Jilin publishing group co. LTD, 2010, p.3.

prolong the temporal span of their aesthetic feelings, ultimately delaying and obstructing language to refer to its referential thing too quickly.

> Poetic function is not the sole function of verbal art but only its dominant, determining function, whereas, in all other oral activities, it acts as a subsidiary, accessory constituent. This function, by promoting the palpability of signs, deepens the fundamental dichotomy of symbols and objects. [11]

Here, linguist Roman Jackson clarifies that language's poetic function (aesthetics function) delays, even separates, the connection of signs and objects against the automated contact of symbols and objects. Literary language attracts our attention to the way of expression by prolonging the temporal span and intensifying the strength of their feelings. Then, readers recognize that this language is inclined to identify the thing. So, Literature's outstanding characteristic is that language has a self-referentiality, focusing on language's poetic function. Still, theology uses language's cognitive function to convey the author's ideas and thoughts. The former emphasizes the exchange of meaning in two different contexts; the latter directly gives sense by nominating and referring to things.

Since literature is about the art of language, writers' first concern revolves around pleasing and artistic linguistics. Poet W. H. Auden once said, "poets are the people who firstly love the language whatever we define the poets." Auden believed that the love of language is a mark that a young person has poetic potential.[12] Novelist David Daiches emphasized that language skills are preferred to materials and belief when writing a composition.

> It is only possible, however, to consider an author's beliefs as part of his language or his technique when he uses them, such as when he is a poet (in the broadest sense of the term) and uses his material poetically. If he does not use material poetically, then the question of the rightness or wrongness of his framework of beliefs will be very relevant, for the value

---

11 Roman Jackbson, "Closing Statenment: Linguistics and Poetics," in Thomas A. Sebeok, (ed.,) *Style in Language*, Cambridge: M. I. T. Press, 1966, p.356.

12 The Complete Works of W.H. Auden: Prose: Volume II, 1939-1948 by W H Auden, Edward Mendelson (Editor), London: Faber and Faber, 2002, p.343.

of the work will be as a contribution to the ethical theory or religious thought or some similar theory.[13]

If a writer does not use material poetically, if the works directly declare what is right or wrong with the author's belief, and if the piece exists for didactic purposes, then it is a religious work. In other words, it is theological writing. David Daiches considered that literature is not contrary to an author's creed but believed that creed should be conveyed through technical finesse. He said, "by turns of phase, imagery, the simultaneous use of musical and the semantic aspects of words, the deft ordering of words and events, the poet turns his story and creed into a technical device for shedding light on the man."[14]

According to literature and theology scholars? The difference in language's function leads to tension between the disciplines. Stress on the language's poetic role pushes literature, first and foremost, towards focusing on form. Whereas emphasizing the language's cognitive function allows theologists to pay attention to content and religious doctrine. On the other hand, choosing form/technique or content/doctrine as the primary object creates tension between literature and theology; this extends and expands the tension between the two language's functions. Literary form refers to rhythm and meter shaped by structure and order, narrative pattern, and technical skill, including phonology and the specific methods of rhetoric, design, and style.

Particularly, literature pays attention to the form. For writers, focus on literary form sets imaginative power free to roam unbounded. The expression methodology supersedes context when one spends time and energy striving to create form. It means the writer is prone to repeat the content itself if he doesn't take the literary form seriously during writing. In other words, he has no creative work to produce. In the view of a poet and poetry critic, GuangQi Rong, the form of poetry has a significant meaning. If poetry has lost its shape, it loses significance. He elaborates:

Poetry because it is 'poetry' that differs from the other literary genres,

---

13 David Daiches, "Literature and Belief," in *Religion and Modern Literature: Essays in Theory and Criticism* by G. B. Tennyson, Edward E. Ericson, Jr, Grand Rapids: William B. Eerdmans Publishing Co, 1975, pp.80-81.

14 Ibid, p.79.

such as fiction and prose. Otherwise, it is difficult to distinguish itself from others. The form of verse embodies weighing words, constructing stanzas, verse lines, inner feelings of the rhyme, and intonation rhythm. From the ontology of the poem, specific form and rhythm, as the structure of the works of art, is 'significant.' It will help the author control the applied speed of emotion and meaning when practicing and make the verse's rhythm for appearing on regular changes. For a reader, the form and rhythm may ensure that he regularly expects the coming of meaning and aesthetic inspiration ceaselessly.[15]

GuangQian Zhu emphasizes a poem's form:

"The form is the soul of the poem; to write a poem is to endow it with form and mood. Furthermore, to create a poem means to impart a form and temperament. Indeed, 'formless poetry' is a paradoxical noun. The failure of dozens of new poets (i.e., to write Chinese vernacular poems, namely new poems) is to create the form for their poems. In other words, it doesn't make him a poet if he can barely grasp an expression of sentiments what he wanted and its good rhythm."[16]

If a literary work has no emphasis on the language's aesthetic function and the beauty of literary form, literature is not literature. In this sense, Literary critic Fen Ji pointed out that some works made by Christians are not Christian literature:

Christians write many literature writings that spur the growth of Christian literature. However, we are very conscious that certain writings do not fall into the Christian literature category, even if the author is a Christian. As a result, a severe absence of literariness in literary essays may have been caused by the fact that these writings laid overly stress on point about articles of faith and Christian doctrines or are glutted with amounts of theological terms. But our fundamental concerns are Christian literary works rather than Christian theology texts. 'Literariness' is a prerequisite

---

15 GuangQi Rong, "Standard' and 'Yardsticks': how to evaluate Modern Verse," *Journal of Hannan Normal University(social science)*, No.1 2008, vol. 21, p. 40.

16 GuangQian Zhu, 'To a writing-vernacular-poem friend,' in *Poetics*, Hefei: Anhui Educational Press, 1977, pp.250-253.

for describing Christianity literature and a central symbol as well as aesthetic character to determine whether the literary work written by a Christian is real Christianity literature. ......As for literary work, if we're so focused on its theological meaning but overlook its literariness, ignoring aesthetic characteristics it should have emblemed, it would be challenging to establish Christianity literature as an unparalleled spiritual activity. Its value would also be hard to achieve, and our research meaning would no longer exist. This is why devotional writings and faithful testimonies created by lots of pious Christians failed in the research field of Christianity literature.[17]

Secondly, the tension between literature and theology is embodied in the tension between religious experience and life experience. The term "theology" comes from the Greek words for "God" (*theos*) and "body of knowledge" (*logos*); hence, it means, literally, "the body of knowledge about God." Theology's contents have both rational and perceptual elements. Systematic theology demonstrates the perfect side of theology. The perceptual side of theology reflects in practical theology, such as pastoral theology, ritual theology, and spiritual theology, These all underscore religious experience. Systematic theology emphasizes cognition and religious doctrine. It is isolated from literature because of this expression manner. Yet practical theology, which focuses on religious experience, also has a strained relation with literature. This tension comes from the tension between religious knowledge and life experience. Theology often underlines its religious experience through the relationship between believer and God, but literature always speaks out the life experiences of our corporeal existence.

Famous poet T. S. Eliot worried that a poet who only expresses religious experience and subject matter would narrow poetry's direction and scope, ultimately leading to a single order, simplifying life's complexities. This poet "deals with a confined part of this subject matter: who is leaving out what men consider their major

---

17 Fen Ji, "Path Description of Christianity literature-Concerning the Dilemma of Chinese Christian literature," in *Journal of Suzhou Technological Institute (Social Science Edition)*, vol. 3, 2008, p.80.

passions, and therefore confessing his ignorance of them."[18] He pointed out that for the more significant majority of people who love poetry, religious poetry, which only conveys the spiritual experience, serves as a lesser variety of the medium Scholar Helen Gardner agreed with Eliot:

> The poet is not distinguished from the other men by his capacity for "invention" but by his "awareness." He is more sensitive than ordinary men and more "aware" of his experience. And because we distinguished the major from the minor poet by the greater width and depth of his "awareness," Eliot finds the religious poet too limited in his range, too sensitively aware of his relation to God to be sensitively aware of his connection to his fellow, or to nature, or the hundred and one other occupations of men when they are not upon their knees.[19]

Novelist Flannery O' Connor in the "Novelist and Believer," criticized the religious writer who lacked life experience for inspiration, especially considering that a real novelist needs to penetrate the concrete reality and must have insight into the natural human world as it is, rather than see the natural world as the unworthy penetration:

> Ever since there have been such things as novels, the world has been flooded with lousy fiction for which the religious impulse has been responsible. The sorry religion novel comes about when the writer supposes that he is somehow dispensed from the obligation to penetrate concrete reality because of his belief. He will think that the eyes of the Church, the Bible, or his particular theology have already done the seeing for him. His business is to rearrange this essential vision into satisfying patterns, getting himself as little dirty in the process as possible. His feeling about this may have been made more definite by one of those Manichean-type theologies which see the natural world as unworthy of penetration. But the real novelist, the one with an instant for what he is

---

18 T. S. Eliot, "Religion and Literature," in *Selected Prose of T. S. Eliot*, London: Faber and Faber, 1975, p.99.

19 Helen Gardner, "Religious Poetry: a Definition," in *Religion and Literature,* London: Faber and Faber, 1971, p.125.

about, knows that he cannot approach the infinite directly and must penetrate the natural human world as it is. The more sacramental his theology, the more encouragement he will get from it to do just that.[20]

As for the religious writer, he needs to be warned that if he considers the spiritual experience and faith life higher than the life experience, he may have lost the ability to write out earthly experiences and secularized life. Quality writers need both experiences and lives. Creative writing requires imagination and inspiration from worldly life. His literary essay will be barren and impoverished if he merely writes about religious experience and faith life. The earthly life provides content and elements for academic writing. David Daichi, the novelist, literary critic, and Catholic, noted that the best report came from the space between religion and human life. He thought that whatever our beliefs may be, the description should keep reaching out at every point to touch aspects of the actual human situation., He explained:

> All great works of literature contain more than their ostensible subject: starting from a particular set of beliefs, a story such as the biblical story of the temptation of Adam and Eve or a journey through the underworld, the true poet, in presenting his material, keep reaching out at every point to touch aspects of the human situation which are natural and recognizable whatever our beliefs may be.[21]

The western writer and literary critic recognized the severe consequences of neglecting the natural, rich and colorful worldly life to write exclusively about religious experience. Some Chinese writers and literary critics also recognized the same problem. For example, Xinhua Zhou, the representative of Roman Catholicism in the Republic of China, commented about Roman Catholic novels:

> Frankly speaking, there is no necessity to clothe thick religious colors in Roman Catholic novels. It not only impoverishes the novel's content and reduces its beauty

---

20 Flannery O' Connor, "Novelist and Believer," *Religion and Modern Literature: Essays in Theory and Criticism* by G. B. Tennyson, Edward E. Ericson, Jr, Grand Rapids: William B. Eerdmans Publishing Co, 1975, p.72.

21 David Daiches, "Literature and Belief," *Religion and Modern Literature: Essays in Theory and Criticism* by G. B. Tennyson, Edward E. Ericson, Jr, Grand Rapids: William B. Eerdmans Publishing Co., 1975, p.79.

but also narrows its scope without further development. For example, to describe one person in distress, crying for help, and looking upon heaven, the troubles are immediately resolved; on the other hand, one good turn deserves another, and one wrong turn deserves another. We need to know that the novel cannot exist without a realistic world, and human life is not always as simple as we think. Because the actual ending of human life is in the heavenly world rather than in the earthly world, and the current worldly conclusion is merely the type of form, whether happy or miserable. We never agree with indulging readers in this naïve ending of simplistic and distorted life, although they feel satisfied by a flying pleasure during reading times. [22]

Although Xinhua Zhou realized that religious literary writing inevitably involves religious content and experience, he considers that a reason is to over-simplify the rich and complicated life. However, his representative work *Bubble* still exposes the religious didactic tone of his writing. Critic Sheng Xiang pinpoints precisely its weakness,

> It is worthy of that reading; the story itself seems flat, and the structure remains comprehensive and sold, illustrating all turning points of writing without any significant loopholes. Unfortunately, the author is a religious writer as a Roman Catholic deacon, and some passages of his writings expose insufficient narrative because of his religious background. For example, the last two paragraphs with too spiritual straits are nothing less than an exemplification of moralism. This intense spiritual characteristic makes us uncomfortable with the type of fiction. The primary purpose of the invention aims to provide instruction in speechless ways. Specific instructions plainly and straightly express without using any implicit allegorical patterns, losing vague sense, such a matter of the ending not only decrease the novel's educational purpose but also reduces its narrative effects. Certain writings like *Bubble* are unsuitable for adopting this simple narrative method. Consequently, some critics review that

---

22 Xinhua Zhou, 'Meander Through Novels,' in *Weekly Magazine of Social Welfare Tientsin*, vol.29.1.

writing style sternly and label it as a religious stereotype. To speak boldly, if religious literary works temporarily abandon their positions or replace another alternative, their thoughts are not easier to circulate widely among ordinary people and deepen into the mind of various social classes.[23]

If the religious writer neglects life experience, the modern reader doesn't need spiritual experience in literary work. In the view of Charles Taylor, The shared vision about life experienced profound change at the beginning of the modern West. The common concept morphed from "an enchanted cosmos" to "a disenchanted universe." In fact, from the fifteenth century, through the Reformation in the sixteenth century, the scientific revolution in the seventeenth century, and the eighteenth century, a disenchanted process began. The mystery and magic of the previous world lessened incrementally, replaced by the concept of a rational universe. More and more people believe that the universe's operation has its law, which can be controlled by technology and explained by science under the guidance of human rationality. [24] This change indicates that an atheistic time is coming for the future. At the time, People will only believe in the temporary and corporeal world. They will lose interest in pursuing eternity and the sacred earth, such as heaven. Many modern fiction narratives follow the social fashion and pay close attention to the temporary quality of the present and the Secularization of everyday world life. Flannery O'Connor, a catholic writer, deeply felt that:

For the last few centuries, we have lived in a world that has been increasingly convinced that the reaches of reality end very close to the surface, that there is no ultimate divine source, and that the things of the world do not pour forth from God in a double way, or at all. For nearly two centuries, the famous spirit of each succeeding generation has tended more and more to the view that the mysteries of life will eventually fall before the mind of man. Many modern novelists have been more concerned with the processes of consciousness than with the objective

---

23 Sheng Xiang, 'Reviews on Bubble,' in The Journal of the *Chinese Translational Academy*, vol. 3, no. 1.
24 Referring to Charles Taylor, *A Secular Age*, Cambridge, Massachusetts, and London, England: The Belknap Press of Harvard University Press, 2007, pp.31-108.

world of outside reason. In twentieth-century fiction, it increasingly happens that a meaningless, absurd world impinges upon the sacred consciousness of the author or character; the author and personality seldom now go out to explore and penetrate a world in which the holy is reflected.[25]

Flannery O'Connor continued to analyze that:

We live in an unbelieving age but one which is markedly and lopsidedly spiritual. One type of modern man recognizes the spirit in himself but fails to recognize a being outside himself whom he can adore as Creator and God; consequently, he has become his ultimate concern. He says with Swinburne, "Glory to the man in the highest, for he is the master of things," or Steinbeck, "In the end was the word and the word was with men." For him, man has his natural spirit of courage, dignity, and pride and must consider it a point of honor to be satisfied with this.

There is another modern man who recognizes a divine being, not himself but does not believe that this being can be known analogically or defined dogmatically or received sacramentally. Sprint and matter are separated for him. A man wanders about, caught in a maze of guilt he can't identify, trying to reach a God he can't approach, a God powerless to approach him. And there is another type of modern people who can neither believe nor contain himself in unbelief and who searches desperately, feeling about in all experience for the lost God.[26]

In Modern society, religion elicits suspicion; Some atheists think modern literature should not contain religious content or discuss religious thought. Some contemporary writers regard literature itself as religion. Their life's attitude revolves around exclusive humanism, disinterested in exploring the divine world above reality. They only confirm closed, extreme, and even secularism, not permitting the existence of religion in the public sphere, including literary fields.

---

25 Flannery O'Connor, "Novelist and Believer," in *Religion and Modern Literature: Essays in Theory and Criticism* by G. B. Tennyson, Edward E. Ericson, Jr, 1975, pp.69-70.
26 Ibid, p.70.

Thirdly, standards of religious doctrine and innovation within creative writing illustrate the tension between the disciplines. Theology, especially systematic theology, is a set of spiritual principles. Christian doctrine gives people standards and criteria, demanding obedience; meanwhile, creative writing pushes against unified standards and rules, requiring innovation, and pursuing creativity and imagination. These differences lead to the tension and paradox between religion/theology (to pursue truth) and literature (to seek innovation). Literary critic Samuel Johnson made an exquisite analysis of the tension and paradox between them in his thesis, *Life of Waller*. He considered the essence of poetry to be "innovation," and "innovation" has no place in religion. Poetry pleases people by "exhibiting an idea more grateful to the mind than things themselves afford," but this delightful feigning is unsuitable in the faith which must be shown as it is; suppression and addition equally corrupt it." Johnson declared:

> From poetry, the reader justly expects, and from good poetry always obtains, the enlargement of his comprehension and elevation of his fancy, but Christians rarely hope this from metrical devotion. Whatever is excellent, desirable, or tremendous is comprised in the name of the supreme being. Omnipotence cannot be exalted; infinity cannot be amplified; perfection cannot be improved. Pious meditation employs faith, thanksgiving, repentance, and supplication. Trust, invariably uniform, cannot be invested by fancy with decorations.[27]

Johnson thought that invariably uniform in faith could not be invested by fancy. Thus, he asserted, purely religious poetry, especially didactic poetry, in which the religious doctrine is defended, loses its magic. In his theory of poetry;

> It will be found that the simplest expression is the most sublime. Poetry loses its luster and power because it is applied to the decoration of something more excellent than itself. All that pious verse can do is to help the memory and delight the ear, and, for these purposes, it may be beneficial; but it supplies nothing to the mind. The ideas of Christian

---

27 "Waller," From Samuel Johnson's Lives of the Poets series, published in 3 volumes between 1779 and 1781, from http://www.online-literature.com/samuel-johnson/3220/.

theology are too simple for eloquence, too sacred for fiction, and too majestic for ornament; to recommend them by tropes and figures is to magnify, by a concave mirror, the sidereal hemisphere.[28]

The standard of religious doctrine may bring writing to naivety and dullness. Similarly, collective imagination from the church tradition and repetitive theological glossaries can depress a writer's imagination. Suppose a Christian writer uses many theological images and vocabulary in his literary works. In that case, he is disciplined by the education of faith, tradition, and the church system. Under the salient influences of this "*discipline*" trained by theology and church, a writer will intentionally and unintentionally use and share the collective words and imaginative thinking that has already spread through church tradition. These homogeneous and similar words from the same system will damage readers' reading interests because they are unfamiliar with Christianity. As a result, it also lessens the charming sense of literature that depends on subtle and fresh descriptions. The more important thing is that the collective vocabulary, imagination, and expressions cannot become the writer's authentic personal expression regardless of the educational system, church tradition, or cultural tradition. An inherited writing style is premature to him because language and thinking learned automatically from regular usage and traditions embody mass opinion (including Christianity) and uncompromising ethics. Such a writing style could not reflect the writer's independent personality and perspective. As for the writer, he firstly needs the independence of spirit, which cannot be obtained through inheritance and can not be achieved by expressing automatically without deep and independent thinking. In other words, he needs higher-level writing that demonstrates his creativity and personality.

Imagination is critical to writers and humans. Samuel Johnson declared that creativity and imagination are very vital to poetry's creation:

The essence of poetry is an invention, such as producing something unexpected, surprising, and delights. The topics of devotion are few, and few are universally known, but, few as they are, they can be made no

---

28 Ibid.

more; they can receive no grace from the novelty of sentiment and very little from the originality of expression.[29]

George MacDonald, who writes fairy tales and fantasy novels, deeply understands the importance of imagination to humans from the perspective of humans having God's image. In his "The Imagination: Its Functions and its Culture," he said:

> Man is "the roof and crown of things." He is the world and more. Therefore, the chief scope of his imagination, next to God who made him, will he the world about his own life therein. Will he do better or worse in it if this imagination, touched to delicate issues and having free scope, present him with noble pictures of relationship and duty, of possible elevation of character and attainable justice of behavior, friendship and love; and, above all, of all these in that life to understand which as a whole, must ever be the loftiest aspiration of this noblest power of humanity?[30]

George MacDonald even considers that Imagination, which represents human ability, as "likest to the prime operation of the power of God" because God creates the world and humans. He continues,

> The word itself means imaging or making of likenesses. The imagination is that faculty that gives form to thought--not necessarily uttered form, but form capable of being spoken in shape, sound, or any mode upon which the senses can lay hold. It is, therefore, that faculty in man which is likest to the prime operation of the power of God and has, therefore, been called the creative faculty and its exercise creation. Poet means maker.[31]

R. R. Tolkien considered the writers as sub-creator, analogous to God, Creator. God created the world; the writer makes "a secondary world" through creativity and imagination:

> Probably every writer making a secondary world, a fantasy, every sub-

---

29 "Waller," From Samuel Johnson's *Lives of the Poets* series, published in 3 volumes between 1779 and 1781, from http://www.online-literature.com/samuel-johnson/3220/.

30 George MacDonald, "The Imagination: Its Functions and its Culture," in *A Dish of Orts*, from http://www.online-literature.com/george-macdonald/dish-of-orts/1/.

31 Ibid.

creator, wishes in some measure to be a real maker or hopes that he is drawing on reality: hopes that the peculiar quality of this secondary world (if not all the detail)[32] are derived from Reality, or are flowing into it. If he indeed achieves a quality that the dictionary definition can fairly describe: "inner consistency of reality," it is difficult to conceive how this can be if the work does not in some way partake of reality.[33]

In the view of R. R. Tolkien, God created the primary world, but the world also fell; this falling made a fairy story that describes "a secondary world." Humans in the secondary world will get "joy," recovery, and consolation, which satisfy the human desire and encourage optimism. In this sense, the secondary world can be described with the following:

The peculiar quality of the 'joy' in successful Fantasy can thus be explained as a sudden glimpse of the underlying reality or truth. It is not only a 'consolation' for the sorrow of this world, but satisfaction and an answer to the question, 'is it true?' The answer to this question I gave at first was (quite rightly): 'if you have built your little world well, yes: it is true in that world.' That is enough for the artist (or the artist part of the artist)."[34]

Thus, imagination is indispensable for a human being, and its meaning is marvelous. From the perspective of using and operating creativity, writers serve a vital role. If the writer believes that man was created in the image of God. he possesses the creative ability, then he should not waste this gift which comes directly from the Creator, mainly because:

literature is a kind of creation; its whole process is a collection of Genesis. Genesis shouldn't have a prototype, but it is a unique, new creation. The creativity of human beings originated from God, and then the invention of art is one of the highest qualities.[35]

---

32 Original text Here has a footnote.

33 R. R. Tolkien, "on fairy-stores," *Tree and Leaf,* London: Harper Collins Publishers, 2001, p.71.

34 Ibid, p.71.

35 EnPei Shu, "Christian and Literary Creativity," in *Essays on Chinese Christian Literature,* Mushi XU editor, Hong Kong: Chinese Christian Literature Council, 1971, p.42.

In Modern times, pursuing innovation in literature created a tumultuous relationship between literature and theology; under the influence of this academic concept, writers blindly followed literary techniques at the expense of communicating the community's shared beliefs. Because of this, the writer and readers focus more on academic skill and innovation and forgo concentrating on the literary work's content or the author's worldview and belief. Especially religion usually gives people a rigid and old-fashioned impression. Yet faith is not what they imagine. For example, some writers believe that:

> Religion is more than attitudes, aspirations, emotions, speculation, and intimation. Although it can include all these things, it has them within a way of life consciously accepted in obedience to what are felt to be imperatives from without the self that is binding."[36]

The Medieval writers didn't pursue the only literary view of innovation. C. S. Lewis summarized:

> I doubt they would have understood our demand for originality or valued those original works of their age and more on that account. If you had asked La Hamon or Chaucer, 'Why do you not make up a brand-new story of your own?' I think they might have replied (in effect), 'Surely, we are not yet reduced to that?' Spin something out of one's head when the world teems with so many noble deeds, wholesome examples, heartbreaking tragedies, strange adventures, and merry jests which have never yet been set forth quite so well as they deserve? The originality, which we regard as a sign of wealth, might have seemed a confession of poverty to them. Why make things for oneself like the lonely Robinson Crusoe when riches are all about you to be had for the taking? The modern artist often does not think the capital is there. He is the alchemist who must tum base metal into gold. It makes a radical difference. And the paradox is that this abdication of originality brings out the essence they possess.[37]

---

36 Helen Gardner, "Religious Poetry: A Definition," in *Religion and Literature*, p.134.
37 C. S. Lewis, *the Discarded image,* London: Cambridge University Press, 1964, pp.211-212.

Literature not only blindly pursues innovation but also needs truth, goodness, and beauty. FaYou Huang, the literary critic, analyzes the disadvantage of this radical literary concept:

> The critical problem is that only 'creativity' is unavoidable. The best had been revered as a sound-established principle when 'only creativity good' becomes the priority principle to judge literature. Therefore, 'creativity' terminates itself, meaning the positive value of literary works with creative characteristics will be ignored and covered. Such clever work is entirely superficial and lacks deepening cultivation. In other words, such a literary work is lost for pursuing a sense of autonomy in the process of creative writing.[38]

Is the tension and conflict between literature and theology inevitable? In a sense, it is because of the autonomy and differentiation of disciplines producing sphere sovereignty in another mind; it is not because of the reason behind the tension and conflict between them radical concepts and thoughts, such as exclusive humanism combined with atheism and secularism, only "innovation" as the standard of valuing the literature, stressing "theology correctness" in literature. If we adjust these radical opinions and thoughts, their tension will ease. T. S. Eliot did not wish to separate the disciplines and create two types of distinct literature, one of which Christian likes, another of which pagans likes; he believed we could find criteria and standards of criticism to test everything we read.1 Some scholars sought to solve this issue and offered some refreshing and constructive views. According to "exclusive humanism," Jacques Maritain proposed "Integral Humanism"[39], and Charles Taylor raised "open secularism"[40]. T. S. Eliot differentiated the writing surrounding religious experience and subject matter from other kinds of writing by treating the

---

38 FaYou Huang, "Innovative Anxiety and Gap Thinking--Historical Reflections of Logical Thinking of Chinese Literature in the Last 30 Years," In *Tianjin Social Scienc*e, 2009, No. 3, p.102.

39 Referring to Jacques Maritain, *Integral Humanism, Freedom in the Modern World, and A Letter on Independence*, ed. Bird Otto, Revised Edition (Originally published in 1936), University of Notre Dame Press,1996.

40 Referring to Charles Taylor with James K.A. Smithr, "Imaging an 'Open' Secularism: The Intersection of Ideas and Public Life for Understanding our 'Secular Age,'" https://www.cardus.ca/comment/article/4645/imagining-an-open-secularism/.

whole subject matter of poetry in a holy spirit.[41] He praised literature, which was unconsciously, and subtly Christian, over unapologetic diatribes.[42] Additionally, Critic Roy W. Battenhouse's suggestion is worth considering and provides a productive conclusive note for this analysis:

> In conclusion, may I offer one more theoretical suggestion? Why not describe the proper relation between theology and literature in terms of an old ecclesiastical formula used in another connection: 'distinct yet inseparable; not to be confused or not to be divided'? It was Matthew Arnold's error to confuse theology and literature, blurring their distinction. To separate them is the error of the modern Occamist. One group commits the folly of viewing literature as a substitute for dogma. The other group would make esthetics a wholly autonomous science, unregulated by theology. This is to imitate Occam's doctrine of a 'double truth' and to emerge, like Occam, with a half-truth. But literary criticism, I believe, can find a middle practice between the two dangers. It needs neither forego all independence to become a mere department of religion nor set up sovereignty as an isolated and self-sufficient province.[43]

---

41 T. S. Eliot, "Religion and Literature", *Selected Prose of T. S. Eliot*, Edited and with an Introduction by Frank Kermode, p.99.
42 Ibid, p.100.
43 Roy W. Battenhouse, "The Relation of Theology to Literary Criticism," *Religion and Modern Literature: Essays in Theory and Criticism* by G. B. Tennyson, Edward E. Ericson, Jr, Grand Rapids: William B. Eerdmans Publishing Co, 1975, pp.93-94.

神学与视觉艺术

唐代的景教艺术[1]

    唐代的基督教被称为景教，景教是唐人对基督教聂斯脱里教派的称谓，唐贞观九年（635）传入长安。景教入唐传播之说得以确立乃根据"大秦景教流行中国碑"，此碑于明天启三年（1623 年）或天启五年（1625）在西安城郊出土，现藏西安碑林博物馆。

    传教士叙利亚人阿罗本沿着丝绸之路来到唐朝首都长安，唐太宗下诏准许景教在中国传播，过了三年，又下诏命人在长安城义宁坊修建寺院（教堂），用于安顿景教教士。起初该寺被称为"波斯寺"，到了天宝四年（745 年）唐玄宗下诏令，称该波斯教原出自大秦（罗马帝国），将波斯教改称为大秦景教，寺院的通称也由波斯寺改名为大秦寺。唐德宗建中二年（781 年），在长安城的大秦寺院中立起了这块《大秦景教流行中国碑》，碑文由波斯传教士景净撰刻，朝议郎前行台州司参军吕秀岩书并题额，共有 1780 个汉字，另附数十字叙利亚文。该碑介绍了景教的基本教义，并叙述了景教自太宗九年至建中二年140 多年在中国的流行情况。会昌五年（845 年），唐武宗下令灭佛，与佛教密切相关的景教一同受牵连，在那以后景教在中国内地趋向消亡。此碑极有可能在会昌法难中大秦寺遭毁时被埋入地下。

    景教碑的碑文有着重大的信仰及历史研究价值——这是目前所见最早且有明确纪年的中国早期基督教文献，其碑刻本身也是一件融合了东西方文化特征的中国古代基督教艺术作品。碑的形制由螭首、碑身、龟趺三部分构成（见图 1），正面写着"大秦景教流行中国碑并颂"，碑身高 197 厘米，全高279 厘米，其碑质为黑色石灰岩。顶呈半圆状，上部较尖。环碑首的边缘雕刻

---

1 本文原是各自独立的六篇，分别发表于《天风》2018 年 1-6 期的"中国基督教图
   像历史进程专栏"中，收录在本书时合成一篇。

着两条巨大的无角"螭"龙，二龙缠绕飞腾，龙尾夹一颗大珍珠，正好位于碑上方正中央，体现了中国传统的二龙戏珠景象。（见图 2）朝廷对墓碑形制与尺寸均有严格的规定，从景教碑碑座形制来看，为螭首龟趺，上刻有"二龙戏珠"图案，这属于等级较高的形制和图案，说明景教传教士因与皇室有着密切关系，因而被允许在石刻上运用龙的造型。

图 1　西安景教碑全景　　　　　图 2　西安景教碑顶部

在螭龙环绕之下则是三角形的空间，上面镌刻了"大秦景教流行中国碑"九个大字。在九个大字之上为一三角形华盖形碑额，其中刻着各式图案（见图 3），充分展示了景教初传入中土的特点。碑首中间是东方叙利亚教会常用的希腊式十字，希腊式十字四臂等长，不等于拉丁式十字横臂短而竖臂长的特点。十字下有佛教莲花，两侧是道教祥云，边上则是百合花，百合花代表信仰的纯洁。十字架顶端画有火焰，可以理解为因着耶稣基督被钉十字架而带来的救赎，使得信仰之火熊熊燃烧。十字架呈正方形，臂上均刻有三颗珍珠，而四臂中央的交叉处也各刻有珍珠一颗，中心有一颗大珠。据东方学家佐伯好郎（Yoshiro Saeki，1871-1965）考证，这一大珠即马太福音 13 章书中所提及的价值极高之珍珠（天国犹如一颗重价的珍珠），代表着天国福音；但也有学者认为，珍珠从中心向周旁延伸，意味着上帝启示之光向四周辐射开去。

图 3　西安景教碑局部拓本

　　总的来说，景教碑具有极高的艺术文物价值，是丝绸之路中中西方文化交流的产物，碑身所呈现的各种视觉元素以及这些元素背后的宗教意义值得体味，整个碑在视觉内容形式上体现了景教教士要努力融入当时社会和文化的努力。

　　唐代的景教艺术也体现在新近出土的大秦景教经幢[2]（全称为《大秦景教宣元至本经》经幢）上。此经幢是继西安《大秦景教流行中国碑》之后，有关唐代景教石刻的最重大考古发现。现藏于洛阳市博物馆。经幢为一石灰岩质青石制成的八棱石柱，底部已残损，但大部完好，残存最高部分 81 厘米，最短部分 59 厘米，周围 112 厘米。（见图 4）残存有景教经文和经幢记。从形制上来说，八面棱柱的经幢结体，直接仿照了唐代佛教陀罗尼经幢的形制特点。（见图 5）残存部分字迹清晰，上刻唐景净所撰的《大秦景教宣元至本经》1 部，存经文 19 行 431 字；经文勒刻于经幢的第二、三、四面和第五面的第一行。《经幢记》1 篇，共 21 行 348 字；左上端有题记 2 行 16 字；另有祝词 14 字。在经幢的第八棱（即最后一棱）的上端有题记两行，文曰"其大和三年二月十六日壬寅迁举大事"。共计存字 809 个。经文可与敦煌遗书《景教宣元本经》进行补订校勘。它作为珍贵的唐代景教石刻，是继"大秦景教流行中国碑"及近代敦煌石窟出土景教经典写卷以来中国的又一景教文物的重大发现。

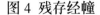

图 4　残存经幢

图 5　唐代河南焦作兴福寺陀罗尼经幢

2　大秦景教经幢 2006 年在洛阳出土。

经幢上的《经幢记》记述了刻制该经幢的原因、时间和过程：唐文宗大和三年（829 年），景教僧人清素与从兄少诚、舅安少连等人，于洛阳县、感德乡、柏仁里地主崔行本名下买地一所，在当地景教神职人员如"大秦寺寺主法和玄应——俗姓米"等主持并参与、见证下，为其死去的母亲"安国安氏太夫人"及"亡师伯"某修建茔墓，并在墓前树立此经幢，在幢石上刻《大秦景教宣元至本经》和《经幢记》。《经幢记》记录了事情缘由始末，在第七行还明确表述了立此经幢旨在获福："有能讽持者，皆获景福，况书写于幢铭乎！"通过刻经来获福是当时佛教盛行的风气，景教徒也受此影响。

经幢是糅合了刻经和塔所衍生出来的一种特殊的塔，无论塔，或石经，都非西方基督教之物。在马丁路德之前，基督教并不主张普通信徒受持诵读《圣经》，更何况还刻经于石，这说明洛阳景教经幢乃效法唐代佛教的产物。

尤其引人注目的是，在经幢的上端分别雕有十字架符号及"天神"形象。经文与幢记之上雕刻了两组以十字架为中心的四尊"天神"图像（见图6）。"十字架"图徽是希腊式的十字，明显带有西方基督教装饰理念，十字下似为莲花，左右蔓草纹饰，而其两侧的飞翔天神（见图 7）并非沿袭景教旧邦习俗所常见的带翼"天使"模样，其除了头顶发式略有自身的个性外，其婀娜多姿的身躯，腰间凌空飘扬的披帛，裙下流溢的祥云，与佛教造像中的"飞天"（见图 8）极其接近。这两组天神在手持物件上也略有差异，靠近题记的左边一棱刻天神面向十字，手持莲花，右边一棱刻天神面向十字，手捧宝珠（见图 6 的左上方）；另一组天神面向十字，双手掌作前伸举状（见图 6 的右上方）。

图 6 景教经幢拓片（局部）

图 7 景教经幢（局部）　　图 8 敦煌莫高窟对飞持花的飞天形象

概言之，唐代景教经幢无论在外在器物形制上，还是在器物用途的意义上都有模仿佛教文化之迹象。

由于年代久远，唐代景教艺术文物传世的不多，除石刻的大秦景教流行中国碑及洛阳景幢外，就数在新疆地区发现的景教壁画。

1905 年夏天，德国探险家勒柯克（A. von Le Coq，1860-1930）在新疆高昌古城郊外的景教寺院遗址（见图 9）中发现了景教壁画。较大一幅的壁画（见图 10）因破损而不能窥其全貌，但通过残片依然可看出画面中有四个人物，左边一人体形较大，是一位身材恢宏的男子，结实的身躯上有卷曲乌黑的头发，保存着拜占廷教士特点，该男子身披赤褐色长袍，两脚穿的是黑色的鞋子，左手提着一只金黄色的香炉，右手持盛水之碗或钵，似为景教会中最下级的教士执事补。其他右边的三人则各自手执杨柳小枝，她们都穿单色的长衫，各人在长衫的外面披着无领的长袖大衣，随意地披在肩上，直垂到膝盖之处。最后一位女人身穿长袖绿色短上衣，其长只达上衣的一半，其头发梳成圆球状，后颈似还挽有很大的发髻，从衣饰和样貌来看，似是汉人。

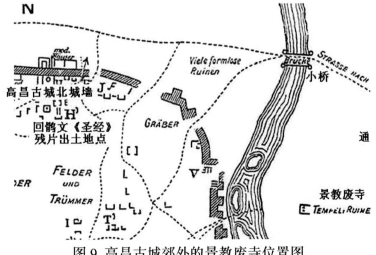

图 9 高昌古城郊外的景教废寺位置图

图 10 枝节图 唐代 彩色壁画 宽约 70 厘米 高约 63
厘米 现藏德国柏林印度艺术博物馆

　　勒柯克起初以为壁画的题材是表现基督教祭司施洗礼的情景，但据日本
史学家羽田亨（1882-1955）考证，此画实际描写基督教节日圣"棕榈日"情
景，缘于画中的另外三人手持杨柳小枝。据《约翰福音》第十二章记载，耶稣
骑着驴驹荣入圣城时，城里的百姓拿着棕树枝出来迎接。在圣"棕榈日"，由
于有些地区没有棕榈树，信徒替之以其他植物，比如杨柳。圣画上所描画的正
是由教会的执事补带领手持杨柳枝的信众绕行教堂时的景象，而执事补正向
其同行者点洒圣水。《圣枝节图》中央上部有一动物的腿，寓意着在圣棕榈日，
耶稣骑驴入城。

　　从绘画风格来说，这幅壁画显然受到中国画的影响，比如它采取中国绘画
平面布局的方式，所有的对象都是并列分布，并没有西方绘画艺术中常见的"焦
点透视"；同时，这幅壁画又有西方风格，意大利艺术史家马利奥·布萨格里
（Mario Bussagli，？-1988）在《中亚绘画》一文中说："（《棕枝主日图》中
的）站在一排虔诚的信徒前的祭司即有着西方特征，而崇拜者的蒙古人脸庞，
以及他们的各种姿态和表情都是用自然主义手法描绘出的，该手法几乎完全没
有中国的影响"[3]。在该景教寺院的西厅，其南壁有一幅约高 43 厘米、宽 21

───────────────

3 马里奥·布萨格里《中亚绘画》，许建英、何汉民编译《中亚佛教艺术》，乌鲁木齐：
　 新疆美术摄影出版社，1992 年版，第 70 页。

厘米的残破的景教壁画，画中一红衣年轻女子似乎正在聆听什么（见图 11）。该女子黑色的头发甚长，且梳理得很整齐，头发束状地披于肩上，一撮又宽又长的发束，从耳前一直垂到胸前。其服饰与当地人相似，肥硕宽大的红色长袍，搭在胸前的双手藏在宽大的长袖里面。其白色的内裙垂到脚面，露出两个鞋尖。她嘴巴紧闭，眼神贯注，虔诚的神色似在洗耳聆听经文。

此外，勒柯克在高昌景教寺院东侧一室，发现另一幅已有很多脱落的壁画，画的是手持十字杖的基督骑马（驴）像和一位女信徒（见图 12），似乎也是在描绘圣枝节。

图 11 女教徒图 唐代 彩色壁画　　图 12 基督骑马（驴）像 唐代壁画
现藏德国柏林印度艺术　　　　出土于高昌景教寺院
博物馆

马利奥·布萨格里将《圣枝节图》创作时间确定为公元 9 世纪，如果这样，这些壁画形象地再现了 1000 多年前在高昌流行的唐代景教的情景。

唐代的景教艺术除了出土的石碑、石幢、壁画外，还有绢画。传世的唐代的景教绢画现存只有一幅，该景教绢画现保存在大英博物馆中，是 1907 年英国探险家斯坦因（Aurel Stein）在敦煌千佛洞考察时获得。该画原存于敦煌莫高窟第 17 窟（俗称藏经洞），时间在公元 9 世纪左右，与该绢画在同一藏经洞一同被发现的包括粟特文基督教文献。后汉学家伯希和又在此洞发现了汉文《大秦景教三威蒙度赞》、《尊经》等唐代景教文献。据羽田亨教授考证，"敦煌出土的应为基督画像的绢画断片……大概为敦煌地方唐代画家接受景教司

祭或教徒的订货，按其意旨或其他参考材料画成。"[4]（见图13）

图 13 景教绘画（原图描绘版）9 世纪 陈晓露描绘

也有人怀疑该画为摩尼教的绘画，但此画中人物穿红褐色衣服（见图14），显然与一般穿白色服装的摩尼教人物不同。

图 14 景教人物图（局部）9 世纪 绢本设色
高 88.厘米 宽 55 厘米 大英博物馆

据绢画残片修复的基督像线图（见图15），画中有三个十字架，一个立在拐杖的末端，一个绣在对称的王冠羽翼的正中，一个悬挂在靠近胸部的项圈正

---

4 羽田亨著，耿世民译《西域文化史》，收入《西域文明史概论》（外一种），北京：中华书局，2005 年，第 158 页。

下方。元《至顺镇江志》卷九《僧志》"大兴国寺"下抄录了儒者梁相所撰的景教文献《大兴国寺记》，《大兴国寺记》提到景教十字是景教徒的标志，"十字者取像人身，揭于屋，绘于殿、佩于胸、四方上下，以是为准。"画中人物胸前佩带十字徽的方式与《大兴国寺记》所记录的十字"佩于胸"完整一致，可见该画属景教遗物。

图 15 由英国画家 Furuyama 根据残片修复的唐代景教绢画基督像线图

从十字架的形制来看，画中的十字架既不属于拉丁十字形，也不属于罗马十字形，而是属于"马耳他十字形"（MaIese Cross）纹饰。这类十字形之状貌，四臂等长但不等宽，四臂末端较宽，自末端向中间逐渐内收。

从原图来看，画中人物是外国人，他有一小撮红褐色的小胡子，有着波斯式翼的王冠。林梅村学者认为，这幅基督画像在许多方面，都刻意模仿塔奇布伊·博斯坦（Taq-i Bustan）的萨珊波斯朝神像石雕。例如：两者都带头光，佩戴类似的项圈，甚至两个神像的基本姿势都非常相似。据此，他推断这幅基督像的作者应为萨珊波斯艺术家，这幅具有波斯艺术风格的基督画像，很可能是以波斯景教僧阿罗本带到长安的圣像为底本摹绘的。[5]

敦煌景教绢画的基督像也受到佛教影响，比如画中人物的姿态可能受到菩萨施法印姿态的影响，画中两手指拈花的方法与敦煌的菩萨和供养人的也是一致的。敦煌景教绘画非常可能受唐代佛画的影响。

---

5 林梅村、宋妮雅：《景教艺术在西域之发现》，发表的网址：http://dsr.nii.ac.jp/narratives/discovery/09/index.html.zh，2022 年 10 月 8 日访问。

总之，敦煌景教绢画体现了波斯艺术、佛教艺术和基督教艺术的融合，是丝绸之路上中西文化交流的结晶。

唐代景教艺术还包括唐代景教所留下的墓葬遗迹。目前所知国内最早的景教墓葬遗迹，于 2014 年 1 月 9 日由洛阳龙门石窟研究院对外宣布发唐代"景教"瘗穴，该瘗穴位于洛阳龙门石窟西山红石沟北崖处，龛口为横长方形，内部空间为横长方体，高 65 厘米，宽 90 厘米，龛底进深 70 厘米（见图16），一处内部低矮、空间狭小、相当于现存放骨灰的地方。

图 16 景教瘗穴内部

该瘗穴形制、内部空间与洛阳龙门石窟大量存在的佛教瘗穴形制基本一致，不同的是，该瘗穴龛上方 52 厘米的崖面上，阴刻一个没有装饰的、略倾斜的十字架图案（见图 17）。该图案高 26 厘米，宽 24 厘米，上下左右基本均衡，四臂末端较宽，自末端向中间逐渐内收，属于"马耳他十字形"，这是唐代景教较常用的十字形，该十字形也在大秦景教流行中国碑、《大秦景教宣元至本经》经幢、敦煌景教绢画中出现过。

图 17 有十字架图案的唐代景教瘗穴

在十字架图案下方约 46 厘米处，竖向刻有字径约 7 厘米、似昭武九姓之"石"字。昭武九姓，是南北朝、隋、唐时期对从中亚粟特地区来到中原的粟特人或其后裔 10 多个小国的泛称，南北朝、隋、唐史书的《西域传》有相关记载，《新唐书》就以康、安、曹、石、米等为昭武九姓。唐代的外商中，以昭武九姓人最多，瘗穴上的"石"字很可能就是墓葬主人的姓氏。在洛阳也发现了昭武九姓之"安"姓的墓志。2011 年在洛阳东郊出土了唐代景教徒花献及其妻安氏的石刻墓志（见图 18-1，图 18-2）。毛阳光学者认为，中古时期的安姓源出于中亚粟特地区的安国，安氏是粟特人无疑。安氏与 2006 年在洛阳出土的景教经幢题记中的安国太夫人、安少连同姓。这说明唐代洛阳地区，景教的教士和信众相当部分是中亚粟特人（如安国人）。

图 18-1 花献墓志拓片 长、宽
各 53 厘米 洛阳出土

图 18-2 安氏墓志拓片 长、宽
各 30 厘米 洛阳出土

西安出土了大秦景教流行中国碑，景教的《李素墓志》《米继芬墓志》；洛阳则出土了景教经幢、瘗穴及景教徒花献及其夫人安氏墓志。这些唐代景教遗址有力印证了景教在唐代长安、洛阳两京地区流行的历史事实。洛阳景教瘗穴的选址、形制及内部空间，都显示了景教受到当时处于主流强势地位的佛教的影响，洛阳花献及其夫人安氏的墓志内容也反映了景教与佛教之间的联系。这些都表明，在唐代无论在文字教义上，还是在视觉图像上，景教都受到了佛教全方位的影响。

在传世的宋以前壁画有两处至今存疑是否是基督教壁画，一是公元 3-4 世纪的新疆米兰有翼天使像，二是公元 8 世纪的章怀太子墓《客使图》。

新疆米兰的有翼天使像是英国探险家斯坦因发现的。1906 年 12 月，斯坦因考察若羌县米兰古城时，在一佛教寺庙遗址的回廊内壁中发现了一组保存相当完好的有翼天使像，该天使像为 3-4 世纪鄯善国时期的佛教遗迹，整个造像具有鲜明的希腊式犍陀罗艺术风格，如圆圆的睁得大大的炯炯有神的眼睛，由光与影、凹与凸造成的立体效果等等。该有翼天使像（见图 19-1，19-2），共出土十幅之多，现藏大英博物馆。

图 19-1 有翼天使一 高 44.5 厘米
宽 53 厘米

图 19-2 有翼天使二 高 46 厘米
宽 66 厘米

斯坦因认为此壁画与基督教存有某种关系，"普通说来，磨朗护墙板上的画像同有些古基督教派中的天使，奇异的暗示有一种亲属关系。但是要记得的是把天使常作有翼的天上使者的观念，在基督教兴起以前西亚的一些宗教系统中，是很普通的。"[6] 从时间上来说，公元 3-4 世纪东南亚和中亚地区受到基督教影响是有可能的，因为在公元 3 世纪今天的伊拉克、叙利亚、土耳其一带已有多个主教辖区。米兰属于鄯善（楼兰地区），处在古代丝绸之路的南道上，混合了希腊罗马文化、基督教和南亚文化的艺术经中亚传到新疆米兰，确有可能。但问题是基督教的东西怎么会出现在佛教寺庙中？学者羽田亨在其《西域文明史概论》中认为斯坦因发表的研究成果大略是可信的，并对基督教的东西怎样出现在佛教寺庙中作了尝试性的解释，"他说不仅此天使之画，在同一地方而别的寺院废墟所得的护墙版上，也有画成黑色波状的花边，而在每一波间的半圆之中，画有同样的天使或少女少年，亦或作弹琵琶的少女的半身像。与此略同的构图，在所谓的犍陀罗雕刻的塔基装饰中亦有之。现在所见一排天使，不过将那些图中的花边略去而已；可见源出于犍陀罗美术之东渐了。这样说来，佛寺建筑的装饰中有些西方基督教式的美术，原也可以了解得的。"[7] 后来的一些学者包括我国的学者认为壁画中不是天使，宜称之为"人

6 斯坦因：《斯坦因西域考古记》，向达译，上海：中华书局，1936 年版，第 86 页。
7 羽田亨：《西域文明史概论》（《泉寿译丛》之一），钱稻孙译，1931 年，自印，第 25 页。

首双翼像"[8]，有些学者更明确认为画中有翅人物应属于佛教中印度的迦陵频伽。迦陵频伽号称极乐净土之鸟，后演化为人的儿童形，但保留了双翅。[9]

公元 8 世纪的章怀太子墓《客使图》（图 20）是 1971-1972 年陕西考古工作者对陕西乾县乾陵东南 3 公里处章怀太子墓进行发掘时发现的。《客使图》位于太子墓墓道东壁，上绘有三位海外使者，学者对三位海外使者的身份基本达成共识，认为这三人分别为靺鞨、新罗和东罗马使者。之所以认为壁画上秃顶，浓眉，高鼻，阔嘴，身穿翻领紫袍，腰束带，足穿黑靴的外国使者为东罗马使者，是因为与史书记载的有关东罗马帝国（被称为拂菻或大秦）的人的装束相符。《旧唐书·列传第一百四十八·西戎传》载"拂菻国，一名大秦，……风俗，男子剪发，披帔而右袒……俗皆髡而衣绣"。髡，剃发的意思，这名使者的翻领、秃顶与文献上的右袒、"髡发"风俗相吻合。

图 20 客使图 唐壁画 高 185 厘米 长 247 厘米
章怀太子墓出土 现藏陕西历史博物馆

但这位"东罗马使者"是否是景教徒，存有争议。匈牙利罗兰大学宋妮雅（Buslig Szonja）博士在《章怀太子墓壁画所见"拂菻使者"考》中认为壁画上的那位"拂菻使者"，很可能是一位大秦国（今叙利亚）聂斯托里派的宗教代表[10]。章怀太子墓《客使图》的大秦国使者服装为咖啡色，尤其翻领特征与高昌景教壁画上景教徒服装十分接近（见图 21-1，图 21-2）。

---

8 详见新疆楼兰考古队：《楼兰古城调查与试掘简报》，载《文物》1988 年第 7 期。

9 参见陈雪静：《迦陵频伽起源考》，载《敦煌研究》2002 年第 3 期。

10 宋妮雅：《章怀太子墓壁画所见"拂菻使者"考》，上海博物馆周秦汉唐学术讨论会论文，2004 年。

图 21-1《客使图》中的东罗马　　　图 21-2 高昌景教废寺壁画（局部）
使者线图　陈晓露绘制

　　另，拂菻使者绘于东壁，说明从海上丝绸之路登陆中国东海岸，然后登陆路抵达长安。她由此得出结论，章怀太子墓东壁上的拂菻使者应是一位渡海来华的景教教徒。由于宋妮雅对画中"拂菻使者"作为聂斯托里派的宗教代表可佐证的材料不是很多，所以她的观点也仅作为参考。

元代的景教石刻[1]

　　学者牛汝极发现，中国出土的回鹘语（突厥语）景教碑铭文献大多用叙利亚文和回鹘文写成，其时代约在9-11世纪和13-14世纪之间，地区主要分布在新疆的霍城（阿力麻里古城）、吐鲁番、四子王旗、达茂旗（百灵庙敖伦苏木古城）、北京房山、福建泉州、江苏扬州等[2]。对比牛汝极所绘制的景教出土碑刻文献及铜十字遗址示意图（见图1），发现，除了西安——出土的大秦景教流行中国碑上只有中文和叙利亚文，鄂尔多斯——出土景教铜十字但上没有文字)，敦煌——出土景教铜十字但上没有文字，出土有其他语种的如汉文或叙利亚文或粟特文的景教写本，黑水城——出土有叙利亚-突厥语景教写本残叶，但不是碑刻的，米兰——出土景教有翼天使壁画但没有文字等五个地区外，其余地区出土的景教碑刻文献中都有用叙利亚文和回鹘文写成的碑文，这说明在当时信仰景教的族群中，回鹘族在景教信仰方面是广泛的、持久的、有影响力的，因为大量在各地出土的用叙利亚文-回鹘文写成的景教文献说明了这一点。在唐代，来中国的景教传教士使用叙利亚文，所以景教使用叙利亚文表达的习惯在唐、元时代尤其在中国西北被保留下来，回鹘族人要用自己本民族的语言记录信仰状况，所以这就有了用叙利亚文-回鹘文写成的大量出土的景教碑铭文献。在历史上回鹘在唐末迁居高昌，从那时期起，景教在该族一直存在，至宋元时期，以吐鲁番为中心的高昌回鹘王国逐渐变成了景教的兴盛之所。

1　本文原是各自独立的五篇，分别发表于《天风》2018年第11-12期，2019年第1-2，4期的"中国基督教图像历史进程专栏"中，收录在本书时合成一篇。

2　参见牛汝极:《十字莲花——中国元代叙利亚文景教碑文献研究》，上海:上海古籍出版社，2008年版，第一章。

图 1 中国景教出土碑刻文献及铜十字遗址示意图[3]

本文主要考察元代景教石刻，由于元代的景教石刻分布广泛，在新疆地区的元代景教石刻就分布在阿力麻里、吐鲁番、四子王旗等地方，本文选择新疆的阿力麻里、内蒙古的百灵庙敖伦苏木，北京的房山，江苏的扬州，福建的泉州，五个地方的景教石刻作为对元代景教石刻的一次总体巡视。

新疆古城阿力麻里城（今新疆伊犁哈萨克自治州霍城县境内约 13 公里处）在元代曾是景教活动中心之一，在这里曾出土了十多件叙利亚文的景教墓石。20 世纪以来，中国考古工作者和平民先后陆续在这里发现了叙利亚文景教墓碑，有的收藏在霍城文管所和新疆博物馆，有的存放在伊宁市伊犁地区博物馆。这些碑刻的形制与在中亚七河流域出土的六百多件景教碑刻相同。这些碑刻的十字架形制与七河流域附近的克什米尔地区出土的粟特文、梵文景教十字架形制也十分相似，都是希腊-马耳他混合型，十字架底座也相似，都是有个弧形来托住十字架（见图 2，图 3）。另外，七河流域出土有若干注明墓主籍贯为阿力麻里的墓碑铭文，这说明七河流域的景教徒与阿力麻里有着密切的联系，在元代，它们有可能属于同一景教区，当时七河流域的撒马尔罕城（今乌兹别克斯坦境内）成了中亚著名的景教中心。

---

3 引自牛汝极：《十字莲花——中国元代叙利亚文景教碑文献研究》。

图 2 元代 阿力麻里叙利亚文景教墓碑 新疆自治区博物馆藏

图 3 克什米尔地区粟特文和梵文旁三景教十字架[4]

　　从中国境内发现的元代景教碑刻来看，其上的十字架底座造型主要有莲花座、云纹座、莲花与云纹混合底座等，这些十字架底座主要出现在泉州出土的景教碑中。而新疆古城阿力麻里城出土的叙利亚景教碑上的十字架底座的形制除了弧形外，还有不常见的长方形基座（见图 4）和三角形基座（见图 5）。

4　引自克里木凯特：《丝绸之路上的基督教艺术》。

图 4 长方形基座的元代　　　　图 5 三角形基座的元代
　　　阿里麻里景教碑　　　　　　　　阿里麻里景教碑

　　伊犁自治州博物馆藏的一件阿力麻里叙利亚文景教墓碑则显得有点特别：十字架底座是莲花与台基的混合，十字架与底座的总尺寸大约 11 厘米，而整个墓石的高大约 24 厘米。十字架及底座的两边写有三行叙利亚文。据学者牛汝极介绍，十字架右边的第一行写的是年份，第二行写的是景教徒名字，十字架左边的一行写的是逝世，合起来中文的意思：在公元 1362 年或 1365 年一个叫"乔治"的景教徒离开此世（见图 6）。十字架底座是莲花与台基混合的阿里麻里景教碑在另一藏馆也可见到（见图 7）。

图 6 莲花与台基混合　　　　　图 7 阿力麻里景教碑 1902 年出土
　　叙利亚文景教碑　　　　　　　俄罗斯埃尔米塔什博物馆藏

在蒙元时期，阿力麻里城是一个繁华的城市，被誉为"中亚乐园"，欧洲人称其为"中央帝国都城"。成吉思汗二太子察合台曾以此为首都建立察合台汗国，其后的东察合台汗国和蒙兀尔斯坦也把这里作为首都。元代宗教信仰自由，蒙古贵族也信仰景教，阿力麻里城又处在丝绸之路和东西交通要道上，它优越的地理位置及重要的政治中心促使它在元代成为景教活动中心之一，而在古城上发掘的众多元代叙利亚文景教碑有可能是14世纪从西亚来到阿力麻里城传教的聂斯脱利派传教士或景教徒留下的墓碑。早在唐代，中国就有叙利亚文景教遗物，《大秦景教流行中国碑》之正面及两侧附有叙利亚文的人名及在教职务。经过主后845年的"会昌法难"，景教在中原地区几乎绝迹，在唐末、宋、西夏时期景教主要仅存留在西域一带，包括高昌、吐鲁番等，到了蒙元时期，景教迎来了复兴。

蒙元时期，景教在北方草原广泛传播，在新疆的阿力麻里、内蒙古的赤峰、敖伦苏木、北京房山等都发现了景教墓碑，但现存景教遗迹最多的属当年的汪古领地，这些遗存在它的统治中心阿伦苏木古城附近最为密集。

1927中（国）瑞（士）西北考察团中的考古学家黄文弼先生首次发现了内蒙古敖伦苏木古城中的元代景教遗迹和《王傅德风堂碑记》，认定该古城乃是元代王府。确实，敖伦苏木城在元代是汪古部的首府之城。自至大二年（1309年）汪古部首领阔里吉思之弟术忽难受封"赵王"直至元末，7代汪古部领主皆居住于此，因此此城也被称为"赵王城"。此城极有可能是汪古部在忽必烈时期新建的"黑水新城"。由于汪古部赵王世家在蒙元时期地位十分显赫，他们营建的敖伦苏木城成了内蒙古草原上仅次于元上都的王城，最兴盛时人口达10万。该城是汪古部政治、经济、文化的中心，而且宗教活动也极其盛行。据文献记载，城内不仅有景教教堂，还有佛教寺院、天主教堂和喇嘛庙宇，是欧洲文化传入东方的第一大城市。

20世纪70年代在敖伦苏木古城发现了10来处元代景教徒墓碑，这些墓碑一般正面前顶上有十字像，像下有莲花，两侧边刻有蔓花花纹，背刻古叙利亚文字一行或若干。在诸墓顶石中，1974年在古城附近发现的一景教残断墓碑比较特别，墓碑上刻有汉-蒙-叙利亚三种文字，碑文上方刻有十字架，下有莲花，碑高1.2米，宽0.4米。汉文两行为"亡化年三十六岁，泰定四年六月二十四日。"死者是汪古部人，名叫阿兀剌编帖木郏思，生前官职是京兆尹的达鲁花赤（见图8）。

图 8 元景教墓碑 1974 年 敖伦苏木古城附近出土

　　20 世纪 70 年代至 90 年代，包头市达茂旗木胡儿索卜尔嘎古城附近发现了 30 余件景教墓顶石，其中 10 多件有叙利亚文突厥语碑文。古城离敖伦苏木古城不远，位于敖伦苏木古城东南下方，北距金界壕（长城）5 千米，敖伦苏木古城离金界壕则有 50 余千米（见图 9）。

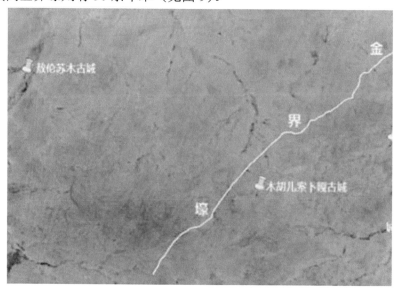

图 9 敖伦苏木古城、木胡儿索卜尔嘎古城位置示意图

金界壕是金王朝为维护自身安全、抵御蒙古游牧民族侵扰而建的军事防御工程，从公元 1123 年开始修建，直至 1198 年前后最终成形。汪古部原为金王朝守护金界壕，所以其在金代至元代早期活动的核心区域，应在界壕之内，1275 年马可波罗抵达汪古部的首府天德军（丰州）（今呼和浩特东郊）就位于金界壕内，他还在游纪中记载了当时汪古部的首领为阔里吉思。汪古部世代信仰景教，而金界壕以南发现的各金元时代的城址中，出土了大量的景教遗存，比如内蒙古鄂尔多斯草原的铜十字饰牌、内蒙古赤峰的景教瓷墓砖以及木胡儿索卜尔嘎古城附近出土的景教墓顶石（见图 10）。

图 10 元景教墓顶石 木胡儿索卜尔嘎古城附近出土

后汪古部在其首领阿剌兀思率领下归顺了成吉思汗，并对金反戈一击。大安三年（1211 年）成吉思汗率兵南下攻金时，汪古部作为先行先锋。入元以后，汪古部备受尊宠，并有了自己的新城，即敖伦苏木新城。

在北京房山区（原为河北房山县）周口店镇三盆山南，有一元代遗址，2006 年 05 月 25 日该遗址被评为第六批全国重点文物保护单位，它是北京房山十字寺遗址。北京房山十字寺遗址是全国唯一既有遗址，又有十字石刻，又有文献记载的景教遗址。如今遗址尚有寺庙地基五间，坐北朝南；年代久远的古银杏树一棵；寺院内有汉白玉石碑两块，一为辽代的崇圣寺碑，碑正面上方横书："三盆山崇圣院碑记"，刻于辽应历十年（960 年），碑高 204 厘米，宽 91 厘米，厚 20 厘米（见图 11）；另一为元代十字寺碑，寺碑的碑额左右各有一条石雕云龙，正中刻有"敕赐十字寺碑记"，刻于元至正二十五年（1365 年），碑高307厘米，宽92厘米，厚20厘米（见图12）。碑文撰文之人，据说是元代著名文人黄溍，书写碑文之人，也是当时的大文人李好文。其中辽碑所记"殿宇颓毁，古迹尤（犹）存，石幢一座"、元碑所记"见有碑、幢二座"、"复见古幢十字，重重发光"中的"石幢"和"幢"，即指景教的经幢。受唐代寺院和佛教的影响，寺院的山门两侧通常树立经幢，在幢身部雕刻经典。不过，据一些专家考证，元碑的碑文为明代重刻，已经不是原品。

图 11 房山十字寺遗址之辽碑 　　 图 12 房山十字寺遗址之元碑

元代十字寺碑碑额顶端圆球内刻有十字（见图13），十字寺碑的附近散落着几块柱础，它的底座是方形的，直径78厘米，高20厘米上面雕刻葵花图案，花盘平整，花盘周围刻有花瓣16个，花瓣上刻有团状云纹，上可安放石柱（见图14）。这些大理石柱础属于纯粹的中国式样，很可能是明代的遗物。

图 13 刻有十字的十字寺碑碑额 　　　 图 14 柱础

崇圣院。辽代又恢复为佛寺，应历二年（952年）至八年（958年）再修，改名三盆山崇圣院。元寺院重修，元顺帝时赐名十字寺，恢复景教。元十字寺重修与忽必烈汗时代的维吾尔族人著名景教徒拉班·扫马（Bar Sauma，约 1225-1294 年）有关。拉班·扫马 23 岁受洗成为景教徒，30 岁时曾入隐休院 6 年，独居在北京附近的一个山洞里修道，阿·克·穆尔认为，十字寺有可能是拉班·扫马的隐修地点[5]。后拉班·扫马作为中亚教会的使节前往西方，到达过意大利和法国，是古代中国走得最远的人。元大都景教徒为纪念其功绩，遂于 1320 至 1330 年间重修了崇圣院，并于至正二十五年（1365）立碑纪念，碑上刻有《敕赐十字寺碑记》一文。明清后又为佛寺。民国六年，该寺尚悬有"古刹十字禅林"牌匾，该牌匾残片目前由北京石刻艺术博物馆收藏。民国后逐渐衰落，今只余遗址。

十字寺内原有两方汉白玉大理石石刻，高 68.5 厘米，宽 58.5 厘米，厚 58 厘米，石雕花纹精美，十字清晰。其中一块石雕正面上方为十字，十字两侧刻有叙利亚文，据专家认定为："仰望他，寄希望于他"的意思（见图 15）。石雕右侧一面刻一束菊花，左侧一面刻一束冬青草。另一块石雕正面有十字，无叙利亚文，有两颗桃形的心相对望（见图 16）。两块石雕上端均呈凹字，为十字寺坐北朝南十字寺正殿东南和西北角的两块抱柱基石。1931 年 11 月，原存放于十字寺内的两方石刻，由北京历史博物馆收藏陈列。1936 年，因战乱"文物南迁"，两方石刻存放在南京博物院并一直保留至今。

图 15 刻有叙利亚文的十字架石雕

图 16 不带叙利亚文的桃形
饰刻十字架石雕

元代南方的景教石刻主要在扬州、泉州处发现。1981 年在扬州城西出土了元代景教徒墓碑。该墓碑系青石制成，上圆下方，碑额呈半圆形，高 29.5 厘米，

---

5 穆尔著、郝镇华译：《一五五〇年前的中国基督教史》，北京：中华书局，1984 年版，第 100 页。

宽 25.8 厘米。墓碑在碑额上方线刻一组画面：上有莲花座十字架，该十字架形制属于希腊—马耳他混合型。十字架的下面衬以莲花作底座。十字架及莲花的两侧各辅一身长四翼围着中心展翅欲飞的小天使。小天使头戴十字双耳冠，面向莲花，双手前伸，守护着十字架（见图 17）。天使头戴有十字的冠帽，在泉州的其他景教石刻中也出现过，其他地方景教石刻没有出现过，在唐代的景教绘画中也出现过带有十字的冠帽，但不是天使戴的，而是信教的人（见图 18）

图 17　扬州景教墓拓片
扬州博物馆藏

图 18　根据残片修复的唐代景教
绢画基督像线图

　　基督教的天使往往是双翼，四翼形象比较罕见，所以四翼天使在景教墓碑中也罕见，除了扬州这一墓碑有四翼天使外，泉州出土的二墓碑上也有四翼天使（见图 19，图 20）。德国学者艾克（Ecke）博士认为四翼天使是基督教传统与希腊、波斯的混合，亚述帝国曾经统治过的范围有四翼形象的作品出土，这种四翼形象可能被波斯文化所吸收，并通过传教士通过海路带到中国，在新疆、内蒙古等陆上传播地区所出土的景教石刻中并未发现四翼天使雕像。

图 19　元代泉州一景教碑上的
四翼天使

图 20　元代泉州另一景教碑上的
四翼天使

扬州墓碑石下部有竖写汉文三行，共三十七字："岁次丁巳延祐四年三月初九日 三十三岁身故五月十六日明吉 大都忻都妻也里世八之墓"。标明该碑为忻都于元延祐四年（1317年）为其妻所立。左侧有12行叙利亚文，其中第1和2行为叙利亚语，其余10行是回鹘—突厥语。碑文突厥语部分的开头（第4行）和结尾部分（第15行）都使用简短的叙利亚宗教套语，耿世民教授认为，这说明叙利亚语是中国突厥人景教徒的宗教通用语。第5行至第14行的回鹘—突厥语的意思是：萨木沙之妻也里世八（伊丽萨白）夫人三十三岁时在主的怀里安息，她的生命和身体安置在墓中，她的灵魂将升入天堂。她将永远为后人所记忆。碑文明确记载公元1317年5月2日是墓主也里世八（Elisabeth）去世之日，下葬的日子是五月十六日（1317年7月25日）。

关于墓主人也里世八，一般认为她是蒙古人。在元代，景教获得了合法性，在色目人和蒙古人中流行。1322-1328年到过中国的罗马天主教圣方济各会修士鄂多立克（Friar Odoric）在他的《鄂多立克东游录》中提到，当时在扬州就有聂思脱里派的教堂。《元典章》卷三十六亦曾提及延祐四年正月三十日文书，有"前来扬州也里可温十字寺降御香"的记载，这表明当时扬州建有也里可温十字寺。迄今扬州发现的元代也里可温教信徒的墓碑共有三通，一是属于天主教圣方济各派教徒的两通墓碑，另一就是扬州景教碑。至少，出土的也里世八墓碑以实物的形式证实了鄂多立克在其《东游录》中所描述的扬州景教的存在。

泉州发现的元代景教石刻20多方。这些景教石刻中有很多天使形象。这些天使形象被雕刻在圆拱、尖拱、弧形、长方形等各种形制的景教石刻中。

可根据天使翅膀的数量、天使同时出现的数量以及天使姿势是趺坐还是飞翔，可把元代泉州景教石刻中的天使划分为以下几种类型：

首先是对称的飘带天使。如1946年在泉州出土的一景教辉绿岩须弥座式墓垛石上雕刻着两位飘带天使，这两位天使头戴冠帽，耳有垂环，肩有飘带，袖袍宽大，在飞翔中各自一边托着带着莲花基座和托盘的"十字架"，这两位天使在形制上与佛教的飞天相似（见图21）。而带耳环装饰的天使视觉造型有可能源于北方或西域人种。这种对称的飘带天使在泉州其他地方的景教石刻中也出现过（见图22）。

图 21 对称飘带天使 须弥座祭坛式墓垛石 长 75 厘米 高 28 厘米
1946 年泉州通淮门附近出土

图 22 冠上带十字架的对称飘带天使 1946 年泉州小东门城基中出土

图 23 所见的是一位趺坐在云端之上的四翼天使，该天使头戴三尖冠，两耳垂肩，脸部丰满，身披云肩，穿宽袖袍，开襟，两袖随风飘起。两手捧有由华盖、十字架和莲花组成的"刺桐十字架"于腹际，四翼翅膀张开，呈飞翔状，飘带从胁下绕过羽翼向后上方扬起。该天使以浮雕的形式雕刻在泉州出土的、碑高 53.5 厘米，底宽 51 厘米，厚 9.5 厘米的石墓碑上。这四翼天使在泉州景教石刻中目前只发现两例，除图 23 外，图 24 中的天使也是，只不过比起图 23 中的四翼天使，图 24 中的四翼天使头顶上多了一个十字架。元代扬州景教石刻中也发现四翼天使一例，但扬州景教石刻中的四翼天使与泉州景教石刻中的四翼天使不同之处在于前者没有飘带，也不是趺坐的单天使，而是对称的双天使。除这三例四翼天使外，全国各地出土的景教石刻中并没有发现四翼天使形象。这四翼天使的视觉造型，如形冠、趺坐、飘带、身姿、神态明显受佛教影响，其尖拱形的边框形制则受到了伊斯兰教的影响。至于天使为什么是四

翼，学界至今聚讼不已，德国学者艾克（Ecke）认为是受希腊波斯文化影响的结果，历史上的波斯文化有四翼形象[6]。

图 23　四翼天使石墓碑 1975 年　　　图 24　带乌纱帽四翼天使 1929 年
泉州东门外仁凤街出土　　　　　　　泉州奏魁宫发现

　　还有单个飞翔飘带天使，图 25 就是。图 25 中的天使出土于 1948 年泉州东门吊桥附近，该墓石属于须弥式石墓构件。画面上的单个天使在飞翔中手捧带着托盘的十字架，身后是云朵。图 26 中的墓碑右边残缺不全，有可能右侧还有个单个天使，但画面中看到的是无翼的单个天使，整个造型姿势与图 25 中的天使相似。

图 25　单个飞翔天使 1948 年泉州东门　　图 26　飞翔天使 2002 年泉州
吊桥附近出土　　　　　　　　　　　　池店附近出土

　　元代泉州景教石刻中的天使形象不仅丰富多彩，而且天使构图具有独特性，至今为止，发现景教石刻的其他地区没有一个地区的天使形象的丰富性和独特性能超过元代泉州景教石刻的，大多数地区的景教石刻比如元代的新疆、内蒙、北京，唐代的西安都没有天使形象，只有少数地区比如唐代洛阳所发现的景教石刻中的天使，但总体构图比较单一，天使在整体构图中的位置也不显豁，只有元代泉州景教石刻中的天使在整体构图中成了视觉的中心，在视觉造型上融合了佛教的飘带飞天形象，同时在一些细部刻画上又采纳不同文化元素，比如天使的冠帽，或是十字架冠，或是波斯式的三尖冠，或是蒙古式的毡帽，或是汉族式的乌纱帽，这使泉州景教石刻中的天使在造型方面显得多姿多彩。

6　转引自吴幼雄：《福建泉州发现的也里可温（景教）碑》，《考古》1988 第 11 期。

《进呈书像》与视觉的本土化[1]

内容提要:

  《进呈书像》是明代耶稣会士汤若望在中国出版的一本宗教插图本。它共有 48 幅木板画,用来展现耶稣的主要生平。《进呈书像》中的很多插图有其原本,《进呈书像》中的插图在摹仿原本的过程中加入了许多中国的视觉元素,这从而使《进呈书像》插图本的视觉呈现出本土化的特色。本文从三个方面即构图的中国化、人物刻画、删减的本土化、中国式意象的融入,对其视觉的本土化进行研究。

关键词:《进呈书像》插图本、原本、视觉本土化

  耶稣会士汤若望于 1640 年进呈给崇祯皇帝一本精美的羊皮书,后又将其修改整理并重新出版,即为《进呈书像》。《进呈书像》并非是在汤若望来中国之后,直接依据传到中国的纳达尔《福音故事图集》来进行创作的,而是在汤若望来中国之前,就已经在欧洲制作完成了一本专门用来送给中国皇帝的羊皮书——《耶稣图像故事集》(*Vita Dni nri Jesu Christi*)。该羊皮书尺寸只有手掌大小,上画着关于耶稣的图画,共 55 幅,来表现耶稣生活的主要场景,配之相应的福音文字,装饰在画图的旁边,背面则是用中文烫金写的文本。为了方便皇帝理解,汤若望还对耶稣基督的生活和受难做了更为详

---

1 本文与许雁南合作。许雁南,汉语国际教育硕士,现在上海市信访办工作。

细、完整的描述，这便是《进呈书像》的雏形。可惜的是，这本精致的羊皮书现已失传。汤若望在两个月后把进献给皇帝的《耶稣图像故事集》加上自己的序以及三贤人蜡质雕像，一起付梓刊印为《进呈书像》供大众阅读。书名《进呈书像》也有其特殊用意，指出了本书中的"图像"不是处于从属地位、用来解释文字的"图"，而是以文字作为图像的解释工具，处于主导地位的是"像"，指明了在这本书中"像"是主要观看对象，而文字只是用来解释描述图像的。特别是在这个木刻书中的图像，不是图像本身——耶稣所实施的一系列活动，而是作为冥想或崇拜的工具，《进呈书像》中还加入了许多本土化特色的图像以助信徒冥想。本文就是对《进呈书像》插图本的视觉本土化进行探讨。

纳达尔的《福音历史图像》在天主教传播史和中西艺术交流史上的意义重大，它既是《进呈书像》最大的、最能确信的母本来源[2]，也是《诵念珠规程》和《天主降生出像经解》的母本。探讨《进呈书像》插图的视觉本土化，肯定涉及到摹本与原本的差异以及原本如何被改造成摹本，所以本文在研究过程中会涉及到《进呈书像》插图与《福音历史图像》的比较。经钟鸣旦考证，《进呈书像》中明确出自铜版画《福音历史图像》（以下简称《福》）的有图 15 "天主耶稣诲徒真福像"（对应《福》中图 19）、图 16 "天主耶稣又起死像"（对应《福》中图 28）、图 17 "天主耶稣喻播种像"（对应《福》中图 38）、图 19 "天主耶稣步海圣迹像"（对应《福》中图 44）、图 20 "天主耶稣饷众圣迹像"（对应《福》中图 43）、图 21 "天主耶稣论爱人无择像"（对应《福》中图 33）、图 22 "天主耶稣喻主慈肯赦像"（对应《福》中图 68、69）、图 25 "天主耶稣显圣容像"（对应《福》中图 63）、图 27 "天主耶稣口示公审判像"（对应《福》中图 98）、图 28 "天主耶稣受难前夕行古礼像"（对应《福》中图 100）等 10 幅。

2　钟鸣旦教授把《进呈书像》的 48 幅木版画按其图像来源划分为四类：确定来源的；受到启发、部分来源的；可能受到启发影响的；暂未找到母版的（Nicolas Standaert, *An Illustrated Life of Christ presented to the Chinese Emperor: The History of the Jincheng shuxiang (1640)*, Siegburg: Druckebei Franz Schmitt, 2007, pp.91-98.）。并且将确定来源的 28 幅图片母版一一找出，认定来源于纳达尔的《福音历史图集》的较多，明确的有 10 幅，其他的来源于巴尔托罗梅奥·维瓦里尼的《耶稣的一生》（*Vita D.N Jesu Christi*）、当时比较经典的与耶稣受难有关的以及当时慕尼黑画坛上活跃的画家画的一些图像。

一、构图的中国化

《进呈书像》插图本在视觉方面本土化的第一个表现就是相比于《福》，《进呈书像》插图在构图方面存在着中国化的倾向。

《福》的构图属于典型的欧式风格，明暗对比强烈，景深设置丰满，主要人物突出。虽然《进呈书像》竭力对其进行模仿，毕竟摆脱不了中国风格。中国化的构图具体体现在：第一、整体构图更为简单，远中近三景区分不鲜明。拿《进呈书像》图 15"天主耶稣诲徒真福像"与纳达尔的原图（见图 1）对比，我们可以发现，该图与原图呈现左右互换，且将原图上方的五幅小图删略，并将画面右部笼罩于雾中的城市房屋省略。从技法上来说，木版雕刻确实比铜版雕刻更难于描绘细节，这种删减既是主观选择也是被迫为之。

图 1 左：《进呈书像》15；右：《福音历史图像》19

不仅如此，在复制原本上，《进呈书像》比同时期插图本《出像经解》存在更加简化倾向。如《进呈书像》图 15"天主耶稣诲徒真福像"通过运用对远景群山的描绘，来取代《出像经解》11b"山中圣训中城堡"和上方五小图的刻画，既在尊重原图的基础上保留了故事最核心的叙事重点，又具有中国田园山水画的恬静意趣，使得画面构图巧妙而又不失美感（见图 2）。

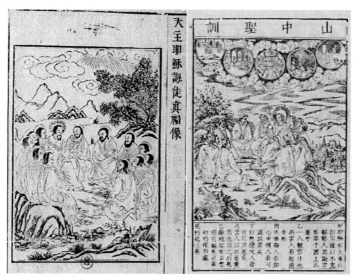

图 2　左:《进呈书像》图 15;右:《出像经解》11b

当然,这样一味简化的构图也不尽完美。如《进呈书像》图 16 "天主耶稣又起死像"与《出像经解》12a "纳婴起寡婆之殇子"相比较,《出像经解》模仿原图较为清晰地呈现出远景湖泽、城堡、远山,中景城堡、人群和近景耶稣起死;而《进呈书像》则把中景中的人群推远,城堡拉近,降低了中景和远景的区分度,有简化为前景和背景的趋势,使得画面中心不清晰,人物关系杂乱(见图 3)。

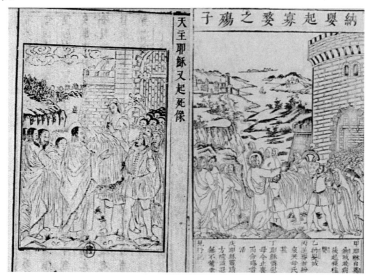

图 3　左:《进呈书像》16;右:《出像经解》12a

这样的问题还出现在图 20"天主耶稣饷众圣迹像"中，与同母本的《出像经解》14b"五饼二鱼饷五千人"比较，也可以发现两者在处理画面前后层次方面的差异。由于对这种景深处理不够熟悉，又缺乏了明暗对比，使得《进呈书像》对作为背景的信众表现上显得较为杂乱随意，不具有辨识度（见图 4）。其他还有如图 5"天主初降生像"中人物众多，使得天主耶稣不够醒目。还有图 38"天主耶稣被官推诿像"中，耶稣位于画面左上角，在人物繁多的场景中，反而使位于近景的恶众成了画面的主角。总体而言，《进呈书像》在本土化过程中构图的简化还处于试验阶段，既有融合中西特色的杰出作品，也有不尽如人意的过分本土化构图。

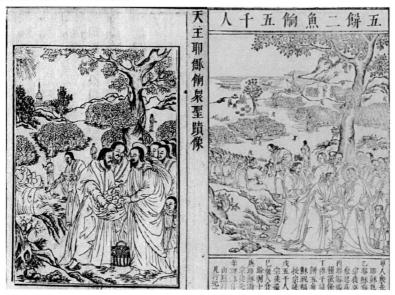

图 4 左：《进呈书像》20；右：《出像经解》14b

第二、明暗对比丢失，如图 5"天主初降生像"和原图对比，原图的光线从画面左下角打过来，使得婴儿耶稣成为画面的焦点。而在《进呈书像》中，由于缺乏了这种明暗对比，婴儿耶稣无法一下子成为观画者视线的焦点（见图5）。与之类似，整本书中凡是人物较多的画面均有此问题。同时，缺乏明暗对比使得画面焦点不够突出，因此更需要采用简化构图的方式来予以强调，这从另一个侧面证实了前文所论述的构图简化的必要性。不过值得注意的是，在《进呈书像》中木刻工匠为了弥补明暗对比丢失造成的这种画面焦点的散逸，而特意在耶稣的周身加上短线来表示光芒万丈，运用中国化的表达方式强调耶稣身份，可以说是在完全理解画作含义的基础上进行的本土化创作。

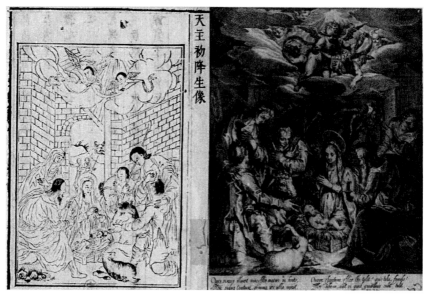

图 5　左：《进呈书像》；右：Johann Matthias Kager, partly after Rottenhammer, The Adoration of the Schepherds, 1601, engraving, 193×159; Staatsgalerie Stuttgart.

其实《进呈书像》虽然没有明显的明暗对比，其对于光影还是选择了中国手法进行描摹的，主要方式就是通过刻画人物脚下的小短线来代表室内或室外的投影，如图 20 "天主耶稣饷众圣迹像"、图 22 "天主耶稣喻主慈肯赦像"、图 26 "天主耶稣返都就难像"、图 32 "天主耶稣就执像" 等都有刻画。除了人物，对于建筑物的背光面也采用阴影进行勾勒，如图 22 "天主耶稣喻主慈肯赦像" 对于室外阴影的刻画，图 28 "天主耶稣受难前夕行古礼像" 中对于室内光线的表现。尽管这些可能是对西方母版图片不自觉的模仿，效果也十分有限，但与中国固有版画表现形式已经大相径庭。此外，为表现明暗，在线条组织方面，《进呈书像》还打破了原有的单纯勾线近似白描的画法，以一组组平行或交叉的线条来表现面与体积。

第三、视角推进，视野缩窄。如图 16 "天主耶稣又起死像" 与纳达尔原图（28）相比，原图采用了以耶稣为中心、向斜上方 45 度的视角，而在《进呈图像》中观画者的定位似乎再往前推了一步，其视角也稍微偏小，且改为平行视角，画面涵括的城门、堡垒只能看到一部分（见图 6）。画面中的景物少了，这其实也是一种简化构图的策略。

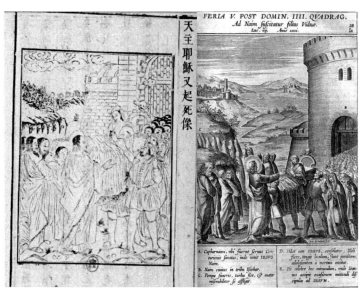

图 6 左：《进呈书像》图 16；右：《福音历史图集》28

二、人物刻画、删减的本土化

考察《进呈书像》中的人物，大部分可以明确看出为西方人，身着西式大袍，但与原图进行对比却发现又不尽相同。第一、人物的神态外貌为明朝刻本风格。欧洲原图中的人物一般为高鼻深目鬈发，而在《进呈书像》中人物面孔较平、欧洲特征较不明显，人物神态也有所变化。再如图 20 天主耶稣饷众圣迹像，右下角的幼童本为欧洲长相和发型，身着短衣，目光坚定；《进呈书像》中明显变为中国儿童的长相和发型，头略微下垂，面部表情温和喜悦。除此以外，整个画面中其他人物的表情均有所变化，弯眉细眼的刻画手法，使得耶稣及其门徒都显得较为和蔼，较符合中国人对神的期待。同时，在某些极具冲突性的画面中，也不乏本土化的艺术表达张力，无论是图 34"天主耶稣被徒背叛像"中恶徒狰狞的面目，还是图 36"天主耶稣受挞像"中耶稣的凄婉痛苦，都表现得淋漓尽致。第二、人物动势减弱。由于对人体解剖学、力学等学科的研究，当时欧洲绘画在把握人体动势方面已取得较大突破，拿《进呈书像》图 16"天主耶稣又起死像"与纳达尔图 28 比较（见图 6），我们显然看出《福音历史图集》中的耶稣更富动态和激情，而《进呈图像》中较为平静、安详。细究原因，发现原来耶稣的身体姿态其实不尽相同，《福》中右脚后撤，上身后仰，右手微张前伸，朝死者方向做发力施法状；《进呈书像》中身体直立，右手仅伸一指且指向随意，似乎在与复活的死者交流，这很大程度上降低了人物的动势。不过相较于中国传统绘画艺术，《进呈书像》在人物动态把握上还是有所突破的，尝试勾勒出肌肉的线条、服饰的褶皱，特别是在图41"天主耶稣悬架竖立像"中，对于耶稣手部、腿部肌肉的刻画，虽然是模仿，但也为中国洋风画的发展奠定了基石。稍显不足的是，本土刻工对于体积感和动态感的把握稍欠，使得人物衣着刻画出来褶皱极多，画面不够简洁。如图16"天主耶稣又起死像"，由于画中人物较多，每个人物衣服上都刻画了多条褶皱阴影，使得整个画面充满了由线条勾勒出的褶皱，缺乏画面感。第三、观察《进呈书像》中的人物，很明显可以感受到作者对于裸体的审慎态度。从利玛窦来到中国之初经历了太监马堂事件之后，耶稣会士对于裸体就采取极为谨慎小心的态度，尽量避免令中国人感到不适的内容出现。比较《进呈书像》与《福音历史图集》中的原图，汤若望尽量保留了原来的风格和故事情节，对耶稣的裸体、钉痕也不再遮遮掩掩，但这种原汁原味的呈现绝不是对中国受众的漠视。相反，是在尊重受众的基础上，有着对于中国人全面理解耶稣的信心。这种信心依旧是相当小心的，我们可以参看图27"天主耶稣口示公审判像"中对地狱的描绘，乍看似乎和《福音历史图集》完全一样，连人物神态动作数量都一致，但仔细观察就会发现，原先恶人们复活感知自己所行恶事，"既羞且惧，逃避无由"，画中很多人都是赤身裸体、未着衣物，但在《进呈书像》中均披上了外袍，这恐怕是为了便于中国人接受而采取的本土化改造（见图7）。

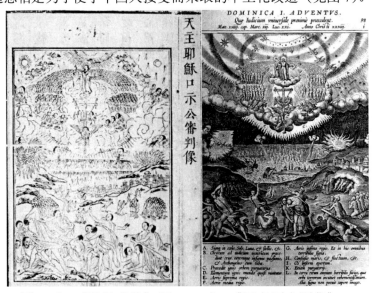

图7 左:《进呈书像》图27；右:《福音历史图集》98

再如图 39 "天主耶稣背负刑架像"图像右下角的喂奶妇人，原图中是袒胸露襟的，但在《进呈书像》中却将领口盖得严严实实，也是对于中国审美和传统的尊重（见图 8）。

图 8 左：《进呈书像》39；右：Jacques de Gheyn II/Zacharias Dolendo, after Karel van Mander, The Road to Calvary[3]

除了这些对人物刻画在表现手法上的变化，为了突出主旨、向中国读者介绍主人公耶稣，《进呈书像》还对次要人物进行了适当的删减。图 16 "天主耶稣又起死像"中，除了有一名抬棺木的男性由于靠近耶稣、难以清楚描绘予以删减之外，画面右侧从城门里走来的送葬队伍也由上百人简化成十几人，左侧的女性送葬队伍则干脆简化成了山石（见图 3、图 6 左）。图 19 "天主耶稣步海圣迹像"中也是简化次要人物，使耶稣和伯铎罗占据主要位置。图 20 "天主耶稣饷众圣迹像"对原画中在耶稣身边领取食物的宗徒也进行了删减（见图 4 左）。图 25 "天主耶稣显圣容像"，该图对比原图将背景进行了大量简化，不仅省去了画面下方的人群、中部的天使，连上方的天父都予以删减。中国画的审美并不追求极度的相似性，而是对空间的节奏、虚实有较大的要求，这样的删减不仅突出了主要人物耶稣和主要故事情节，而且符合"留白"的国画审美追求。需要明确的是，这种删减并非随心所欲，比如图 21 "天主耶稣论爱人无择像"，此图与原图相似度极高，甚至连左下角不易觉查的药酒都一并复制，虽然对画

---

3 1596-1598, engraving, 152×109mm; Prentenkabinet, Royal Library Brussels (KBR).

面其他细节有所删减，但涉及到故事情节的两幅小图："被寇害"和"被害者得乘而去"却均得以保留。（见图9）综合我们之前分析的多张图片，我们可以得出结论，由《福音历史图集》到《进呈书像》，其间编撰的就是一部《耶稣图像故事集》，这样的审慎的删减，不可能是由不了解耶稣故事的中国木版画工完成，只能是由欧洲艺术家或者汤若望等耶稣会士操刀。在兼顾艺术性和宗教性的双重前提之下，《进呈书像》的本土化完成得极为出色。

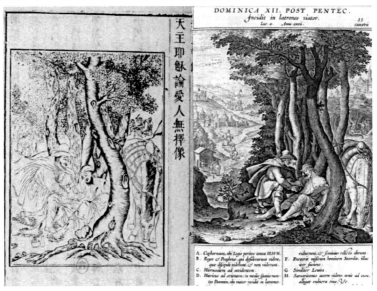

图9 左：《进呈书像》图21；右：《福音历史图》33[4]

三、中国式意象的融入

从利玛窦开始耶稣会传教士就开始奉行在华传播的本土化策略，所以明代几部插图本或多或少地进行了中国式意象的改造。早在《程氏墨苑》中，利玛窦就通过规避中国人可能会反感的钉痕来使中国人更加易于接受。到了《诵念珠规程》中，本土化的意象就出现得较为频繁了，"圣母领报图"的背景是中国传统建筑的一角，宽敞的室内可以见到一张大桌几，背后是一幅装裱在墙壁上的山水画。玛丽亚跪在放有圣经的中式茶几前，接受加百列的告知，天空云层中的天使被小鸟替代，本来远处有耶稣受刑被钉在十字架上的画面，这些残酷的场景都被作者用庭院园林替代，这些意象的大量使用使得整个画面氛

4 Anton Wierix II, after Bernardino Passeri, "The Parable of the Good Samaritan," In J.Nadal, *Adnotationes et meditations in Evangelia*, Antwerpen, 1607 [orig.1593], no.33, engraving, 232×145mm; Maurits Sabbe Library, Faculty of Theology, K.U.Leuven.

围都中国化了。相较而言，《进呈书像》更加接近欧洲母本，基本上没有像《诵念珠规程》那样重新运用中国式意象来构图的，它仅仅是在背景和细节上加入一些中国式的意象。如"濯足垂训"将原先背后阴森的背景改换为中国特色的屏风且描绘有山水；"立圣体大礼"一图中还在桌子底下画有一只趴着的小狗，这更加符合中国传统宴飨类绘画作品的特征，区别于"最后的晚餐"那种庄严肃穆的气氛，带有中国贵族的生活情趣。除此以外，《天主降生出像经解》在"圣母端冕居诸神圣之上"一图中，下方所绘的帝王、士人除了高鼻深目的西方人之外，竟还有不少身着儒服的中国人，这更容易使得观看图像的中国人易于接受天主教，这也进一步体现了《天主降生出像经解》在本土化上所作出的努力。比较同时期的这几部作品，《进呈书像》在尽力模仿的同时也有不少的中国式创造，特别是将中国画中常见意象的融入，不管是故意为之还是无心插柳，都颇为值得关注。

燕子，是春耕时节中国长江中下游平原较为常见的鸟类，中国古代描绘春季景象时，常常会用此意象，在《进呈书像》中燕子的意象一共添加了四次。图 17"天主耶稣喻播种像"的原图中原本只有寥寥几只体型较大的飞鸟，《进呈书像》中加入了大量的燕子，这样的改动更加契合中国人对于播种时节的心里预设，富有中国田园风味。图 19"天主耶稣步海圣迹像"中，在远方的海平面加入了十只呈人字形飞翔的燕子，更使得整个画面生动有趣。同样的燕阵还出现在图 18"天主耶稣偶遣圣徒传教像"中以及图 39"天主耶稣背负刑架像"中，虽然出现的情境不尽相同，但燕子的出现，对中国读者而言，不仅起到了充实画面的效果，也特别具有生活气息，容易使观画者产生代入感。

在《进呈书像》中，云朵出现的频率也极高，原本欧洲母本《福音历史图》中就特别善于运用云朵来表现情境氛围，但区别于原图中那些极具体积感、团块状的云朵，中国工匠在进行模仿复制的同时，创造性地加入了中国式的艺术形式——祥云，主要体现在图 12"天主耶稣渡海圣迹像"、14"天主耶稣起死像"、15"天主耶稣诲徒真福像"、16"天主耶稣又起死像"、17"天主耶稣喻播种像"、18"天主耶稣偶遣圣徒传教像"、37"天主耶稣受侮辱像"中，其他图中虽然也有云朵，但艺术处理的效果远不及这几幅图中明显。当然这也反映出中国当时的木刻技艺还停留在线条勾勒的层面，表现力不及原图。我们也可以由此猜测，当时《进呈书像》的雕刻工匠应该是一个团队，作品由多名工匠合力完成，而不同工匠之间风格各异，因此在细节上也有所差异。

不可否认的是，《进呈书像》的雕刻者们在完成该插图本时，肯定受到了中国传统山水画的影响。如图 15 "天主耶稣诲徒真福像"中山石树木的中国化明显。在保证基本形状形同、位置左右互换的前提下，《进呈书像》对植株做了很大的改动，比如上方的一颗低矮灌木转变成中国较为常见的高大乔木，下方小草由双子叶变成单子叶，且颇有传统山水画中"疾风知劲草"的风姿。还有一个特别值得注意的细节，原画左下角有一节树木的残根，上面生发出许多新生嫩枝叶，而在《进呈书像》中运用了中国传统的水墨山水风格，将残根画成断根，并仅生发出一根嫩枝，营造出一种"病树前头万木春"的意境。这幅图除了植株的中国化，在尽力模仿原画中宗徒坐着的石头时，对于阴影的临摹主要依靠线条的皴染。同时，在省略掉背景中的城市建筑及上方小图之后，为了避免构图的不协调，又在上部简单勾勒了连绵起伏的群山，也颇具中国智慧的匠心。（见图 1 左）与此相似的还有图 16 "天主耶稣又起死像"，原画背景中，远处是湖水和层叠的山峦，而在《进呈书像》中省略了湖水，并将纵深推进的山峦转变为横向连绵的群山。（见图 3 左）图 20 "天主耶稣饷众圣迹像"中将远处的水面转化成了远山和凉亭（见图 4 左）。图 25 "天主耶稣显圣容像"下方的大块石头选用小鹅卵石来代替，丛生的小草也是中国式的根根分明。再如图 21 "天主耶稣论爱人无择像"，将图中树木刻画得极好，不仅复制了原始姿态，运用线条表现明暗关系，而且加入了中国式的根系描绘，可以说是东方美术与西方艺术碰撞出的结晶。（见图 9 左）除了形态特别具有中国特色之外，《进呈书像》还创造性地在构图中将山石树木的位置进行中国化设计，整体摆放得尤为妥帖，符合中国式审美。除了表现细节和远景的树木均安置在画面的次要位置（如图 12 "天主耶稣渡海圣迹像"的左下角，图 15 "天主耶稣诲徒真福像"的右上角）之外，还有特别值得注意的一种，即图 23 "天主耶稣善恶殊报像"中出现在门洞中的树木远山，这种特意栽植于窗后、门后以造景的独特的中国审美始于苏州园林，后来逐渐为中国各地园林建筑所采纳，不仅使室内空间更富层次感，也表达了天人合一的生存理念（见图 10）。而《进呈书像》对这一传统建筑特色的娴熟运用，使得中国人在阅读时更加易于理解接受，从而更好的带入自身的情感体验。

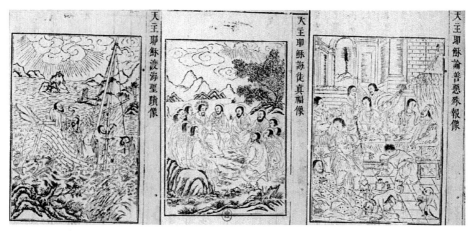

图 10 左:《进呈书像》图 12;中:《进呈书像》图 15;右:《进呈书像》图 23

其他还有一些在细节上稍作变动,使得其更符合中国人认知的意象,包括船只、窗户、吊灯、墙壁等的中国式改造。比如图 17"天主耶稣喻播种像"中远处耶稣所乘的船只,原图的船为平弦大船、上设桅杆,每侧由至少六人划桨;在《进呈书像》中改为中国的弧弦小船、两头高高翘起,仅由三人划桨。明朝时,因着郑和下西洋以及东南沿海海战需要,明带在船只制造方面成就突出,图中小船在形状上颇似明朝福船(见图 11)。

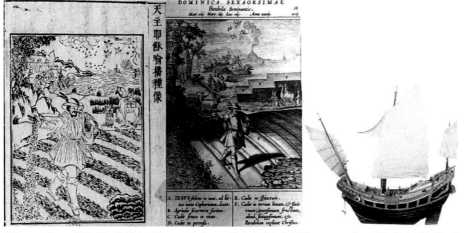

图 11 左:《进呈书像》图 17;中:《福音历史图》38;右:明朝福船模型

再有如图 28"天主耶稣受难前夕行古礼像"中,为了显示画中诸人身份的高贵,在家具上也做了修改。画面下方的凳子上镂花纹,吊灯、帷幕的加入,都不失贵族之风,且将屋内原先的墙壁改成了砖墙,这样的改动在后面也多次出现,如图 22"天主耶稣喻主慈肯赦像"、图 30"天主耶稣创定祭礼像"均是如此。此外还有如图 29"天主耶稣濯足垂训像"中小轩窗的加入，也符合中国人建筑设计的一贯风格。

综上所述，明代耶稣会士汤若望，召集了当时有名的中国刻工共同协作完成了《进呈书像》的绘图、木刻、印刷，并从构图的中国化、人物刻画、删减的本土化、中国式意象的融入等方面，对来源于西方的图像进行了中国式的改造，方便该插图本在中国的传播以及中国读者对其的理解。《进呈书像》虽然没有同时期的另一宗教插图本《天主降生出像经解》流传广泛和影响深远，但它在视觉本土化过程中所表现出来的特点及具体路径值得总结。《进呈书像》在本土化过程中有成功的一面，如它尽量照顾到中国人的视觉需求，在一些日常器具和物象上，通过改动使其更符合中国人认知的意象，在一些构图及人物刻画上更符合中国绘画的审美要求，特别是画中人物的相貌和植物地貌较好地进行了中国式的艺术处理。但它在本土化过程中也有不尽人意的地方，比如图式大多没有改动，一些插图构图过于简化，一些插图中的欧式建筑风格还比较明显，如此等等。

原载于《福音与当代中国》总第 15 期

明代天主教版画的流传

　　明代是中国天主教版画兴盛时期。由于在中国的耶稣会传教士受译经限制[1]，这些来华的传教士在华传教则倚重十字架、圣水、圣像和版画等进行宣教，利用圣像和版画等传教也是天主教的一个传统，故而翻刻西方圣经图像并经中国画家和木刻画匠一些改编之后在中国出版得以开始。由于以油画为载体的圣像稀少，从西方运到中国，因路途遥远，也十分不便，最终是书籍版画和雕版印刷因可以大量快速复制，影响广泛，在明末广为流传。

　　下面是对明代天主教版画流传情况的具体介绍。

一、程大约的《程氏墨苑》

　　明代天主教最早的版画出现在《程氏墨苑》中。1605 年，程大约为即将出版的《程氏墨苑》征求各种版画，以增加市场竞争力。他持南京总督的介绍信从安徽来北京拜会利玛窦。利玛窦赠送程大约一幅铜版画，并同时答应为其收录的《程氏墨苑》中的另三幅天主教插画作汉文题记解说。这方面有文字为证，《程氏墨苑》篇末《人文爵里》录利玛窦《述文赠幼博程子》一文，文中言及："今岁，窦因石林祝翁诗束，幸得与幼博程子握手。……万历三十三年岁次乙巳腊月朔，欧逻巴利玛窦撰并羽笔。"《程氏墨苑》中的天主教插图《二徒闻实》和《淫色秽气》两幅图注释的末尾，也都写有"万历三十三年岁次乙巳腊月朔"等字样，并且还都提到"遇宝像三座，耶稣会利玛窦谨题。"

1　当时罗马教廷传信部严厉禁制翻译圣经，中文的第一部天主教圣经全译本直至1953 年才得以印行。明代传教士艾儒略在《天主降生言行纪略》序言《万日略经说》中提到了当时传教士不敢译经的情况："会撮要略，粗达言义。言之无文，理可长思，令人心会身体。虽不至陨越经旨，然未敢云译经也。"

（图 1）其中的"遇"说明了是利玛窦遇见了这三幅宝像图，而不是他赠送给程大约三幅图。当然，《程氏墨苑》中的第四幅天主教铜版画，并没有直接证据能够表明是由利玛窦赠送给程大约的，我们也只是根据即出的《程氏墨苑》版本只有前三幅图，而在利玛窦和程大约会面之后出版的《程氏墨苑》出现了第四幅图来进行推测的。

图 1《淫色秽气》局部 《程氏墨苑》 万历年间滋兰堂刊本台湾国立图书馆藏

在此之前，利玛窦曾把天主教圣像赠送给万历皇帝，也赠送给一些地方高官，程大约大约风闻这些，所以他希望利玛窦在他主持出版的制墨图谱《程氏墨苑》上助他一臂之力。这本图谱之所以称为墨苑，乃是收录的图像种类齐全，"以其备也，故称苑也"。收录在图谱中的插图序列是"首玄工，次舆图，次人官，次物华，次儒藏，次缁黄"。最后四张天主教版画，均附于卷六《缁黄》的末尾，"缁黄"乃僧道的代称。陈垣先生在 1927 年影印本墨苑卷末所附跋文中评述："墨苑分天地人物；儒释道合为一集，而以天主教殿其后也。时利玛窦至京师不过五六年，其得之信仰可想也。"

《程氏墨苑》中的这四幅天主教版画分别是《信而步海，疑而即沉》《二徒闻实，即舍虚空》《淫色秽气，自速天火》和《天主图》。前三幅利玛窦撰写了标题和注释，注释以拉丁字母为汉字注音。最后一幅图则无中文标题和注释，这幅图像没有解说，或许利玛窦认为没有必要，该图仅有拉丁字母拼写的

"天主"（doù t'iēn），但图像内容实际上是怀抱圣婴的圣母。

据前人学者考证，前三幅图像的原型都出自纳达尔的《福音故事图集》，这些图像内容叙述的都是圣经故事。以第三幅图像《淫色秽气，自速天火》（图2）为例，该图像讲述的是关于邪恶之城所多玛、蛾摩拉城毁灭和罗得得救的故事。这个故事记载在《旧约·创世纪》第 19 章。画面中上帝用大火正在毁灭远景中的所多玛和蛾摩拉这两座城市，城中居民罗得因虔信天主而得以幸免，他事先得到上帝的命令而先行逃离，罗得的妻子在逃离过程中因回头瞻望而变成了一根盐柱。第四幅图像是《天主图》（图3），根据图画下方的拉丁文注释，则是来自一所日本画院，据伯希和考证，作者应为那一时期之日本耶稣会士乔万尼·尼古拉（Giovanni Nicolao, 1624-1660）所作，后由其学生倪雅谷带回中国交给了利玛窦，利玛窦再赠送给了程大约。

图 2《淫色秽气》局部 《程氏墨苑》　　　　图 3《天主图》《程氏墨苑》
　　万历年间滋兰堂刊本　　　　　　　　　万历年间滋兰堂刊本

在《程氏墨苑》中，程大约把这些天主教图像与释道图像并置在一起，这说明他知道这些图像属于宗教图像，但他收录这些天主教版画目的不是为了宣传天主教义，而是为了他的商业宣传，也就是说，他收录西洋铜版画的目的是为了通过这些图像吸引读者的眼球，以便大家在注意这本图谱时关注他的制墨技艺，其实这些图像在编撰形式和型制上与其他图像墨样没有什么两样。可是由于利玛窦在这些图像上加了些标题、教义和圣经故事，再加上这是首次中国艺术传媒对天主教版画的接受容纳，并予以刊行传播，这些无疑对天主教以及天主教艺术在中国内地的传播有着长远的影响。在它之后，就陆续诞生了晚明的天主教插图本。其中，罗儒望的《诵念珠规程》(1619) 是晚明最早的天主教插图本。

二、罗儒望的《诵念珠规程》

罗儒望 (Jean de Rocha，1566-1623，亦作罗如望)，字怀中，圣名若翰，葡萄牙籍耶稣会会士，是耶稣会早期入华重要的传教士。他曾做过耶稣会传教士郭居静 (1560-1640) 的助手，也协助过利玛窦的工作。曾在南京、南昌等地传教，并于江西建昌、浙江嘉定、福建漳州开教。1566 年生于葡萄牙布拉加地区，1583 年进入初修院，并成为神父。1586 年出发去印度，在那里学习哲学。因范礼安神父安排，1591 年 8 月抵达澳门圣保禄学院学习神学和中文。1596 年利玛窦欲准备在南昌建立耶稣会院，特向澳门圣保禄学院申请派二名神父前去南昌帮忙，罗儒望是其中的一位。1597 年，他去南昌之前先去了广东昭州接替因生病返回澳门的郭居静神父，然后去了南昌。1599 年，利玛窦在南京时再次获得进京的机会，由庞迪我陪同他进京，郭居静则留守南京并主持南京教务，罗儒望则从南昌调到南京协助郭居静神父工作。后因郭氏身体不佳，罗儒望接替他的职位并主持那里传教工作。在主持南京教务期间，徐光启、瞿太素、瞿太素的儿子瞿式耜都经罗儒望受洗成为教徒。1622 年，他被任命为中国传教区会长，他在华传教近三十年，1623 年在杭州杨廷筠家去世，并葬于杭州天主教墓地大方井。

1609 年，罗儒望传教地点从南京调到了南昌。南昌时期是罗儒望著作颇丰的时期，出版有《天主圣教启蒙》、《天主圣像略说》等。在其译撰的书中，其中有一本是天主教的插图本《诵念珠规程》，该书的插图是中西绘画技艺的融合。其实，早在南京时期，罗儒望已有意识地通过天主教图像来传播教义，明人顾起元称："后其（指利玛窦）徒罗儒望者，来南都，其人慧黠不如利玛窦，而所挟器画之类亦相埒，常留客饭"[2]，可见，罗儒望在南京接见前来拜访他的客人时，有意展示天主教图像。

《诵念珠规程》共有 15 幅插图，以耶稣会会士纳达尔 (Jerome Nadal) 编的《福音故事图集》为蓝本。不过，纳达尔仅完成文本，版画部分则由威克里斯兄弟依照普拉汀等画家所作的画制成铜版画，1593 年在比利时出版。最迟 1605 年，该插图本传入中国。利玛窦在 1605 年 5 月 12 日写信给葡萄牙的阿

---

2 顾起元《客座赘语》卷六。

尔瓦雷斯神父的信中曾提到此书有一个副本由身在南昌的阳玛诺神父保管着。罗儒望当时在南京传教，大概那时起开始接触《福音故事图集》，并在其影响下 1619 年出版了《诵念珠规程》。

《诵念珠规程》的图像取自《福音故事图集》，但其教义内容则来自《玫瑰经》。《玫瑰经》被天主教认为是整本福音的概要，以"圣母欢喜事"、"圣母痛苦事"、"圣母荣福事"的次序介绍耶稣的母亲玛利亚一生的 15 个事端，并通过这 15 个事端来叙述耶稣一生的奥迹。《诵念珠规程》的图文形式是书中每次对圣母的祈祷之前，均配有图像一幅，每幅画的内容均是配合接下来要叙述的耶稣的福音故事。该书刊载了耶稣背负并被钉十字架的插图，该插图有可能是中国历史上最早关于耶稣上十字架的画作。由于书中有大量图像，《诵念珠规程》成了中国天主教最早的插图本。

相比于原作，《诵念珠规程》版画有着非常明显的改造，画面呈现出中国化的倾向，以《12 岁耶稣进圣殿》（图 4，图 5）为例，《诵念珠规程》中的那张插图（图 5）无论是人物、空间、建筑物都没有了原画中强有力的透视，插图画面中的光影、立体感也没有原画强烈，莫小也总结了这种改造的整体体现："原图上方的标题、下方的说明词全被去掉了，构图拉长接近明末小说插图。一些人物与道具向中国事物转换。比较难表现的透视场景被省去中景、远景。"[3]

图 4 《福音故事图集》之《12 岁
耶稣进圣殿》

图 5 《诵念珠规程》之《12 岁
耶稣进圣殿》

3 莫小也：《17-18 世纪传教士与西画东渐》，杭州：中国美术学院，2002 年版，第112 页。

可能是中国木版画比较擅长平面而不是立体效果，或许在那个时代中国画师对西方的绘画手法还没有完全掌握，或者考虑到中国读者更喜欢中国式的视觉场景，总之，《诵念珠规程》中的版画不仅在空间造型上趋向于中国式的平面，而且在一些物件上直接用中国物件替代西方物件，如《天使报喜》(图6，图7)中，用中式的民居、茶几、屏风、山水画、庭院替代了原画中西式的房子、高台等诸种物件。

图6《福音故事图集》之《天使报喜》　　图7《诵念珠规程》之《天使报喜》

三、艾儒略的《天主降生出像经解》

天主教插图本《颂念珠规程》出版18年后，即1637年，另一本天主教插图本艾儒略的《天主降生出像经解》出版。

艾儒略（Julio Aleni，1582-1649年），字思及，意大利籍耶稣会传教士，誉为"西来孔子"，是继利玛窦之后在中国最有影响的传教士，也是来华传教士中中文著述最多的一个。1582年出生于意大利，18岁时入耶稣会，明万历三十年（1610年）抵达中国澳门学习中文，1613年起正式进入中国内陆。发生南京教案（1616）事件后，艾儒略和毕方济等传教士只身前往杭州，暂居杨廷筠家避难。1625年到福建传教，从此一直在福建地区传教，直至1649年逝世于福建延平。一生著述达24部之多，圣书类包括《天主降生言行纪略》、《天主降生出像经解》、《口铎日抄》等。

　　艾儒略非常重视用图像来辅助教义进行传教。主要由他与卢安德（André Rudomina）神父口铎、中国信徒李九功整理的《口铎日抄》中提到，艾儒略多次以天主教图像示当地文人，"司铎出书一帙，皆西文之未译者，间有图画，而多寓方图，约有十幅"。崇祯十年（1637年），他在福建晋江出版了《天主降生出像经解》，这是中国第一本关于耶稣生平的插图书籍。该插图本插图共56幅，连封面图共57幅，是同时期天主教插图本中插图数量最多的（《诵念珠规程》插图15幅，《进呈书像》插图46幅）。该插图本插图与《诵念珠规程》之版画最大不同是，刊刻者尽量保持原图即纳达尔的《福音故事图集》插图的样式，比如保持画面上方有一标题，画面下方有一说明，画面文字按照原文译，也尽量在画中保留西画中的透视原理、明暗法则、远中近三景布局（图8，图9），而《诵念珠规程》之版画是省略原画中的标题和文字说明的。

图8《福音故事图集》之《天使报喜》　　图9《天主降生出像经解》之《天使报喜》

　　《天主降生出像经解》插图还打破了中国版画的固有表现方式，比如开始关注光线与投影，如图10《圣若翰先天主而孕》中对日光下人物投影的刻画；再如人物取像不取全身取半身的做法，如图11《以宴论天国论异端味》中取半身的近景人物，这说明中国画家在模仿西方绘画时对中西绘画的差异有了更深体认，并吸收了西画的一些特点。

图 10《天主降生出像经解》之　图 11《天主降生出像经解》之
《圣若翰先天主而孕》　　　　《以宴论天国论异端味》

　　不过,《天主降生出像经解》在图像的中国化方面也作了一些努力。学者曲艺就注意到了插图中的中国元素,比如在《濯足垂训》中增添了原图中所没有的画有中国山水画的屏风。

　　画面右下方洗脚用的脚盆和倒水用的水瓶,采用明代款式,并增添原图中没有的花纹装饰（图 12,图 13）。[4]

图 12《天主降生出像经解》之　图 13《福音故事图集》之
《濯足垂训》　　　　　　　　　《濯足垂训》

4　参见曲艺:《明末基督教插图中的儒家元素:〈天主降生出像经解〉为例》,载《世界宗教研究》2015 年第 2 期。

《天主降生出像经解》中的文字部分虽字数不多，但文字表达简明清新，极为通俗，再辅以多幅图画，只要略通文字的市井百姓都能轻易读懂其中故事，这使该插图本有着广泛的流通基础。它在后世曾多次再版，销量甚好，光绪年间出版的《道原精萃·像记》记载了这一盛况："崇祯八年，艾司铎儒略，传教中邦，撰主像经解，仿拿君（Nadal）原本，画五十六像，为时人所推许。无何，不胫而走，架上已空。"

四、汤若望的《进呈书像》

艾儒略出版《《天主降生出像经解》（1637）不久，1640 年汤若望出版了《进呈书像》，这也是天主教插图本在晚明出版的最后一本。

汤若望（Jeam Adam Schall Von Bell，1591-1666），德国耶稣会来华传教士，字道未。1611 年加入耶稣会，明天启二年（1622 年）与金尼阁同来中国传教，崇祯年间参与徐光启主持的历法全书《崇祯历书》修订工作。明亡后，在清廷任钦天监监正。康熙朝初年，杨光先等人上书诬告，使其入狱，后释放，因病于 1666 年谢世。

汤若望对天主教图像在中国的传播作出了一定的贡献。1650 年他修建的北京宣武门教堂的五座祭坛有"救世主大圣像"、"圣母慈悲大圣像"等。在汤若望的居室里顺治帝还见到"施洗约翰正在荒野作祈祷之像"。这些西洋宗教画像很可能都是他直接从海外带进来的。崇祯十三年（1640 年）他给崇祯皇帝呈献从欧洲带来的《进呈书像》母本。光绪年间黄伯禄《正教奉褒·汤若望具疏遵旨分给进呈圣像圣书》记录："崇祯十三年十一月。先是，有葩槐国（Bavaria）君玛西理（Maximilian）饬工用细致羊鞟装成册页一轶，彩绘天主降凡一生事迹各图，又用蜡质装成三王来朝天主圣像一座，外施彩色，俱邮寄中华，托汤若望转赠明帝。若望将图中圣迹，释以华文，工楷誊缮。至是，若望恭赍赴朝进呈。"这本羊皮书在欧洲定制专门送给中国皇帝的，47 张羊皮纸上画着关于耶稣的图画并配以与之相应的福音文字，装饰在画图的旁边。汤若望为了方便皇帝理解，还对耶稣基督的生活和受难做了更为详细、完整的描述。这便是《进呈书像》的雏形。为了方便普通百姓也能看到该书内容和插图，汤若望旋即出版了木版画插图本《进呈书像》。该书在清初有一定的影响力，杨光先对汤若望的攻击就是拿该书说事。杨光先认定天主教是邪教的一个证据之一，就是把《进呈书像》中的插图中的耶稣看作谋反之人，理由是只有谋反之人才会被钉在耻辱柱（十字架）上"若望之《进呈书像》，共书六十四张，为图四十有八。一图系一说于左方。兹弗克具载，止摹"拥戴耶稣"及"钉架"、"立架"三图三说，与天下共见耶稣乃谋反正法之贼首，非安分守法之良民也。"[5]

与之前出现的二本插图本《诵念珠规程》（1619）、《天主降生出像经解》（1637）不同的是，《进呈书像》并非汤若望来中国之后直接依据传到中国的纳达尔《福音故事图集》进行创作的，它的母本是来自欧洲的一本送给崇祯皇帝的羊皮书，该羊皮书的图像则来自于欧洲的纳达尔的《福音故事图集》。

总体而言，《进呈书像》无论在形式还是内容上都有着明显的本土化痕迹。明代印刷技术的推广，使得图画在书籍中占据了显著地位，出现了诸如"初像"、"图解"、"图说"或"全像"这样的书名，所以该插图本以"书像"作为书名也算符合那个时代潮流。《进呈书像》作为一本介绍耶稣生平的版画集，其本身就极具故事性，46 幅版画每一幅都是一个小故事，全书以图像为主并辅以文字，生动形象地描绘了福音书中耶稣的诞生、传道和死后复活。

《进呈书像》在本土化方面的表现体现在把西方人物的神态外貌雕刻为明朝刻本风格，有些插图则直接把欧洲长相和相貌改成中国长相和相貌，比如在《天主初降生像》（图 14）中，该插图画面中的婴孩耶稣和天使的造型、动作，已不是西方的（图 15），而是带有中国古代孩童画作的特点。

图 14《进呈书像》之《天主初降生像》

图 15《福音故事图集》之《天主初降生像》

---

5 见杨光先《不得已》集中的《临汤若望进呈图像说》篇。

　　燕子，是春耕时节中国长江中下游平原较为常见的鸟类，中国古代描绘春季景象时，常常会用此意象，在《进呈书像》中燕子一共在四幅插图中出现，以其中的一幅《天主耶稣喻播种像》为例，该图原本只有四、五只体型较大的飞鸟（图16），但《进呈书像》中的这幅插图加入了大量的燕子（图17），这样的改动符合中国人对于播种时节的心里预设，富有中国田园风味。

图16《福音故事图集》《天主耶稣喻播种像》

图17《进呈书像》之《天主耶稣喻播种像》

　　《进呈书像》在视觉本土化方面还有其他细节上的一些改动，包括对原图中的船只、窗户、吊灯、墙壁等的中国式改造，使其更符合中国人认知的意象，由于篇幅受限，这里不再举例。

　　明末天主教传教士把西方美术作为一种宣教工具引入中国。最早来东方传教的耶稣会传教士沙勿略将圣像画带到了日本，并没有到达中国。因此，真正率先在中国传播西方美术的是意大利传教士利玛窦。

　　耶稣会传教士借着宗教版画宣讲天主教教义，吸引中国中下层百姓，这大大推动了天主教在中国的传播，也体现了天主教传播走向通俗化、大众化的尝试。其在华翻刻的版画经由中国画工和刻工之手，在创作形式上采纳晚明社会流行的木刻版画，这些都深深地打上了中国本土文化的烙印，体现了传教士在视觉表达和媒介形式选择上有意识地遵循福音本地化的原则。

利玛窦、艾儒略、汤若望等在理论上有绘画的专业修养[6]，在实践上又促进和推动了天主教版画在中国的传播和出版，他们的理论和实践开启了中西美术的交流。

原载《福音与当代中国》杂志总第 11 期

6　比如，明人顾起元在《客座赘语》卷六"利玛窦"条记录了利玛窦对中西绘画的评价："中国画但画阳不画阴，故看之人面躯正平，无凹凸相。吾国画兼阴与阳写之，故面有高下，而手臂皆轮圆耳。凡人之面正迎阳，则皆明而白；若侧立，则向明一边者白，其不向明一边者，眼耳鼻口凹处，皆有暗相。吾国之写像者解此法用之，故能使画像与生人亡异也。"比如，艾儒略在《天主降生出像经解》前言中论述了绘画中可见与不可见的关系，"顾天主无穷圣迹，岂笔墨所能绘其万一，学者繇形下之迹以探乎形上之神，繇目覩所已及并会乎目覩所未及，默默存想，当有不待披卷而恒与造物游者，神而明之，是则存乎人已。"

晚清至民国《天路历程》图像的本土化[1]

内容提要：

作为最早一批传教士译介至中国的西方小说，《天路历程》在苏格兰长老会宾为霖、伦敦会教士孙荣理和英国循道公会俾士为代表的一批传教士的译介下，于晚清至民国期间几经翻译和出版，成为早期中西文化交流史上影响较大的一部西方文学作品。本文从人物形象、社会习俗、物象表达、构图等四个方面对《天路历程》插图的本土化进行了考察，并最终分析了传教士使用图像传教以及对图像进行本土化处理的原因。

关键词：晚清、《天路历程》、图像、本土化、传教士

一、《天路历程》图像的演变历程

本文以晚清的《天路历程》图像为主要研究对象，同时辅以民国两部的《天路历程》，即《天路历程官话本》孙荣理删订本（1913）以及《圣游记》谢颂羔译本（1937）。从晚清至民国，《天路历程》在译介过程中影响力较大的插图本分别为：《天路历程官话》宾为霖本（1869）、《天路历程土话》羊城土话本（1871），《天路历程上海土白本》（1895）、《天路历程官话本》孙荣理删订本（1913）以及《圣游记》谢颂羔译本（1937）。在具体分析晚清至民国《天路历程》图像本土化之前，先简介这几部作品以及这几部作品之间图像的演变历程。

（一）《天路历程官话》（1869）

1869（同治八年）的《天路历程官话》（图 1）内含十幅木刻版画插图，

---

1 本文与邓岚合作。邓岚，汉语国际教育专业硕士。

包括《始就天路图》、《入窄门图》、《脱罪任图》、《入美宫图》、《过邪教穴图》、《死守真道图》、《脱疑牢图》、《遥望天城图》、《涉死河图》、《进天城图》"[2]。插图全部都占据一页，图底部则有中文图名。西方宗教著作的书中附有插图是一种较为常见的情形，目的是吸引读者的阅读兴趣和方便读者的理解。历史上西方《天路历程》的经典传本如 1832 年 Thomas Kelly 出版社的 Pilgrim's Progress 就内含 42 幅古典风格全页钢版插图。

《天路历程官话》采用了西方读物常见的图文结合方法，并对图中人物进行了本土化处理，例如书中角色均为清朝人物装扮，基督徒在脱重担之前以留长辫、身着宽大的黑布袍的中国普通农民形象出现，脱重任后转变为一个书生的形象；而书中象征指引者的角色则被刻画成佛教典籍中"菩萨"的形象，眉眼低视，神态慈祥，耳垂特征明显。可以看出，官话本的木刻版画的人物绘制参考了中国已有的宗教作品范式，全图整体并没有按照西方传统写实风格创作，例如《入窄门图》（图 2）中虽然能看到一些透视构图的痕迹，例如窄门下方的墙壁向阅读者延伸，但整体来看人物头部过大并不写实，人物与建筑的比例也不协调，更多的还是遵从了绣像小说中重视人物的主旨，强调人物的动作和神态。

图 1　天路历程（1869）　　图 2　入窄门图　天路　　图 3　传统墙垣门
　　　官话本封面　　　　　　　历程官话本
　　　　　　　　　　　　　　　（1869）

2　根据吴文南的博士论文《英国传教士宾为霖与〈天路历程〉之研究》（福建师范大学，2008）第 105 页的记述，这十幅图最早出现在文言译本中，由苏格兰画家亚当斯先生（Mr. Adams）绘制。在 1906 上海美华书馆和华北书会（North China Tract Society）出版的《天路历程官话》中，插图改为九幅（《过邪教穴图》删去），并改"脱疑牢图"为"脱疑寨图"，其余插图内容不变，1914 年汉口和上海圣教书局（Religious tract Society）出版的该书中插图又增为十幅。

除了人物形象之外，版画中的建筑形式也充分展现了中国古典建筑飞檐吊角、亭台楼阁的特征，而且例如在小说中具有重要象征意义的"窄门"在书中被描绘为一扇普通的小门，故而在插图中也刻画成了中国北方古建宅门中较为常见的"墙垣门"（图 3），墙内伸出的树枝与图片边缘的芭蕉皆为中国园林中常见的组成部分，这样的本地化改动很容易为中国读者所接受；当然其飞檐特意夸张为卷曲的形态，书写"叩门即开"的匾额以及精心雕刻的门柱，都凸显出"窄门"这一神圣意象的与众不同。

（二）《天路历程土话》（1871）

《天路历程土话》又称羊城惠师礼堂刊本，惠师礼会属于 1847 年起开始在中国传教的新教卫斯理宗，在广州创设后于湖南、湖北以及广东三省布道，拥有西方教士一百一十人，中国教士三百八十二人，教友六千四百余人，不过比起同宗的美以美会教友四万余、长老会十万余人，惠师礼会的规模不算大。在后世研究者对于"中国基督教新教的出版发行机构"进行调查时，也少有提到羊城惠师礼堂。《天路历程土话》也正诞生在出版并不多的惠师礼堂，而其丰富的插图量则超越了当时的许多其他西方译介作品。

此本目前收录于伦敦亚非学院图书馆，内含三十幅宣纸印制的插图，单独装订，包括《指示窄门》、《救出泥中》、《将人窄门》、《洒扫尘埃》、《脱下罪任》、《唤醒痴人》、《上艰难山》、《美宫止步》、《身披甲宵》、《战胜魔王》、《阴终祈祷》、《霸伯老王》、《拒绝淫妇》、《摩西执法》、《唇徒骋论》、《复遇传道》、《市中受辱》、《尽忠受死》、《初遇美徒》、《招进财山》、《同观盐柱》、《牵人疑寨》、《脱出疑寨》、《同游乐山》、《小信被劫》、《裂网救出》、《勿睡迷地》、《娶地畅怀》、《过无桥河》和《将人天城》。以四字标题概括插图的情节内容，非常类似中国传统章回小说的回目形式，读者在阅读了插图名后，可以简单地了解故事梗概。

后惠师礼堂又根据宾为霖译本用粤语翻译了基督女徒携孩子们走天路的故事，刊印了《续天路历程》。两部书的插画在人物角色和绘画风格的本土化上更彻底，我们已经很难想象这是在描绘一部英国小说的故事，例如《战胜魔王》（图 4）一图中，魔王兽首兽爪，身负双翼，就如同《封神演义》中"面如蓝靛，发如朱砂，巨口獠牙，眼如铜铃，胁下双翅"的雷震子形象（图 5），基督徒则身着甲胄，右手挥舞宝剑，左手持虎头长条立盾，显然是中国本土武士的形象：

图 4 战胜魔王 羊城　　　图 5 封神演义中雷震子　　图 6 羊城土话 1921 年
　　土话本（1871）　　　　　　形象　　　　　　　　　再版封面

　　除了魔王与基督徒的形象都复刻了中国绣像小说角色外，人物的衣着以及手中的武器，均为中国读者所熟悉，画面格局上，斜两分式迸发出对峙的张力，彰显出焦灼的战斗感，而左上角的魔王右腿登云、翅膀展开，好似逃跑状，而右下角的基督徒则挥舞宝剑作乘胜追击状，脚踏大地则暗示了坚实的后盾，给人以一种稳定、积极的感觉。值得一提的是，画中的山石和草木也均采用传统国画的绘制方法，以少量枝桠勾勒出树木丛生的形状，同时落在地上的中式箭矢则暗示出战争之激烈，虽然书中并无魔王放箭的描写，但在插图中魔王与基督徒被绘制成两位中国武士打斗的场面，箭矢也营造出一种两军对垒的氛围，从而体现出魔王虽诡计多端、法力高强，但他并不能阻挡基督徒前往天路的进程。此本在初版后持续再版，上图为 1921 年再版封面（图 6）。这些插图的构图特征、绘画手法都与《天路历程官话》差别较大，在陈平原的《作为"绣像小说"的〈天路历程〉》[3]一文中，认为该本的插图是以中国古典绣像小说的形式来描绘的，笔者认为，该本的插图极大可能与宾译本的插图并非继承关系，而是惠师礼堂寻找画师自行重新绘制的。

（三）《天路历程上海土白本》（1895）

　　《天路历程上海土白本》于 1895 年（光绪二十一年）年排印，全书以吴语方言写成。书中有许多"拉伊头"（在里面）、"做之一个梦"（做了一个梦）这样的方言词汇和语法。与《天路历程官话》一样，该本也有十幅插图（图 7 为"进狭门图"），虽然在绘画上也参考了官话本的构图与人物，但在插图名、具体细节、绘制笔法以及印刷方式还是有一些不同。从插图名角度看，官

3　陈平原：《作为"绣像小说"的〈天路历程〉》，载《书城》2003 年第 9 期。

话本《始就天路图》在土白本中为《初行天路图》，《脱罪任图》改为《脱离罪孽重担图》，《入美宫图》改为《进美宫图》，《过邪教穴图》改为《过邪教洞图》[4]，总体而言是将原本文言化的图名改得更加通俗易懂，将原本缩略的图名扩充、使读者更容易明白图名中所包含的故事内涵。

图 7 进狭门图 上海土白本（1895）

从文理本到官话本，《天路历程》的受众逐渐从知识阶层扩大到普通百姓，而上海土白本的目标对象则是对北方官话不熟悉的吴方言使用者，对于能够起到注释作用的插图名而言，便于理解能够推动作品的推广和阅读。对于识字量较少的读者，可以通过插图和插图名简单地了解到故事梗概，从而达到增强《天路历程》在吴方言区普通群众中影响力的效果。

（四）《天路历程官话本》（孙荣理删订）（1939）

英国伦敦会（The London Missionary Society）传教士孙荣理牧师（John Wallace Wilson）所删订的译本于 1908 年翻译完成，该本在九年之后由中国圣教书会出版发行，由上海美华书馆刊印，此本并无插图。孙荣理约于 1878 年前来到中国，到 1926 年还有部分文献记录其在中国的传教工作，其足迹遍至中国中部、中东部和南部的一些地区，除了印行广泛的《天路历程》之外，他还翻译了《真神爱人》（目前馆藏于上海图书馆）等作品。

---

4 陈平原在《晚清教会读物的图像叙事》（载《学术研究》2003 年第 11 期）中重点分析了两本方言本上海土白本与羊城土话本的插图情况，提到他看到的上海土白本"插图只有九幅，且较为简陋"，可以推测上海土白本也经历了从九图增至十图的过程。

孙荣理本之后又经过若干次增订和再版，包括上海图书馆所收录的1933年版（后该本于1939年再版），以及上海中国基督教三自协会图书馆所藏1940年发行版。1939年（中华民国二十六年）的孙荣理的《天路历程官话本》，其封面注明有"汉口中国基督教圣教书会印行"十三个字，此本则内含四张插图，分别为《指引往窄门图》、《绝望囚于铁笼图》、《为道受死图》和《过死河图》。

经查阅资料以及文献比对，该本中的四幅插画正是由1903年Religious Tract Society（伦敦圣教书会）出版的《PILGRIM'SPROGRESS》书（22*15*5cm，320页）中插图描摹改画而来的。该书的受众为西方读者，共收录由当时英国著名的插图画家Harold Copping绘制的31张插图（图8）；孙荣理本的插图（图9）以该版为基础按照中国当时社会情况进行了改编和描摹。

图8 CROSSING THE RIVE 伦敦　　　图9 过死河图 孙荣理官话本
圣教书会（1903）[5]　　　　　　　　（1939）

1939年的孙荣理本插图与伦敦圣教书会1903年出版的《天路历程》本插图虽然在构图和人物动作上都没有变化，尤其是图画中人物肢体比例以及透视感都吸收了西方绘画的手法，但对于角色的衣着等重要细节还是进行了较大改动。原本基督徒的铠甲被换成了普通外衣，人物静穆的神态原封不动照搬也显得有些呆滞，对于Harold Copping的插图中的水波明暗对比、铠甲明暗立体效果，孙本插画也采用了中国民国时期单色铜板印刷重线条勾勒、轻明暗的特征——受到当时印刷技术的限制，民国时期的印刷版画只能以平面、线描、黑白的视觉效果为主，式样展现还比较局限，通常以线条的粗细为主进行表现，辅助以少量色彩、明暗和光影的展现。

5　John bunyan, *Pilgrim's Progress*, Religious Tract Society（伦敦圣教书会），1903, p.164.
　Harold Copping 绘图。

（五）《圣游记》（谢颂羔译本）（1939）

《圣游记》由谢颂羔于 1937 年翻译完成，1939 年版中内附的插图已全然是西方风格的绘画：《基督徒进窄门》、《晓示对女耶说："请拿水来浇在厅中"》、《晓示的家：怠欲与忍待》、《晓示说："这火是表明恩典在人心中的工作"》、《恃仪与伪善从狭路的坐旁跳墙进来》、《基督徒遇了心惊与怀疑以后寻找公文》、《基督徒对仁爱贤智敬虔说："我有一百〇四个小孩子"》、《尽忠遇见亚当第一》、《尽忠与基督徒谈话》、《评论里乃是圣徒的家乡》、《基督徒与尽忠进入虚华里》、《基督徒与美徒到上帝之河》、《基督徒与美徒逃出疑寨》、《基督徒与美徒在乐山上远望天城》、《基督徒与美徒渡死河》、《基督徒与美徒进入天城》。谢颂羔后又译《圣游记续》，与前作一样，该版同样附有插图《基督女徒与其家庭开始走天路》、《女徒与心慈走过忧郁潭》、《心慈叩窄门》等插图。

《圣游记》插图画风为典型的祈祷书风格，例如《基督徒进窄门》（图 10）：

图 10 基督徒进窄门 谢颂羔本
《圣游记》（1939）

图 11 Help draws christian out of
the slouch of despond[6]

《基督徒进窄门》描绘了《天路历程》小说中较重要的一个场景，是基督徒在经历了绝望潭折磨后在天路上所获得的第一个首肯，绘画者有意在插图周围用葡萄藤的藤蔓装饰勾勒。葡萄的象征意义在基督教中随处可见。《约翰福音》15 章 1-2 节记载耶稣说："我是真葡萄树，我父是栽培的人。凡属我不结果子的枝子，他就剪去；凡结果子的。他就修理干净，使枝子结果子更多。"

谢颂羔版《圣游记》插图也没有将西方的人物形象改换成中国的，而是保留了西洋的绘画风格以及人物特性，这种异化译介策略主要原因是因为明国

---

6 《天路历程》圣保罗教堂本（1853）。

时期对西方的宗教文化认识国人有了一定的基础，这个基础建立在民国时期西方文化在中国传播日益加深，国民对外国文化认识渐广，教会学校、教会医院以及教堂等宗教建筑在东南沿海日渐增多，西方派遣至中国的传教士以及中国本土培养的神职人员逐渐增加。有了这些基础，中文版的基督教译本也日渐使用西方原本的文化元素与宗教标识，谢颂羔版的《圣游记》插图就是上述这方面的体现。作为一名在西方留学归来的基督教学者，他所译的《天路历程》插图，基本移植了西方小说插图的绘图特征。我们对比图 10 与图 11（Help draws christian out of the slouch of despond）中的两幅图片，两幅图片中的"基督徒"装束相似，都是上衣破烂，身负重担；对其进行援助的角色"慈悲"装束也相似，神态基本是肃穆温和。两幅图的构图都是两分构图：在图中基督徒"处于弱势，占据画面底部和左部，"慈悲"则位于画面的上部、右部，他以一种援救、施舍的形态出现，可以说两幅图存在异曲同工之妙。

《天路历程》在译介过程中至少出现了以上五本插图本，这些插图本可分为三个发展阶段：完全中国化（羊城土话本、官话本以及上海土白本）——中西结合化（孙荣理本）——完全西方化（谢颂羔本）。在不让中国读者反感的条件下，《天路历程》插图的画作风格以及表现手法，随着时间的推移和版本的更新愈加西化，而插图本的译者在插图处理上逐渐倾向于异化的策略。

二、《天路历程》图像的本土化改编

《天路历程》本身是一部英国小说，但在翻译到中国后为了不让中国读者产生疏离感，同时也为了让阅读有代入感，让《天路历程》中的故事成为"我"所看到的，译介者们就将图画中的英国人相貌改编成了中国人的形象。

（一）人物形象的中国化

这里以宾为霖《天路历程官话》（1869）中基督徒的三个阶段不同的外貌形象为例。

图 12 是基督徒刚卸下重担时的《脱罪任图》。基督徒在进入窄门后得到了解释者的引导，遇到一处树立十字架的坟墓地方，他身上的罪孽重担也随之落入墓中。基督徒于是倍感轻松，在感恩了神的伟力后，"三个浑身发出光亮的人"帮他脱下了破衣衫换上了新衣服。图中的基督徒留着清朝普通百姓典型的长辫子，上身深色短衫，下穿一条肥大的宽裤腰长裤，并像清朝北方农民一般用腿带将裤脚在髁骨处扎紧，是一个典型的清朝中后期北方农民形象。

图 12 脱罪任图　　　图 13 入美宫图　　　图 14 过邪教穴

　　到《入美宫图》（图 13），此时的基督徒已经换上了新衣衫，转而变为身着长袍、头戴圆形毡帽的书生形象，不过，长辫的细节依然保留。清初服饰在保留满族紧窄的实用性同时，也增加了汉服饰的美观、雅致、宽袍大袖的一些特征。《入美宫图》中的基督徒身穿长至脚背的长袍，服装造型简练，这是当时士绅以及商贾的典型装扮。从图 12 至图 13，基督徒脱去罪任重担后，衣着从深色变为了浅色，画师在这里暗示了基督徒身心获得的净化，以及社会地位与之前的不同。

　　最后是《过邪穴图》（图 14），此时基督徒已经从美宫中走出，在仁爱和贤慧等人的帮助下用铠甲和武器装备了自己。图中基督徒头戴战盔，一身清式铠甲，该铠甲由上衣和下裳共同组成，下裳则有两片膝甲，脚穿战靴，手持圆盾，肩膀辅以两件椭圆状的肩甲，胸口穿戴一件前挡（又称大荷包），在肩部下方则有两件袖甲，袖甲位置靠后。可以说，这是一个典型的清朝武士的形象。

　　从图 12 至图 14 中我们看到了基督徒在《天路历程》中的三重形象即普通农民、士绅和手持武器的武士形象各自在图像中得到了体现，他们的穿着打扮、手持器具都与当时朝代相近，这样，《天路历程》插图中所塑造的中国式形象使该书拉近了与中国读者的距离。

　　1939 年的孙荣理本的插图（图 16）在临摹 1903 年 Harold Copping 绘制插图（图 15）时也进行了改进。对两图人物进行衣着服饰的比对，我们可以发现，孙荣理版插图基于两种文化的差异进行了修改：伦敦圣书会版书的插图中宣教师衣着深黑色，整体简洁朴素，这与基督教轻视钱财、反对奢华的教义相吻合。宣教师衣着的黑色和简洁这一点被孙荣理版插图所吸纳，不过在图 16 《指引往窄门图》中孙荣理把宣教师的服装款式改制为对襟马褂以及浅色长袍，这正与民国元年（1911）北洋政府颁布《服制案》后的社会风貌相近。在民国时期,经过改良的长袍和马褂被列为男子常礼服之一,乡绅等知识分子阶层以及商人群体常身着长袍马褂以显示身份。民国十八年(1929)国民政府公布了《服制条例》,正式把蓝长袍、黑马褂列为"国民礼服"(图17),而《指引往窄门图》中的宣教师形象为一个正统的中国士绅阶层形象,穿的是"国民礼服",这样的形象更能被中国普通民众所接受。

基督徒——伦敦圣书会本插图(图15)中的基督徒的形象,是一个普通的英国农民形象,他面容瘦削,手中持有宣教师递给他的羊皮纸书,孙荣理本插图(图16)中基督徒衣着朴素,赤着双脚展现其贫穷特征,这正贴合当时民国初期普通农民的形象。在孙荣理本中,无论是宣教师还是基督徒,都没有出现晚清《天路历程》作品中人物保留的辫子,这是绘制插画者根据当时民国社会面貌进行的艺术改良。

图15 伦敦圣教　　　图16 指引往窄门图　　　图17 民国男子着长袍马褂
书会本　　　　　　　孙荣理官话本
(1903)[7]　　　　　　(1939)

(二)社会习俗的中国化

中译本《天路历程》插图除了在人物形象与建筑风格上让中国读者感到熟悉之外,《天路历程》的画师们也充分考虑到了中国的现实社会习俗,例如从羊城惠师礼堂1870年出版的《续天路历程》的插图《迦犹欵客》(图18)中,我们看到了羊城土话本的画师在绘制人物座次时,尊重了中国的社会习俗。中国传统习俗中,坐北朝南是尊位,其次是坐西面东,《史记·鸿门宴》记载:"项王、项伯东向坐,亚父南向坐,……沛公北向坐,张良西向侍。"[8]在《迦

7　Evangelist points the way 'Do you see yonder shining light?' Harold Copping 所绘,
　　John Banyan, *Pilgrim's Progress Religious*, Tract Society(伦敦圣教书会), 1903, p.19.
8　司马迁著、司马贞索引、张守节正义:《史记》卷七《项羽本纪》,北京:中华书局,
　　1982版,第312页。

犹犹欹客》图中，年纪大的诚信老人以及《续天路历程》的主人公女基督徒就坐在坐北朝南的位置上。虔诚的基督女徒为全书主人公，而且她的丈夫已经跨越艰险去往天城，她和他的孩子们也受到人们的尊重，此处她的位置也理所当然在最尊处，画师如此绘制，不仅肯定和赞美了基督女徒的美好品德，更是将主人公放置在画面中心，成为读者能够收到直观反馈并且非常易懂的人物符号；诚信老人因其最为年长，在中国传统礼仪的长幼尊卑顺序影响下也被画师安排在了最优的位置上。无畏先生一路斩妖除魔，为众人登天路扫除了许多障碍，可以说立下了汗马功劳，不过由于其年轻力壮，同时又是上帝派遣来为众人铲除奸邪的使者，故而被安排在次坐即坐西朝东。其余的慈悲小姐和女基督徒的孩子们相对位卑一些，但相对于女基督徒的四个孩子，慈悲小姐比他们要位尊一些，故画师也将她安排在相对较优的位置上，基督徒的四个孩子则按照长幼顺序依次落座。我们对比谢颂羔本的西方插图中，《迦犹宴请女徒们》（图 19）一图是由无畏先生和诚信老人直接与迦犹对话，女徒一行人则在其后等待。简言之，羊城土话本画师在《迦犹欹客》图中将西方故事与清朝现实生活相结合，包括插图中宴厅的装饰风格、家具摆设、人物穿着服饰都符合晚清当时的社会情况，人物的座次则符合中国民间习俗，这些都让中国读者在读图时产生亲切感，似乎这个故事正发生在他们的身边，从而增强他们对文本所讲的尤其所传讲的信仰内容的认知度。

图 18 迦犹欹客 续天路历程土话
（1870）

图 19 迦犹宴请女徒们《圣游记》
谢颂羔译本（1939）

（三）物象表达的本土化

在物象的表达上，中译本《天路历程》插图采用了中国式的视觉描绘，画师根据中国读者对物象的认知习惯和符号化含义进行描摹：

> 中国民间模糊的数字观念，带有一定的象征意味，以三示多……
> 戏剧中四个兵卒就是千军万马。这种以少胜多的方法在木版画中一

脉相承，画一弯月亮或一盏油灯，就是黑夜，略去了渲染昏暗的笔墨几组细线排列的草茬，就是一片草地。衣纹、毛发、树林山脉等情况的处理，也是因繁就简[9]

在羊城土话本《观碑知警》（图20）一图中我们可以看到，在女基督徒等人身后的树木被简化为纵横的几笔，草更是被缩减为几笔短短的细线，而这样的简化处理，读者依然能理解图像的表意，这正是中国古代艺术中带有特色的程式化表达。

图20 观碑知警 续天 　图21 死守真道图 天路　图22 进天城图 天路历
路历程土话本 　　　 历程官话本　　　　 程官话本（1869）
（1870）　　　　　 （1869）

程式化有一套固定的表现手法，它以提炼的形式概括出物象的特征，在挖掘出物象的特征后，然后进行艺术处理，最后定型化，从而达到程式化的表达效果。官话本的"死守真道图"（图21）火的描绘就是一种典型的程式化表达，"山"状的细条构成了难以用虚实线描摹的火焰，这正是中国古代画家经过细致入微观察，在把握了物象的组织结构和规律后，以简练的笔墨展现物象的特点。

官话本《进天城图》（图22）中云的描摹也是一种程式化表达。图中画师以中国传统技法绘制祥云，天城下方的树林、河流以及村庄都绘制明晰，但明暗变化并不明显，画面中间的云朵以及上方的天使是整幅图表达的重点；上海土白本《进天城图》（图23）以炭笔勾勒云层下方的土地，画作的中心全部位于天城，并且通过对云的勾勒将天城与现世分割出一道界限，插画师通过对远景现世的模糊和省略，着重突出"天城"。简言之，两幅图中云的表达都是画

9 吕胜中：《中国民间木刻版画》，长沙：湖南美术出版社，1990年版，第17页。

面的中心，官话本的云蜷曲并以实线勾勒，基本不做光影处理，形状也与中国传统"云"的表达（图 24）相类似；上海土白本的云不再像官话本那样有实体的勾勒，而是通过光影的明暗来衬托出云的丰厚与天城的缥缈。得益于当时较为先进的铜板印刷技艺，土白本中细腻的线条和渐进的明暗效果都能够清晰地打印在书本上，而官话本的印刷时间较早，其"云"的描绘更加符合中国传统插图程式化的表达。

图 23　进天城图　上海　　图 24　中国古代祥云　　图 25《神曲》天堂篇
　　　　土白本（1895）　　　　砖雕　　　　　　　　多雷绘制

在《官话本》和《上海土白本》的《进天城图》（图 22，图 23）中，还有一个物象的表达值得注意——两幅插图都重视到了"光"在天城中的运用。班扬在对天城的描摹中提到：

> 　　我在梦里看见这两个人走进天门；看呀！他们一走进门，就变了形，穿上了像黄金那样发亮的衣服。还有拿着竖琴和冠冕的天使迎接他们，把那些东西递给他们；竖琴是作为赞美用的，冠冕是荣耀的象征。……
>
> 　　正当门给打开让他们进去的时候，我从他们后面望进去，哎呀，城里像太阳那样发着光；街道也是用金子铺的；在里面走着的人都头戴冠冕，手拿棕榈枝和唱赞美歌用的金竖琴。[10]

对"天城"的描绘班扬还使用了"像黄金那样发亮"以及"城里像太阳那样发着光"，可见，"光"在展示天城作为神与圣徒的居所所散发出圣洁、光明、光辉、荣光等特征的重要性。法国插画家多雷（Gustave Doré, 1832-1883）

---

10 班扬：《天路历程（精装典藏版）》，苏欲晓译，南京：译林出版社，2002 年版，第213 页。

为《神曲》绘制的素描插画中就将天堂描绘为明暗光芒交汇的图景（图25）。反观两幅《进天城图》（图22，图23），两者也都关注了光，在描绘上，西方画家（如多雷）常采用明暗交叠和对比，中国画师则选择通过线条的运用来直观地描摹光。在官话本《进天城图》（1869）中，光的线条短促平直，呈现为一种疏松的放射状，给人一种庄严的肃穆感，整个表现手法有点类似于古代佛教壁画中佛像散发的佛光，这意味着中国画师有可能对于光的描摹，参考了中国佛教图像的艺术表现手法，作了一些在地化的处理。

（四）构图的本土化

中国古代绘构图采用的是"散点式构图法"。"散点式构图法"，画家打破固定视角的既定桎梏，通过平视和俯视以及结合多重视角的方式观察事物，以点线面的结合以及分散视角的融合，展现独特的构图方法。在这种绘画方式中，观察者可以与物体保证一定距离的同时进行上、下、左、右的观察，同时与西方焦点透视的不同，"散点式构图法"中的远景和近景不会因为距离远近而进行缩小或放大，也较少发生重叠。例如官话本中的《始就天路图》（图26）的绘画视角看似是一个人站在屋外看向基督徒等人，但从屋檐的角度来看似乎又是平视，再结合近处枝叶茂盛的大树与远处清晰可见的山石，画面的整体确实得到了拉伸，既有俯瞰又有平视，上下左右皆可观，从而伸展了无限深远的空间。北宋画家张择端的《清明上河图》（图27）类似采用这种空间构图方法来还原北宋繁荣的世俗风貌。

图26 始就天路图 天路历程　　　　图27 清明上河图（局部）
　　　官话本（1869）　　　　　　　　北宋 张择端

官话本《遥望天城图》（图28）也同样继承了中国传统的散点透视，该图通过全景表现多个场景，从而进行表意而不是简单的自然空间的转换与描摹。在图中，基督徒与"希望"经历千难万险来到快乐山，并在牧羊人们的指引下遥望天城。画面近处除了四人之外，还有基督徒脱下的铠甲和盾牌，而在画面上方则绘制了连绵的山脉、云朵和象征着神恩泽的太阳。从西方透视的角度来看，人物和山峦的比例是不合理的，而这正是遵循了中国传统艺术的散点透视规则。这样的构图方法是中国读者熟悉的。

图 28 遥望天城图 天路历程官话本（1869）

三、传教士使用图像以及图像本土化的原因

通过对诸种中译本《天路历程》插图的研究，我们注意到，译介者们在翻译和出版该作品时比较注重插图，并重视对图像进行本土化的处理以及中国绘画技法在图像中的运用。

《天路历程》中有大量插图说明了来中国的传教士对宣教中图像作用的重视。作为表意符号的图像，它的直观性、形象性和在场性，可以帮助基督教的教义更好地传播。从晚明开始，传教士们来到中国后在传教方面进行了诸多尝试，其中"分发宗教画像"[11]，成为来华传教士向平民传教的重要方式之一。中国家庭本身就有在家悬挂先祖绘像、孔子画像或佛像的习惯，一般百姓对宗教画像并不陌生，所以传教士借助于宗教图像进行教义表达和宣传是符合中国人使用图像来表情达意这一传统的。图像不仅可以形象化地表达教义、教理，进行"图说"，图像也起着图识、图示、图例的作用，如明清之际许多传

---

11 周萍萍：《十七、一十八世纪天主教在江南的传播》，北京：社会科学文献出版社，
  2007 年版，第 175 页。

教士译述的天文、历算、地理、历史、生物、医学等传播新知识的书籍都附有帮助知识理解的图像。图像还起到装饰、美观的作用。民国时期的《教会新报》中，主编林乐知在宣传《圣经》时特意寻找画师绘制插图，并专门辟出一个版面作为《圣经》故事的"图说"，将这些图画刊登在每期刊物的头版，以此借着精美的图像来吸引读者，国人也会好奇而购买带有图像的报纸。针对不太识字的下层民众，精美的图像也相较于大段文字更能吸引他们的注意力。

图像还有一个重要作用，图像作者可以在创作中表达自己的思考和认识，一方面会依据自己的认知、信仰、想象和阅读体验对小说文本意义（包括事件、人物、场景等）进行有选择、有意图的具象化操作，另一方面则表现为他们可以通过图画这一独特的表意机制来强化某一观点，并补充和丰富文中文字表达所欠缺的部分。例如在官话本的《脱罪任图》（图29）中画面被分为上下两部分，上部分以十字架、天空、云与太阳构成，留白较多。上部分的十字架十分醒目，占据画面中心，且形体高大，拉丁款式的上短下长的十字架给全图带来一种向上拔高的拉伸感，高处高耸入云，下部则深入土地，围绕十字架身后的祥云以及闪耀金光的太阳进一步暗示了十字架的神圣；下部分则以基督徒、基督徒脱下的重担，深色的草木以及山石构成。下部分画面的深色以及厚重的木刻线条营造出一种沉重感。上下部分的画面色彩通过黑白对比来说明活在罪中和因着罪有各样重担的基督徒，他生活在黑暗和沉重之中，而十字架的拯救则给他生活带来祥和、明亮和轻松。整幅图像明暗对比，给读者带来的视觉冲击力是非常强的，如果仅凭文中的文字描述，是很难让读者感受到基督徒离罪卸重时的喜悦和革新感，而图像的叙事和渲染则传递了这种感受，加强了这方面的感染力。

图 29 脱罪任图 天路历程官话本
（1869）

图 30 进美宫图 上海土白本
（1895）

上海土白本的《进美宫图》（图 30）中，书生打扮的基督徒在行天路时走到了美宫前，但因为美宫前的两只狮子让他感到惧怕。但画师还是通过绘画的技法来传达画中的基督徒有着一颗前往天路的圣洁之心和坚定的意志，一方面把他画得高大，另一方面将两只狮子画在美宫前的转角处，并且处理得相当小，以此暗示天路上虽然困难重重，但是只要意志坚定、勇敢无惧，困难也并非不可克服。而图中不远处的美宫，画师绘制得美轮美奂，它高耸入云，雕梁画栋，飞檐吊角，旁有松柏，鼓舞着基督徒前往，也令读者心驰神往。

中译本的《天路历程》主要出版在晚清时期，而晚清时期中国流行绣像小说，比如，清代的绣像小说有《三国志通俗演义》、《雷峰塔奇传》、《全相封神演义》，以及稍晚的乾隆间程甲本《红楼梦》、道光间芥子园重刊本《镜花缘》等，绣像小说逐渐趋向"文人化"和"通俗化"的结合，在知识阶层与普通民众中广为流传和翻阅。所以，在那一时期，插图成了绣像小说的必备成分。晚清的宣教士采用了中国百姓熟悉的绣像小说这一艺术形式来出版《天路历程》，以适应当时百姓的需要。

通过与中国绣像小说传统这一形式的结合，中译本《天路历程》能够动用丰富的插图对读者们造成感官的引导，并且使读者在文体上不会产生陌生感，普通百姓或知识阶层会因为这是一本熟悉的绣像小说而对其抱有好感，这种文本形式确实拉近了西方宣教性作品与中国读者的距离。由此可见，图像形式的采用正是《天路历程》的译介者在考虑到中国当时文学形势以及受众的接受习惯后，所进行的本土化改变。

在西方多个版本的《天路历程》中也同样有插图，但是来到中国后图像逐步经历了本土化过程，画师在结合受众的理解方式后对图像进行了加工，为了便于中国读者的理解，图中主人公的衣着服饰及角色都是中国式的，以方便读者的代入感，采用中国散点透视，尊重中国本土社会的风俗习惯，目的是贴合受众，并以程式化的中国图像符号快速调动已有记忆，让读者快速进入异质文化的交流空间。

总之，《天路历程》在中国出版时以绣像小说的形式让阅读变得文图并茂，符合清人和近人的阅读习惯，而插图绘制的本土化更易让这部作品获得中国读者的青睐。

第一代、第二代宗教改革家
对图像使用的思考及其影响

内容提要：

　　由马丁路德 1517 年开始的西方宗教改革对西方文化产生了重大影响。本文主要梳理了在这场宗教改革运动中第一代、第二代宗教改革家对图像使用的思考。第一代宗教改革家以马丁路德为代表，第二代宗教改革家以加尔文为代表。他们站在教会传统中视图像是偶像这一方，对教会中使用图像持谨慎甚至反对态度，认为使用图像会导致偶像崇拜，强调在传递信仰方面文字优于图像。但他们也不反对图像配合文字的图示以及图像自身的自然主义等功能。他们对图像的观点深刻影响了改革宗与天主教的关系，对当时乃至以后的教会礼仪、教堂中图本类型的存在方式等教会视觉文化以及世俗艺术都产生了影响。图像是圣像还是偶像的争论背后涉及到可见与不可见、摹本与原本、语言与图像等关系。第一代、第二代宗教改革家对宗教图像使用问题的思考，有简单化和以偏概全倾向。

关键词：第一代、第二代宗教改革家、图像、偶像、圣像、文字优于图像

　　所谓宗教改革，狭义上的新教及宗教改革，通常限定在 1517 年马丁·路德提出《九十五条论纲》，到 1648 年《威斯特伐利亚和约》的出台为止的欧洲宗教改革运动。本文所讨论的宗教改革不涉及那一时期天主教内部的宗教改革，仅涉及新教（Protestantism）部分，包括第一代宗教改革家代表人物马丁·路德、慈运理，第二代宗教改革家代表人物加尔文等。

一、第一代、第二代宗教改革家对图像使用的思考

路德（Martin Luther，1483-1546）对教会中的图像使用存在着小心翼翼和矛盾的态度，一方面他认为受造物作为上帝的"面纱"允许受造物作为"心灵的记号"潜在地见证上帝爱的临在，但另一方面他又同时担心存在着这样一种危险的认知倾向，即认为使用了图像从而认为自己有了灵修果效这样一种因作工而称义可以用手段来讨上帝喜悦的危险倾向[1]。

路德认为图像对信仰没有伤害作用。如果我们的心不沉溺或信靠它们，作为外在事物的图像就没法伤害信仰。[2]他一方面反对偶像破坏者的暴力行为和破坏一切的行为，同时肯定了上帝的话语的重要性，认为没有任何东西拥有上帝恩言的力量，并认为当信徒真得把上帝的话语当作重要时，图像就自身来说对信徒构不成问题。

特别在祭坛装饰及各种圣礼仪式中，以往视觉的元素占据了很大的比例，路德只接受了受洗、圣餐及忏悔圣事，在这些圣礼中，讲道的话语及圣礼的正确管理控制着画像的使用。

宗教改革家慈运理（Ulrich Zwingli，1484-1531）当他1520年代在苏黎世教书期间，他对有关图像使用问题的思考则比较激进。他1518年来到苏黎世。做过堂区牧师，他也是诗人和音乐家。他甚至认为崇拜中的音乐也会妨害对讲道的话语的聆听，因为音乐会让信徒分心。他先于加尔文强调了上帝的权能，认为上帝派遣耶稣基督作为我们与上帝之间的调停人，要通过无罪的身体受死为我们赎罪以至我们在上帝面前称为义。这一主权和独特的中介让慈运理相信，带着福音的讲道话语是整个敬拜的中心。认为圣礼只不过是一个公共的典礼或仪式，它没有能力让良心自由，唯独上帝能让良心自由。因为他认为，只有在耶稣基督里给出了自己的上帝才是正当信靠的客观对象，作为信仰者，也只有我们全身心的、无条件地给予回应，才能完全享有这份给出的恩典。在1523年，他公开宣称，他愿意推迟废除图像直至讲道已征服人心。

对慈运理来说，上帝与这个世界的象征已经破裂，只有通过信靠耶稣基督

1　"因为把神像陈列在教堂里的人就自以为服事了上帝，行了善功。这简直是偶像敬拜。"（马丁路德：《第四篇讲道词　论自由——拜神像与吃祭牲》，载《马丁路德文选》，马丁路德著作翻译小组译，北京：中国社会科学出版社，2003年版，第109页。）

2　"路加为什么在这个地方要提孪生子的像呢？毫无疑问，他要表示外表的事对信仰没有损害，只要内心不倾向或信靠它们就是了。"（马丁路德：《第三篇讲道词　论自由——婚姻与神像》，载《马丁路德文选》，第108页。）

才是我们与上帝之间的联结。在宣讲的神的话语中耶稣基督走向我们。不像马丁路德在信仰与作工之间区分，慈运理在可见与不可见之间作了区分，不可见的属于真实的信仰领域，可见的属于非信仰的领域。只有上帝的话语存留了传递真理的能力，图像不能扮演任何宗教角色，它的角色主要是用作说明性的或者具有教育意义的。[3]

加尔文（John Calvin，1509-1564）。主要在《基督教教义》中阐明了他的观点。加尔文认为，再现神和圣人的形象是禁止的，按照他的说法，以人的形象再现造物主是亵渎神灵，"神反而毫无例外地禁止一切的形象、图画，和其他所有迷信者依靠它来亲近神的肖像。"[4]"既然连用一种物质的形体来代表神是不被允许的"[5]。他明确批判了东正教圣像，提出"主不但禁止雕刻匠雕刻神像，祂也禁止任何手绘的神像，因为这是错误地描绘神，甚至侮辱神的威严。"[6]他也反对天主教在教堂里使用绘画图像，在加尔文看来，天主教徒接受肖像以为可以给自己带来福分，加尔文认为他们这样的行为与拜偶像者没有区别，"因他们的行为与他们自己都责备的偶像崇拜者毫无分别，他们无法证明他们的偶像崇拜与一般的拜偶像有何不同，因为他们皆用自己的才智设计图案，又用他们的手制造出代表神的形体。"[7]

加尔文甚至认为，留给图像自身机制的，它的想象无非是反射了人类的骄傲和狂妄，这种骄傲和狂妄是人类堕落后的产物。图像甚至教堂中的一些图像所带给我们的仅仅是愉悦，在教导方面也没有什么帮助，而带给我们的愉悦也超过了我们的必需。[8]对于《旧约》中上帝以"彩虹"、"生命树"等图像来解释他自身真理的某一部分时，加尔文更愿意把这些图像看作更广泛意义上的"圣礼"。

3　参见 William A. Dyrness 对路德和慈运理这方面的总结。William A. Dyrness, "Calvin: seeing God in the Preached Word," *Reformed Theology and Visual Culture*, Cambridge: University Press, 2004, pp.51-62.

4　加尔文：《基督教要义》（上），加尔文基督教要义翻译小组译，台北：加尔文出版社，2007 年，第 62 页。

5　加尔文：《基督教要义》（上），加尔文基督教要义翻译小组译，第 72 页。

6　加尔文：《基督教要义》（上），加尔文基督教要义翻译小组译，第 65 页。

7　加尔文：《基督教要义》（上），加尔文基督教要义翻译小组译，第 72 页。

8　在这一时期与加尔文观点相类似的还有后来成为加尔文挚友的斯特拉斯堡宗教改革家布塞珥（Martin Bucer, 1491-1551），他在 1535 年用英文出版的《论图像》中为在斯特拉斯堡地区移除图像辩护。他认为图像会让我们在敬拜中分心，影响我们对上帝的赞美。

因此，加尔文非常强调文字，因为启示唯一限制在圣经文本中，并藉着圣灵得以照亮。没有其他中介或甚至隐喻的论述是必须的。如果需要图像的话，在理解上帝方面它仅仅是辅助性的，它不能依靠自身来指涉，它必须要与文字结合在一起。那伴随着文本出现的图像的角色，以及崇拜中视觉的位置，包括它们在整个基督徒的生活中，以及想象的方式，都是藉着圣灵在心里揭示耶稣基督的实体，并用来鼓励理解上帝。

正因为加尔文对图像带给我们仅是愉悦的担忧，促使他在崇拜中排斥具体物。他也限制圣餐中对上帝的图像化，他认为上帝是不依赖外界自我存在的，他自己是道成肉身的演奏者。因着对图像的担忧，加尔文甚至对想象力也不给予积极的肯定，因为想象力给人带来幻想和迷思。他认为只有《圣经》被描述为作为人们接近上帝正确知识的唯一中介，只有声音引导我们进入真实的知识。所以有学者把加尔文有关对图像使用的担忧概括为："因为在上帝的世界与这个世界之间的分离如此的巨大，而对偶像崇拜又如此深深地担忧，以致于没有图像或建筑空间，甚至象征意义上的，能指向上帝。在某种意义上说，在这里，世界不能'把握住'上帝，因此没有图像能透明地迈向神圣，对于东正教中的圣像也是如此。"[9]圣像崇拜者特别强调耶稣的道成肉身、神性可以驻扎在可见、有形世界的一个凭据。加尔文认为，如果说，耶稣基督的角色是来向这个世界表达、成为可见的，那他也是作为拯救者而不是创造物的调和者的面目出现，耶稣身体的本质，作为物质的十字架，也没有含有视觉美学的含义。

由于此，对于圣礼中的图像和言语，加尔文更偏向于言语的使用，"当我想到教堂的用途时，我个人认为，除了主在祂的话语里所吩咐代表祂的圣礼之外，其他的表征与这圣洁的场所极不相称。我所说的圣礼指的是洗礼和圣餐，以及其他基督教的仪式。我们要格外敏锐地留意这些圣礼，并让它们深刻地影响我们，也不要寻求其他人为自己所雕绘的偶像。"[10]结果是，加尔文在日内瓦的那段时光（1541-1564），日内瓦的艺术家和雕塑家大多失业。

对于敬拜，加尔文不认为敬拜的空间和环境在敬拜中扮演一个主要角色，他认为是声音和内心被激励，这才是敬拜吸引人的地方。没有具体的空间是神圣的，但所有空间都存在着神圣的可能，这就意味着上帝的荣耀不唯独在教堂

9　William A. Dyrness, "Calvin: seeing God in the Preached Word," *Reformed Theology and Visual Culture*, Cambridge: University Press, 2004, p.75.

10　加尔文：《基督教要义》（上），加尔文基督教要义翻译小组译，第 73 页。

的敬拜空间里，也在信徒的所有生活空间中，因此，加尔文认为，上帝荣耀的记号存在于各个地方，即使在艺术和科学中，我们也能看见祂荣耀和智慧的证据，也就是说，当我们用拯救的眼光看一切的时候，我们就会发现上帝在历史和自然中工作，上帝的荣耀充满我们整个生活。总之，加尔文给视觉和图像提供了一个新的审美的神学维度，美在他那里是素朴的，一种明晰的、和谐的、超越的美。

对于图像在教会外的使用，第一代、第二代宗教改革家基本持肯定态度，他们自己对图像的肯定性使用主要体现在他们出版的宗教出版物中。比如，马丁·路德和加尔文等都在出版物中使用了插图。1534 年马丁·路德在自己翻译出版的德语圣经中，就给《圣经》故事配以木刻版画，目的是为了让读者更好地理解圣经内容。1535 年出版的科弗代尔圣经（Coverdale Bible）标题页上就有德国画家汉斯·荷尔拜因（Hans Holbein，1465-1524）的木刻版画。英国第一代宗教改革家约翰·贝尔（John Bale，1495-1563）1548 年在伦敦出版的解释《新约·启示录》的释经著作《两个教会的图景》中使用了大量插图，这些插图为木刻版画，是对《启示录》中约翰看到的异象的图像再现。加尔文在1553 年出版的《基督教教义》的标题页上绘制了树的底部有一把斧，围绕这一图案的是一段《新约》拉丁文："现在斧子已经放在树根上，凡不结好果子的树，就砍下来，丢在火里。"（太三 10）在加尔文 1561 出版的福音书释经著作中出现了手拿镰刀的天使正把人从洞穴中救拔的图像，围绕这一图像的是法语的句子：在地的深处，充满混沌，上帝及时提供真理。"加尔文英文版的《祈祷的形式》（1556）和《教义手册》（1556）中也使用图像。[11]

二、产生的影响

第一代、第二代宗教改革家对图像使用的思考以及他们在实践层面的践行对当时和后世都产生了影响，这些影响表现如下：

由于第一代、第二代宗教改革家在制度和教理层面肯定了文字优于图像，并对一切形象的东西持排斥的倾向，他们对形象的使用和处理方式上与天主教存在着差异和对立，因着这方面的差异和对立加剧了当时新教与天主教的矛盾。为回应以马丁·路德为开端的宗教改革对天主教所带来的冲击，罗马天主教保

---

11 第一代、第二代宗教改革家使用插图情况请参见 William A. Dyrness, "England and the visual culture of the Reformation," *Reformed Theology and Visual Culture*, Cambridge: University Press, 2004, pp.94-96, 116.

罗三世教皇于 1545 至 1563 年在北意大利的特利腾召开大公会议。在此次会议末期（1563 年）他们重申了形象的合法性。但宗教改革家不认同特利腾大公会议上所作出的形象合法性这一立场，他们还是认为图像的粗鄙已对图像在教会中使用的原初目的完全扭曲，图像在教会中使用的原初目的是为了激发信徒对上帝的奉献。宗教改革家之所以禁止制作图像，就是怕图像冒犯眼睛，点燃粗鄙的愉悦，一旦身体耽于色情，堕落的力量容易扩展到灵魂，毁坏心灵。[12]由于此，新教与天主教紧张的关系进一步恶化。1562-1563 年，为调解法国天主教与新教之间日益增长的分离，双方在法国王室安排下在普瓦西（Poissy）举行了一次会谈，新教这边的代表是加尔文的继承者，日内瓦学院首任院长神学家贝札（Theodore beza，1519-1605）。双方都同意三一论和迦克墩信经，甚至玛丽亚永久的童贞，但新教否定圣餐中耶稣真实临在一说。新教也明确强调，《圣经》中上帝的话完全谴责了所有的形象，所以不能支持上帝所禁止的形象。他们继续提出教堂中所有的形象都要被废除。新教一方也给出了调解姿态，如果王室希望容忍这些图像的话，他们允许其中一些图像保留，但一些不正当的以及滥用的图像都要被移除，他们也警告那些献祭给图像的人，甚至他们提出了一个奇怪的要求，要把所有的十字架图像都移除，理由是耶稣及其受难已以活的形式描绘在圣言中，而十字架的图像已变得相对无关紧要。[13]由于双方在有关敬拜和图像的使用方面存在很大差异，这次新教与天主教对话无疾而终，双方的关系在王室的调解下也没有获得缓和，这方面的对立和差异也延续至今。

对教会视觉文化包括教会礼仪、教堂中图本类型的存在方式等产生影响。无论从理论还是实践层面，当第一代、第二代宗教改革家要破坏和废除旧有图像，认为制作任何上帝的物质再现形式都是不合法的，全能的主远不能被人的视听所接触、所再现时，那么要以什么样的图像来表达信仰，这是他们需要深入思考也迫切需要给予回应的。于是，在改革宗的一些地区，尤其北方尼德兰，从 1566 年开始，一场圣像破坏的浪潮席卷整个荷兰。当形象性的图像在圣像破坏运动中从教堂里被清除后，取代它们的是文本性图像。研究荷兰圣像破坏运动的学者娅·M. 望月（Mia M. Mochizuki）梳理了两种图像类型的内在变

---

12 参见 William A. Dyrness 这方面的总结，William A. Dyrness, "Calvin: seeing God in the Preached Word," *Reformed Theology and Visual Culture*, Cambridge: University Press, 2004, p.85.

13 参见 William A. Dyrness, "Calvin: seeing God in the Preached Word," *Reformed Theology and Visual Culture*, Cambridge: University Press, 2004, pp.87-88.

迁："不以人的形象为本，如何再现宗教人物？艺术家们以非凡的创造性处理
和扩展了传统天主教艺术的图像手法，用上帝的言语代替上帝有形的肖像，这
是一种视觉化上帝可以接受的方式。"[14] "在这些观念的影响下，形象地再现
上帝就代之以能够谨慎地象征上帝显现的视觉语言。静默、象征的理想的美，
而不是模仿的，在新教教堂的内部装饰美学中发挥了关键的作用，它替代了艺
术名家以描绘现世的幻影迷惑世人眼睛的美的模式。"[15]于是，一种新的美术
即语言图本在新教教堂中流行。

不过，在第一代、第二代宗教改革家去世后，后续的宗教改革家以及信仰
新教的地区他们对图像在教会内的使用和理解则比前代宽广和灵活得多。比
如，英国涉及到王权与教权的复杂关系，在宗教改革时期，英国就用君主的纹
章图案覆盖教堂壁画，在两者的此消彼长的过程中，壁画逐渐被纹章图案所取
代（但并不是完全被取代）。当教堂中的壁画被替换成君主纹章时，两者在教
堂中的对抗也转变为文本范畴内的竞争。莎士比亚家乡斯特拉特福德的一个
教堂在 1564-1566 年就在莎士比亚父亲监督下完成了壁画被替换成君主纹章
的改造。[16]

对于图像在教堂外的使用，第一代、第二代宗教改革家并没有禁止，他们
反对的是再现上帝形象的图像，以防止把图像当作偶像进行崇拜，他们并不反
对图像的符识、图示及自然主义等功能。[17]第一代、第二代宗教改革家曾在宗

---

14 米娅·M. 望月：《荷兰偶像破坏运动之后的圣像替代》，载安妮·麦克拉纳、杰弗
里·约翰逊编著：《取消图像——反偶像崇拜个案研究》，赵泉泉等译，南京：江
苏美术出版社，2009 年版，第 199 页。

15 米娅·M. 望月：《荷兰偶像破坏运动之后的圣像替代》，载安妮·麦克拉纳、杰
弗里·约翰逊编著：《取消图像——反偶像崇拜个案研究》，赵泉泉等译，第 199
页。

16 "正如在一些教堂中，尤其是位于埃文河畔斯特拉特福德（Stratford-upon-Avon）
的同业公会礼拜堂（Guild Chapel），那些依据当年的政策需要擦除的壁画，仅仅被
石灰涂覆了一层（同业公会礼拜堂的涂覆工作正是在莎士比亚之父的督办下，于
1564-1566 年间完成的），而这些被纹章图案覆盖的壁画，或许某天又会重现于世
人眼前，正如"鸭兔图"中那复杂的透视错觉一般，相互转化，无休无止。"（安·
库涅凡丽：《手稿彩饰、纹章学与《〈爱德华三世〉》，陈骢译，载赵宪章主编：《文
学与图像》第三卷，江苏凤凰教育出版社，2014 年，第 285 页。）

17 以加尔文为例，加尔文曾肯定艺术的作用，认为"神允许人雕刻和绘制的对象是
历史事件和一切可见的形体，前者可用来教导和劝诫；至于后者，除了娱乐的用
途外，我想不到其他的用途。"（加尔文：《基督教要义》（上），台北：加尔文出
版社，第 72 页。）

教出版物中使用图像作为对文字的说明，与加尔文同时代的清教徒神学家也在宗教出版物中使用插图，如约翰·福克斯（John Foxe，1516-1587）的著作《殉教者书》（1583）中出现若干插图，其标题页图像有为主殉道的圣徒吹着号角来赞美上帝，还有圣徒被焚烧、传道者在信众面前宣讲神的话语的场景，甚至有撒旦在窥探人间的情景。这些版画中的图像与文字内容互动，加深了读者对殉道者的理解。版画中的人物肖像主要是圣徒，这些版画伴随着文字，服务于文字，最终为更好地理解信仰服务。[18]另外，绘制圣徒的木刻版画和肖像画以及个人（如当时宗教改革人物）的肖像画被允许应用在私人领域。德国艺术家大卢卡斯·克拉纳赫（Lucas Cranach the Elder，1475-1553）年轻时画祭坛画，在宗教改革时期，他为宗教改革代表人物马丁·路德、菲利普·梅兰希顿（Melanchthon Philipp，1497-1560）等人绘制肖像。荷兰艺术家勃鲁盖尔（1525-1569）是那个时代荷兰最伟大的艺术家，他既为天主教徒也为改革宗教徒工作，他绘制《圣经》故事画以及圣徒故事图。德国画家小汉斯·荷尔拜因（Hans Holbein the Younger，约1497-1543）画有许多肖像画，他为当时进行宗教改革的亨利八世和他的朝臣们绘制了许多肖像，也为托马斯·莫尔和伊拉斯谟画过肖像。英国宫廷画家希利亚德（Nicholas Hilliard，1547-1619），为女王伊丽莎白一世等王室、贵族以及为自己和妻子画过许多私人肖像。这些肖像画被允许挂在私人的公共客厅里，或带有私密性的卧室与盥洗室中。这些肖像画已剔除神秘功能，仅仅起着道德寓意和审美的功能[19]。

　　肖像画主要流行于宗教改革地区王室和贵族阶层。在底层社会，艺术的世俗形式则被进一步突出。泰莎瓦（Tessa Watt）在《廉价出版物和流行的敬虔，1550-1640》[20]一书中介绍了宗教改革期间英国当时底层社会所流行的廉价宗教印刷品中的图像，这些图像以木刻版画的形式出现在圣歌集、通常只有24页的小本册子中。这些图像，有些作为封面，有些作为挂画挂在家里和当地酒馆的墙上，有些直接画在墙上。当时在民间流传的圣歌集中还配有耶稣的插

18　参见 William A. Dyrness, "England and the visual culture of the Reformation," *Reformed Theology and Visual Culture*, Cambridge: Cambridge University Press, 2004, pp.98-103.

19　参见 Maurice Howard, "Afterword: Art Reformed: Spiritual Revolution, Spatial re-location," edited by Tara Hamling and Richard L. Williams, *Art Re-formed: Re-assessing the Impact of the Reformation on the Visual Arts*, Newcastle: Cambridge Scholars Publishing, 2007, p.268.

20　Tessa Watt, *Cheap Print and Popular Piety, 1550-1640*, Cambridge: Cambridge University Press, 1993.

图，这表明反对禁止绘制上帝形象的禁令并不是在当时所有阶层都执行，尤其在底层社会中并没有得到有效控制。[21]

实际上，在宗教改革之前的中世纪，为了平息图像是圣像还是偶像之争，西方教会把焦点转向图像本身的实用价值，图像的功能转向了更为世俗的方面，即转向图像成为文字的图示者。英国著名艺术史家和批评家诺曼·布列逊（Norman Bryson）认为，"在'圣像破坏'时期结束之后，图像在欧洲被委以一种明确的而且限定的使命：图像是作为对不识字人的教育手段"。[22]在这种情况下，图像成为图解圣经文本和呈示圣徒事迹的重要工具，或成为教堂敬拜和圣礼的一部分。"就这样，上帝形象的不可表征性问题被暂时搁置起来，图像的功能转向了更为世俗的方面，象征主义的图像论被经验主义甚至自然主义的图像论所取代。图像不再被视作是神圣的象征，而被看作是历史记忆的工具，是装饰教堂的手段，图像的价值以其中立的特点而得以保留，对图像的'崇拜'让位于对图像的'敬重'或'尊敬'。而更为重要的是，由于图像的'艺术'教育学功能与超自然的宗教启示功能的分离，图像的'艺术'自足性——尽管还是相对的自足——得到强调，从而为一种自然主义的图绘倾向埋下了种子。进而，随着图像作为'艺术'进一步获得独立，随着图绘技术的日渐'艺术化'，同时也随着社会尤其城市新兴阶级对图像的'艺术'需要的日渐增强，最终导致了西方视觉实践的大革命，那就是我们熟知的'文艺复兴'。"[23]这是学者吴琼对中世纪圣像破坏运动的总结，这段话也同样适合于宗教改革运动对图像艺术所造成影响的评价。宗教改革运动主要影响的是图像艺术可否表达宗教真理，第一代、第二代宗教改革家基本持否定态度的，但这些宗教改革家并不否定图像艺术本身的功用，于是图像的世俗功能比如道德寓意、审美、历史记忆等功能凸显，表现在人物肖像画、历史故事画和风景画的兴起[24]；也表现在图像的世俗形式如带插图的小册子、宗教招贴画、公共

21 参见 Tessa Watt, *Cheap Print and Popular Piety*, 1550-1640, 1993; 亦参见 Tara Hamling and Richard L. Williams (ed.), *Art Re-formed: Re-assessing the Impact of the Reformation on the Visual Arts*, Newcastle: Cambridge Scholars Publishing, p.4.

22 布列逊，诺曼：《视觉与绘画：注视的逻辑》，郭扬等译，杭州：浙江摄影出版社，2004 年版，第 104 页。

23 参见吴琼：《图像的力量——中世纪圣像论争的理论价值》，载《文艺理论研究》2016 年第 1 期。

24 参见 Roy Strong, *The English Icon: Elizabethan and Jacobean Portraiture* (Studies in British Art), London: Routledge & Kegan Paul PLC, 1969.

场所和家里的挂画等在英国底层社会的流行。

这场宗教改革运动对世俗艺术还产生的一个影响是，它开启了后世的语言图本艺术、抽象艺术以及后世绘画中耶稣形象与超自然的宗教启示功能的剥离。因着第一代、第二代宗教改革家总体上强调文字在传达信仰真理方面的优先性，图像不可表征上帝的形象，由此，他们有意无意地弱化和降低了图像的形象功能，即图像再现的功能，在他们观念的影响下宗教改革地区在宗教出版物比如《圣经》、信条、圣诗、祈祷书中一方面保留了图像的形象功能比如再现性版画，另一方面也出现了一股反自然主义图像风格的思潮，即在一些教堂、宗教出版物中图像以文字文本、纹章、图解甚至图表的方式出现。比如，法国逻辑学家和哲学家也是加尔文信仰者特鲁斯·拉姆斯（Petrus Ramus，1515-1572）所创立的拉姆斯体系（Ramism），即强调通过逻辑和修辞结合的图表法来分析和陈述事物的方法，被应用在宗教出版物中，以此替代原有的宗教插图。约翰·福克斯的著作《殉教者书》（1583）中就采用了拉姆斯图表。1583年出版的英文《圣经》和1603年流行的日内瓦《圣经》，这两种圣经的创世纪第1章都采用了拉姆斯图表来展示这一章的逻辑结构和内容。[25]第一代、第二代宗教改革家对图像的形象功能的弱化和降低，也刺激和启发了比如康定斯基和马列维奇等现代抽象艺术。[26]既然图像不能表征上帝形象，不能扮演宗教的角色，那么后世画家在绘画耶稣形象时对其去魅、剔除其宗教部分，主要表达一种个人情怀就成了必然。这方面的作品有德国浪漫主义风景画家弗里德里希（Caspar David Friedrich，1774-1840）的《山上的十字架》（1807）[27]，法国后印象派画家高更（Paul Gauguin，1848-1903）的《黄色的基督》（1889）、

---

25 以上内容参见 William A. Dyrness, "England and the visual culture of the Reformation," *Reformed Theology and Visual Culture*, Cambridge: University Press, 2004, pp.128-137.

26 参见 Sergiusz Michalski, *Reformation and the Visual Arts: The Protestant Image Question in Western and Eastern Europe* (Christianity and Society in the Modern World) Reprint Edition, London and New York: Routledge, 1993, introduction.Sergiusz Michalski 在该书导言部分还提到了1983年霍夫曼（Werner Hofmann）在汉堡策划了一个"马丁路德与艺术的后续"展，表现学界和艺术界开始关注宗教改革对后世艺术的影响。

27 Joseph Leo Koerner 在 *The Reformation of the Image Chicago*（University Of Chicago Press, 2008, p.11.）中提到了宗教改革对德国风景画家弗里德里希（Caspar David Friedrich，1774-1840）视觉构图的影响，"他（弗里德里希）把宗教图像转换成依情况而定的社会现实，不管是作为他描绘的放在当地山顶上的十字架，还是他自己创造的作为艺术的浪漫工作……他无视现实地把风景的世俗类型翻转成祭坛的神圣形式。"

《绿色的基督》（1889）、《橄榄园中的耶稣》（1889），德国表现主义艺术的先驱诺尔德（Emil Nolde，1867-1956）的《最后的晚餐》（1909），英国画家斯宾塞（Stanley Spancer，1891-1959）的《最后的晚餐》（1920），西班牙超现实主义画家达利（Salvador Dali，1904-1989）的《最后的晚餐》（1955）等。

三、评价

第一代、第二代宗教改革家总体认为图像是偶像而不是圣像，有其积极的一面，他们继承了中世纪的破坏偶像理论，提倡耳朵优先于眼睛的信仰。中世纪的破坏偶像理论，可以用吴琼的话作为总结，"在上帝的表征性问题上，捣毁圣像者的立场甚为明确：上帝的形象是不可表征的，因为上帝的本质是一种属灵的神秘性，根本无法诉诸于形象，也无法为眼睛所看见，即便道成肉身的耶稣的画像，所再现的也只是其可见的、属人的肉身化形象，至于那属灵的本质，则是可感的形象无法传达的。基于这样一个立场，捣毁圣像者认为，拜服神像是一种亵渎上帝的行为，因为第一，神像是人利用可感的物质材料制作的，其物质性的存在不仅不能再现神的本质，反而会干扰神的真光的显现；第二，神像崇拜容易把人引向对制作者的技艺以及神像本身的关注，神像崇拜者所敬拜的并非神，而是造像者的艺术或人造的幻觉性外观，以奥古斯丁的概念说，这些东西只会激起人的"目欲"，根本无法唤起心灵对神的本质的沉思；第三，更严重的一点在于，神像崇拜者总相信神像具有超自然的魔力，这不仅容易把信众引向多神教和异教的信仰，有时还会假借受到魔力的感召而走向一种非理性的肉欲放纵。"[28]

宗教改革家如加尔文等也吸收了《卡洛林书》的一些观点。《加洛林书》是8世纪末按西欧的法兰克福王国查理大帝的意愿编撰而成。《卡洛林书》表达了一种对图像的折中立场，既批判圣像崇拜，又不主张毁坏图像。《卡洛林书》认为，"画家有一定的能力提醒人们记住一些曾经发生过的事物；然后只能靠理智领会和语言传达的事物，则只能由作家通过文字的论述才能表述清楚。因此，说什么'画家并没有违背圣经，他们可以描绘圣经里所讲到的一切内容'，实属荒谬之谈。"[29]他们虽然否定绘画艺术本身具有的神圣性，绘画

---

28 吴琼：《图像的力量——中世纪圣像论争的理论价值》，载《文艺理论研究》2016年第1期。

29 《卡洛林书》，载迟柯：《西方美术理论文选》，成都：四川美术出版社，1993年版，第69页。

不应用于膜拜，但认为它们在基督教教义的传播中有着指导的实际用处，具有教诲的价值，认为绘画是未受教育者的文学，用于长期保持对历史事件的记忆，用于美化教堂墙壁。

总体上第一代、第二代宗教改革家对宗教图像使用的思考，有简单化和以偏概全的倾向。西方教会史上图像是圣像还是偶像之争，实则涉及四个方面的问题，即可见与不可见，摹本与原本，语言与图像，以及基督在圣礼中是以有形还是无形的方式临在等问题。本来上述这些关系中的两极有着密切的联系甚至相互缠绕，但经过一些宗教改革家对关系中的某一极的过分强调和推演，可见与不可见、摹本与原本、语言与图像等各自两者关系好像成了不能相互兼容甚至成了势不两立的敌对情况。比如一些激进的宗教改革家如慈运理、贝札反对一切图像的使用，认为图像就是偶像，他们却没有站在肯定图像使用一方去思考他们为什么要肯定图像使用的积极意义。西方的教会如奥古斯丁和尼萨的葛利高里等允许使用图像，但仅把图像作为众多手段中的一种手段，最终是要通过图像带领信徒进入更高的知性阶段，或帮助信徒更好的理解"真实"的上帝。东方教会的教父比如大马士革的圣约翰（约675-约749）就明确提出尊敬圣像，他在730年左右写成《论圣像》三篇，驳斥拜占廷皇帝利奥三世及其反对使用圣像的人。他承认画像和原型之间存在距离和差异，但相信人们不会混淆物质构成的画像和创造物质的上帝，人们敬拜的是后者而不是前者。他认为教会之所以在敬拜中使用画像，是为了迁就人类的有限，因为人类需要借助日常生活中有形、可感的形式，以类比、象征的方式去感知更高的存在，去模糊地理解难以触摸的、不可见的无形物。在朝向不可见的上帝的过程中，画像起着这样的中介作用，画像是不可见物的可见象征，赋予无形物以可感的形式，并使无形物在我们面前有了形式。[30]可见，宗教改革家包括加尔文等，对天主教和东正教的圣像的功能是有所误解的，加尔文就认定天主教和东正教把物质的形体即图像当作神来敬拜[31]。尼西亚第二次大公会议（754）就明确指出，圣像值得尊敬而不是崇拜，因为只有神圣的本质才是崇拜的对象，

---

30 St John of Damascus *On the Divine Images: Three Apologies Against Those Who Attack the Divine Images* Translated by David Anderson, New York: St. Vladimir's Seminary Press, 1980, pp.8-9, 20.

31 "既然连用一种物质的形体来代表神是不被允许的，更何况将之当作神或以为神附在它里面而敬拜它。"（加尔文:《基督教要义》（上），加尔文基督教要义翻译小组译，第72页）

而圣像从未声称可以构建神圣的本质。当代天主教现象学家马里翁认为，尼西亚第二次大公会议强调了圣像的象征逻辑，而不是"摹仿"逻辑，强调了圣像是一种可见的中转，让上帝不可见的目光透过可见的图像与崇拜者的目光相遇，而不是自己成为凝视的最终对象，"圣像弱化它自身的影像，以便于在那里防止任何自足性、自主性以及自我肯定。圣像颠倒了现代的影像逻辑：远远不是通过在荣耀之中标榜自己从而要求得到与事物等价的权利，相反，它把可见者的魅力从自己的脸面上消除掉……圣像并没有指望人们观看它，而是呈送自己，以便于人们可以观看或者可以通过它来观看。"[32]

加尔文、贝札反对图像的另一理由是上帝世界与这个世界之间分离如此巨大，以致图像的摹仿逻辑甚至象征逻辑都无法在这两世界之间进行沟通和传递信息，即摹本与原本之间、可见不与可见之间存在巨大分离，导致图像无法承担两者之间的沟通。但问题是阅读文字也很难避免因阅读文字内心激起图像化的画面和场景，尤其当《圣经》以故事形式展开就难免在阅读《圣经》时有图像化的画面涌现在读者的心头。既然语言会产生图像，那么通过语言激发产生的我们心中形象或图像，是否一定比外在具有物理性质的图像在传神达意方面更加可靠？

第一代、第二代宗教改革家强调文字在传递信仰方面优于图像，这符合《圣经》所展示的。《圣经》多处记载"有耳可听的，就应当听"[33]，《圣经》却没有说"有眼可看的，就应当看"。《圣经》记载上帝用语言创造这个世界，说要有光"就有了光"（创一 3）。耶稣的道成肉身虽具有形象性，但这并不意味着其他图像与耶稣的形象具有相同的地位，因为耶稣的道成肉身的形象是摹本与原型的合一，耶稣的形象也具有"言说"的能力，因为他拥有位格，而其他图像既存在摹本与原型的差异，也没有"言说"的能力，所以宗教改革家不赋予信仰尤其宗教仪式中图像的较高地位，这符合图像符号自身的表征特点。不过，另一方面，这并不意味着慈运理、加尔文、贝札一味否定形象在信仰中的作用就是对的。实质上，在信仰活动中，信徒是可以通过观看感性形象而达至精神高度的。有限的感性形象即摹本确实与无限的上帝原型存在着

---

32 让—吕克·马里翁：《可见者的交错》，张建华译，桂林：漓江出版社，2015 年版，第 90 页。

33 见《马太福音》十一 15，十三 9，43；《马可福音》四 9，23；《路加福音》八 8，十四 35。

本体论的差异，但作为有限存在的人，在表达和理解无限和不可见方面，需要借助有限、可感受、可见的，才能去理解和传递无限、抽象和不可见的，正因为上帝具有无限、抽象和不可见性，有限、可见、可感的圣像藉着象征作用在引导信徒走向上帝过程中尤为重要。

说到底，第一代、第二代宗教改革家与天主教在图像使用方面双方存在的分歧背后涉及到如何看待人类最基本的两种表征符号语言与图像的关系问题。毫无疑问，圣像反对者强调听觉高于视觉，言语在表征和传递信仰方面高于图像，圣像崇拜者则强调视觉的重要性，至少认为视觉在表达信仰方面的不可或缺。他们的思考背后也涉及到两种文化类型即视觉文化与听觉文化之间的关系和斗争问题。中世纪教会内部引起的偶像与圣像之争，是希伯来文化与杂糅了希腊视觉中心主义的基督教文化之间的斗争，宗教改革时期宗教改革家与天主教在有关图像方面的争论延续了这一传统。在大公传统里，这些差异已被内在化，这就为新教与天主教在图像方面的分歧和论争提供了可能。

宗教改革家对艺术家想象力和图像使用的限制，也降低了艺术创作中想象力的重要性。宗教改革家强调恩言的救赎作用没有错，但上帝既是救赎的，也是创造和宇宙万物的。若过于强调艺术的救赎，则牺牲了艺术自身的创造和美感，而艺术的创造和美感来自于上帝。实际上，艺术创造出来的存在范围不是已有的现实之物所能概括，也不是知性可以把握，艺术的创造具有了神秘的、自由的、开放的特征，在这一意义上，艺术所展现的某种神圣性与上帝的创造相关联，艺术的源头与上帝获得联结；反之，并不是表现了某种宗教题材的艺术就使该艺术具有某种神圣性，艺术中所展现的某种神圣性并不一定与宗教题材相关，就如保罗·蒂利希所说的："不要相信如果你描绘宗教题材，你就能制造出宗教的本质。"[34]所以，作为一种创造的文艺理应保持一种开放的、自由的、奥秘的写作，而不是基于某种教条式的教义和概念式的立场写作。文艺创作有"宗教性"，并不意味传达时要时时围绕某一教义和立场进行写作，若局限于教义写作，虽传达的内容符合教理，但却违反了创造的本性。

---

34 保罗·蒂利希：《艺术与社会》，成璨译，载查常平主编《人文艺术》第 9 辑，第 391 页。

宗教改革时期言像之争的反思[1]

内容提要：

　　宗教改革时期天主教与新教存在言像之争。新教拥言反像，反对图像在宗教领域内的使用，由此在教会内兴起了一场破坏教堂画像的运动，天主教肯定图像在言说上帝的能力，拥护形象的合法性。本文对两者的言像之争进行反思，认为双方的言像之争延续各自不同的文化传统，即新教延续强调听觉的犹太文化，天主教延续注重视觉的希腊文化。双方言像之争中尤其新教把语言与图像符号内在关系的分割，是不符合语图两种符号相互交织、不可分离这一特征的，即语言符号存在"图说"，图像符号也存在"言说"的欲望。

关键词：宗教改革、言像之争、新教、天主教

　　在整个基督教历史上，共有三次大规模的言像之争，即两次拜占庭时期[2]和一次中世纪宗教改革时期。其中以宗教改革期时期言像之争的观点最为复杂，学界通常认为宗教改革始于德国神学家马丁·路德于1517年提出的《九十五条论纲》，终于1648年三十年宗教战争之后产生的巴伐利亚和约[3]。这场运动展现了新教和天主教在言像观上的对立冲突。宗教改革时期天主教的言像观以天主教著名的特兰特大公会议（The Council of Trent，1545-1563）相关教规教令以及大公会议中相关天主教人士的言像观为代表。新教言像观的观

---

1 本文与王桐合作。王桐，南京大学文艺学硕士，现在浙江省杭州市富阳区人社局工作。

2 分别为公元726-787年，公元814-842年。

3 参见玛丽·富布卢克：《剑桥德国史》，高祎嬉译，北京：新星出版社，2017年版，第59-67页。

点以马丁·路德、加尔文等为代表。新教拥言反像，反对图像在宗教中的使用，认为图像在宗教中的使用危害很大，使图像成为偶像崇拜；天主教肯定形象的合法性，拥护图像在宗教中的合法使用。本文主要不是展现宗教改革时期双方的具体论争，而是以双方言像之争为契机，反思言像之争背后涉及的文化传统以及语图符号关系，希冀从一个新的视角来审视这场言像之争，从而给予它们一个更公允的全面评价。

一、传统文化类型对言像观的影响

宗教改革时期的言像之争从文化角度来看应该追溯到欧洲的文化传统。在古希腊文化中存在着对视觉的重视。古希腊哲学家赫拉克利特提出"眼睛是比耳朵更可靠的见证"，之后柏拉图继承发扬了这种视觉中心的思想，他在《理想国》中强调"光是可敬的"[4]，认为人有视觉正是因为光的帮助，提出将"视觉和可见性联结起来……不是可敬一点点的问题"[5]，此外，柏拉图还将哲学家治理国家比作画家作画，提出"无论哪一个城邦如果不是经过艺术家按照神圣的原型加以描画，它是永远不可能幸福的"[6]。这便充分说明了在古希腊时期，已经有重视视觉的传统，即重像轻言。此后柏拉图的弟子亚里士多德在《诗学》中讨论诗歌起源问题的时候认为画像与人在幼年期的模仿本能相关，看画的行为能体现出人的求知欲，是人类智慧的初期表现，"我们一边看画，一边在求知，在推断每一画像为何物，譬如说'这是某某'"[7]。简言之，亚里士多德通过"模仿说"的提出来说明在追寻知识和真理的过程中，视觉参与的重要性。此外，贺拉斯认为眼见为实，提出"观众耳闻的事情，即使是惊心动魄，总不如亲眼看见这么可信而清楚"[8]。卢奇安也提到"视觉更有力量……因为语言有翅膀'一言既出，驷马难追'。但是视觉的快感是常备的，随时可以吸引观众"[9]。之后，古罗马时期的哲学家，柏拉图"理念说"的继承者普罗丁在其《九章集》第一卷第六章开篇中提到"美主要是诉诸视觉。"[10]这位哲学家认为美起源于视觉，

---

4 柏拉图：《理想国》，郭斌和、张竹明译，北京：商务印书馆，2011 年版，第 268 页。

5 柏拉图：《理想国》，郭斌和、张竹明译，第 268 页。

6 柏拉图：《理想国》，郭斌和、张竹明译，第 256 页。

7 参见章安祺编订：《缪灵珠美学译文集》（第一卷），北京：中国人民大学出版社，1998 年版，第 6 页。

8 章安祺：《缪灵珠美学译文集》，第 47 页。

9 章安祺：《缪灵珠美学译文集》，第 141 页。

10 章安祺：《缪灵珠美学译文集》，第 235 页。

视觉美能使人更加深入地思考哲学问题，从而促进哲学的发展。从我们列举的古希腊罗马时期哲学家的观点可以看出古希腊文明更热衷于视觉。由此，希腊人喜爱绘制图像，他们将自己的神话故事用图像绘制出[11]，在古希腊人看来，宗教所特有的魔力可以通过视觉艺术来获得。简言之，希腊文明更倾向于图像符号，重视视觉和可见，推崇图像符号在表征上的地位。

而希伯来文明则与希腊文明相反。希伯来文明重视听觉和言语。《圣经·旧约》是由希伯文写成的，《旧约》强调的是听与言说而不是看与视觉，如上帝通过言语行为创世，"神说：'要有光'，就有了光。"[12]撒母耳对上帝的召唤回答："请说，仆人敬听"[13]，以色列面对上帝的责备，回答："天哪，要听！地啊，侧耳而听"[14]，"以色列啊，你要听"[15]等。《旧约》中作为描绘上帝形象的图像是明确禁止的，旧约中直接表达出对偶像的否定，其中的摩西十诫表明了反对形象的态度[16]，这些《圣经》中的语句表现出《旧约》对听觉和语言符号的重视。简言之，希伯来文化传统中，语言符号占据着表征的主导地位。

由此看来，欧洲基督教文化一方面受到了古希腊的视觉中心主义传统的影响，另一方面又有着希伯来文明中对听觉和言说的重视。于是，围绕着视觉的功能以及视觉和听觉哪一个更为优先的问题，在神学家当中引起了广泛的争论。

基督教一方面认为因信称义来源于"听"，如新约《罗马书》所说："可见信道是从听道来的，听道是从基督的话来的，但我说，人没有听见吗？诚然听见了"[17]，这里直接点明了基督用语言来传递真理，启示大众，只有通过对基督话语的把握，才能接近那神圣不可见者。曾庆豹认为这表明"除非人对上帝之言做出倾听的动作，不然，上帝仍然是隐藏的，而且人根本无法谈论或者思考上帝……人之所以可以进入谈论上帝的阶段，是因为先有上帝的言说，我们对此言说作出倾听的动作……任何神学作品都不过是倾听《圣经》所说的话，

11 贡布里希：《图像与眼睛：图画再现心理学的再研究》，范景中等译，南宁：广西美术出版社，2016 年版，第 210 页。

12 《圣经·创世记·第一章》，上海：中国基督教协会，2009 年版，第 1 页。

13 《圣经·撒母耳记上·第三章》，上海：中国基督教协会，2009 年版，第 260 页。

14 《圣经·以赛亚书·第一章》，上海：中国基督教协会，2009 年版，第 658 页。

15 《圣经·申命记·第六章》，上海：中国基督教协会，2009 年版，第 172 页。

16 "不可为自己雕刻偶像；也不可作什么形像仿佛上天、下地和地底下、水中的百物。"（《圣经·出埃及记·第二十章》，上海：中国基督教协会，2009 年版，第 76 页。）

17 《圣经·罗马书·第十章》，中国基督教协会，2009 年版，第 177 页。

并告诉我们神学家所听见的。"[18]正如奥特所言:"上帝不愿在人世之外,而只愿在人世之中被呼唤、找到和尊敬。上帝的耳朵在凡人身上,不是在其听觉中,而是在其振聋发聩中"[19]。

另一方面也用一些具象的形象化比喻如羔羊[20]、云彩[21]来刻画耶稣基督,尤其《新约》中对耶稣道成肉身和身体形象的强调,这使得图像支持者在道成肉身基督里找到了支持用图像符号表征不可见的上帝依据。此外,《圣经》中一些比喻性的形象描写,都为图像符号的表征的合法性提供了依据。如在《旧约·创世记》中记载的对方舟具体尺寸的刻画:"方舟的造法乃是这样:要长三百肘,宽五十肘,高三十肘。方舟上边要留透光处,高一肘。方舟的门要开在旁边。方舟要分上、中、下三层。"[22]在《旧约》中,也详细描述了如何搭建会幕,其中提到在施恩座的两头要用金子做两个连接一块的基路伯,并对基路伯的位置都有详细的描述[23]。在《列王纪上》所罗门王建造圣殿和王宫这一部分中,《列王纪上》的作者详细描绘了殿宇里柱子的花纹、内部图像装饰、格子结构[24]。在《列王记上》中也有对铜牛驮海制造的形象叙述[25],这些都使得图像符号在基督教的表征和启示活动中不可或缺。

可见,宗教改革时期的言像之争背后反映的是两种不同传统的,一是强调听觉和言词的希伯来传统,一是重视看和视觉的希腊传统,而新教传承了希伯来传统对听觉和言词的至上性,拥言反像,而天主教吸收了希腊文化传统对视觉的重视,肯定了形象的合法性。

---

18 曾庆豹《上帝、关系与言说——批判神学与神学的批判》,上海:华东师范大学出版社,2008 年版,第 88 页。

19 H·奥特:《不可言说的言说》,林克、赵勇译,北京:三联书店,1994 年版,第 146 页。

20 《彼得前书》中写道:"乃是凭着基督的宝血,如同无瑕疵、无玷污的羔羊之血。"(见《圣经·彼得前书·第一章》,中国基督教协会 2009 年版,第 260 页);《哥林多前书》中便有这样一句:"因为我们逾越节的羔羊基督,已经被杀献祭了。"(见《圣经·哥林多前书·第五章》,上海:中国基督教协会,2009 年版,第 187 页)。

21 《马太福音》"说话之间,忽然有一朵光明的遮盖他们,且有声音从云彩里出来说:'这是我的爱子,我所喜悦的,你们要听他。'"(见《圣经·马太福音·第十七章》,上海:中国基督教协会,2009 年版,第 21 页)。

22 《圣经·创世记·第六章》,上海:中国基督教协会,2009 年版,第 5 页。

23 《圣经·出埃及记·第二十五章》,上海:中国基督教协会,2009 年版,第 77 页。

24 《圣经·列王纪上·第七章》,上海:中国基督教协会,2009 年版,第 325-326 页。

25 《圣经·列王纪上·第七章》,第 326 页。

　　宗教改革时期言像之争的激烈和分歧，不仅仅因为双方传承了不同的文化传统，更主要是在这场论战中他们（尤其新教）在理解语图符号关系时有把这两种表征符号割裂开的明显倾向，事实上，试图用一种二元对立的思维来讨论哪种符号承担对真理和启示的表征不是一个很好的预设，这也不符合语图符号自身的内在关系，即语图符号是不可分离的。

二、语图符号的不可分离性

　　从语图符号学角度来看，在符号的表征领域，不存在纯粹的图像和纯粹的语言，也就是说视觉思维与语言思维之间的互动是不可避免的。正如艺术史家米歇尔（W. J. T. Mitchell）在《图像理论》中提出语言与形象应该"超越比较"[26]，在图像与语言之间存在一种既不是图像依附文本释义，也不是文本利用图像再现的文图合成的综合形式，即"形象文本"[27]。语言符号和图像符号两者之间的不可分割性共同构成作为一种混合的表征结构存在"形象文本"[28]，语言符号具有"图说"功能和图像符号因具有生命性而产生"言说"欲望，使得两种符号共生共存。

　　米歇尔在《图像时代中的词语与图画》中认为，"图像作为文本可读的启示已经不再是一种启示了……启示只是将传统的解释方式转换成新的语言……在这种转换中，一些古老而持久的东西可能已经被遗忘了……而这种古老而持久的东西，正是言与像在作为整体呈现时所保留的异质性。"[29]言与像并不是绝对对立的，异质性的存在正是因为无法将言和像之间进行清晰的界限划分，它们作为表意符号两者之间的关系是流动的，"图像无法避免语言的侵入，而文本中始终也有形象的参与。因此，与其纠结于图画或文本的纯粹性而做一些无谓的比较研究，不如将它们接受为语言和形象互补共存于其中的'异质图画'。"[30]后来，米歇尔在《图像理论》一书中对"异质图画"的思

26　米歇尔：《图像理论》，陈永国、胡文征译，北京：北京大学出版社，2006 年版，第 71 页。

27　米歇尔：《图像理论》，陈永国、胡文征译，第 77 页。米歇尔通过列举古德曼、贡布里希、莱辛和伯克看待语言和视觉再现之间关系的观点，提出"形象文本"概念。

28　Christine Wiesenthal, Brad Bucknell, "Essays into the Imagetext: An Interview with W.J.T.Mitchell," *Mosaic*, Vol. 33 no. 2, 1994, p.17.

29　Andrew McNamara, "Words and Pictures in the Age of the Image: An Interview with W. J. T. Mitchell," *Eyeline*, No. 30, Autumn-Winter 1996, pp.16-21.

30　徐丽娜：《米切尔与图画转向》，载《同济大学学报（社会科学版）》2012 年第 3 期，第 89 页。

考有了进一步发展，他提出了"形象文本"这一概念，即"把形象和文本结合起来的合成的综合性作品"[31]。这就意味着无法简单通过语言和图像之间单一的异同比较，去认知和研究它们在基督教中的表征，因为图像符号和语言图像是统一共生，混合存在的，是一种无限的关系，是不可分离的，无法明确两者的异同和界限。正可谓"一切媒介都是混合媒介，一切艺术都是合成艺术"。[32]图像再现和话语之间的交织关系是无法解开的，视觉经验和语言经验之间的重叠状如鱼鳞，不可分割[33]，语言符号和图像符号作为合成体出现。

我们可以从两方面一窥语图符号不可分离而形成的"形象文本"或"异质图画"，一方面是图像和文字相结合，虽然指涉不同，但在表达上融为一体，共同表征真理。笔者认为这方面的例子可以以圣像人物画与圣经的混合艺术来进行说明。如图1，这是马格达伦传奇大师（the Master of the Magdalena Legend）的木版画作品《圣家族》。画面的中景是一尊摩西的雕像放置在龛体中，摩西本人手中展示着刻有十诫的经文。画面中摩西的雕像与《十诫》的圣经文本相结合。这说明当时已经出现了将语言符号和图像符号相结合进行表征，也就是说，语言符号和图像符号在这幅画中不再是二元对立的存在，它们之间无法进行清晰的界限划分，它们共同构成"异质图画"，即所谓的形象文本，这也使得语言符号或图像符号获得了摆脱附属对方转而形成一种平等对话的地位。

图1 马格达伦传奇大师，《圣家族》，1515-1525 年[34]

---

31 米歇尔：《图像理论》，陈永国、胡文征译，第 77 页。

32 米歇尔：《图像理论》，陈永国、胡文征译，第 94 页。

33 米歇尔：《图像理论》，陈永国、胡文征译，第 71 页。

34 该图转自安妮·麦克拉纳、杰弗里·约翰逊：《取消图像：反偶像崇拜个案研究》，赵泉泉等译，南京：江苏美术出版社，2009 年版，第 195 页。

　　另一方面，基督教艺术为了避免虚言和不属实的图像的产生，会采取将图像符号和语言符号结合，以达到更好的表征效果。正如查泽尔（Chazelle. C. M）在其关于《加洛林书》的研究著作中提出，基督教图像相似性在艺术再现中是很重要的，如果出现图像创作得不好，或是受到损坏，观者就有可能在对主题进行识别的时候产生误解。[35]如果一幅图像被从其原来所处的位置移走，并且图像本身缺乏相似性，那么观者无法辨别图像表现的人物[36]，这时言的作用显得格外重要。卡密尔（Michael Cammille）认为标注能够从非常基础的文字层面使得观者区分正确的图像和错误的图像，人们经常对画出来的图像的物质性不信任，在于信众无法对它们进行辨别，但这种不信任可以通过语言以标注的形式对其进行定义来消除[37]。

　　正如教皇大格里高利（Pope Gregory the Great，约540？-604年）对这一问题表示，如果有了言的帮助，宗教图像的价值就更容易显示出来[38]。这充分说明了语言符号和图像符号的结合能使得宗教意义更加明显号。简言之，语言符号和图像符号的结合所形成的"形象文本""将现在的知觉、过去的记忆以及将来的期望——刺激模式、痕迹和符号化过程综合为一个共同的组织"[39]。

　　用米歇尔的话来说，这意味着言以直接或间接的方式介入图像，即无论图像如何展现，都离不开言。艺术史上一些抽象图像看似摆脱了言的入侵，实则只是阻止了一部分言的强制介入，并没有完全消除言对抽象图像的解释意义。从而需要依靠更多的理论性语言进行解释，并且其中蕴含的话语与主题是无法消解的。米歇尔认为言对像的介入比像对言的介入更为明显，"语言、叙事、以及话语永远不能——也永远不应该——被排斥在外"[40]。

　　但这是否这意味言可以随意对像进行标注，答案是否定的。"如果对名字的描述能够使图像获致它所代表的圣人的荣耀，那么任何写有从前圣人名字的旧物都能够获得它们的荣耀——木头，石头，衣服，所有写有相同圣人姓

35　Chazelle. C. M., *The Crucified God in the Carolingian Era: Theology and Art of Christ's Passion*, Cambridge: Cambridge University Press,1986, p.43.

36　Ibid., p. 165.

37　转引自安妮·麦克拉纳、杰弗里·约翰逊：《取消图像：反偶像崇拜个案研究》，赵泉泉等译，南京：江苏美术出版社，2009年版，第146页。

38　转引自贡布里希：《图像与眼睛：图画再现心理学的再研究》，范景中等译，南宁：广西美术出版社，2016年版，第150页。

39　贡布里希：《图像与眼睛》，范景中等译，南宁：广西美术出版社，2016年版，第45页。

40　米歇尔：《图像理论》，陈永国、胡文征译，第209页。

名的东西都获得了和圣人本身同样的荣耀。"[41]这句话意味着光有言是不够的，要使得标注起作用，它必须和图像进行匹配，图像和标注必须指向同一样的对象，错误的标注会使得信徒误入歧途，标签不能赋予物体以神圣性[42]，研究拜占庭文化的英国学者莉兹·杰姆斯（Liz James）就曾提及"一个人发现一尊没有被标明身份的雕像，这尊雕像是一名女子抱着一个婴儿，但信徒没有发现文字说明的标签，就很难辨别它是圣母与圣婴，还是撒拉（Sara）和以撒[43]（Isaac）"[44]，由此可见，言可以让信徒对像进行区分和辨认，从而消除因图像物质性而产生的不信任，如果我们将图像看作是迷宫，对其进行诠释的言则是神话中的"阿里阿德涅"之线，身处迷宫的人需要牵着"阿里阿德涅"之线才能走出迷宫。

三、语言符号的"图说"

从语言符号本身来说，它自身包含"图说"。比如，一旦语言言说具有文学性，在语言中成象，这就为语象转化成图像和可见性提供基础。作为文学理论术语"语象"一词，最早出现在新批评派学者维姆萨特的著作中，指的是一个语言符号在人意识层面留下的图画与此语言符号所要表示的物体相似。[45]赵毅衡对"语象"做出了本质化的定义，认为它"不是具象的词语，而是具词的象"[46]，强调了"语象"借助语言与文本载体，而又并非文本所直接书写出来的显性内容。它作为"具词的象"，存在于可视且可辨识的文字能指之中，本质上是一种由语言生成的象。语言中的声音也带有形象。索绪尔认为"语言符号连接的不是事物和名称，而是概念和音响形象。"[47]并指出语言的心理部分可以分为能指和所指，能指指的是音响形象，所指指的是概念，[48]这意味着

41 安妮·麦克拉纳、杰弗里·约翰逊：《取消图像：反偶像崇拜个案研究》，赵泉泉等译，第147页。

42 安妮·麦克拉纳、杰弗里·约翰逊：《取消图像：反偶像崇拜个案研究》，赵泉泉等译，第148页。

43 以撒是圣经中亚伯拉罕和妻子撒拉所生的唯一儿子。

44 安妮·麦克拉纳、杰弗里·约翰逊：《取消图像》，赵泉泉等译，第147页。

45 W. K. Wimsatt, *The Verbal Icon: Studies in the Meaning of Poetry*, Kentucky: The University Press of Kentucky, 1954, p.1.

46 赵毅衡：《诗歌语言研究中的几个基本概念》，载《诗探索》1981年第4期，第146页。

47 索绪尔：《普通语言学教程》，高名凯译，北京：商务印书馆，2011年版，第101页。

48 索绪尔：《普通语言学教程》，高名凯译，第33-34页。

"'音'是语言的物性存在,'象'是声音的心理表征,即'音中有象',就语言而论,语音是语象的物性载体,语象是意义的话语表征……语象对于意义是如影随形"[49]。由此,语音传达的意义是用形象进行表征的,语言是以"音响的形象"显现自身在心理世界的意义。[50]

米歇尔在《图像理论》中总结了文本图像性在三个方面的体现:首先文字作为言语具有可视性;其次,视觉再现之语言再现,即语言可以把看不见的内容变成一种可视的图像;最后,文本的叙事和描述有强烈的图像性。[51]在《圣经》中,文字可以成像,文本具有图像性,图说寓于语言符号之中,像蕴涵在言中。因此,圣经文本中语中有象,语符含象在于圣经文本使用了强烈图像性的艺术手法,如:描写、叙事和比喻等。W. J. T 米歇尔认为"语言符号的图像化再现最完整的诗歌再现见于古希腊的田园诗,即叙事诗。"[52]叙事诗中言的图像化再现效果好的原因在于其叙述和描写的写作手法。《圣经》里也有大量的叙述和描写,对事物的空间描写,如在《出埃及记》中有对摆放事物的空间描写:"……你要立起帐幕,把法柜安放在里面,用幔子将柜遮掩。把桌子搬进去,摆设上面的物。把灯台搬进去,点其上的灯。把烧香的金坛安在法柜前,挂上帐幕的门帘。把燔祭坛安在帐幕门前。把洗濯盆安在会幕和坛的中间……又在四周立院帷,把院子的门帘挂上……'"[53]此处语言的描写与叙事构成了空间画面感,这使得此处《圣经》中的语言符号具有了"图说"的功能。

《圣经》中也有一些色彩和视觉描写,比如在《出埃及记》里:"……又用蓝色、紫色、朱红色线并捻的细麻,以绣花的手工作腰带……他用精金作圣冠上的牌,在上面按照图书之法,刻上'归耶和华为圣'。又用一条蓝细袋子,讲牌系在冠冕上……"[54]这些颜色词语和日常生活可见的物品的能指本身就带着图像可见的特征,它们在视觉再现之语言再现的某个层面上与它们所描写的视觉形象相通,通过描述,将视觉符号再现转化成语言符号再现,在信徒阅读《圣经》时,再将语言再现转换成视觉再现。

49 赵宪章:《"文字成像"缘自"语中有象"》,载《中国社会科学报》2014 年第 10 期,第 1 页。

50 赵宪章:《文学成像的起源与可能》,载《文艺研究》2014 年第 9 期,第 20 页。

51 米歇尔:《图像理论》,陈永国、胡文征译,第 90-100 页。

52 米歇尔:《图像理论》,陈永国、胡文征译,第 137-170 页。

53 《圣经·出埃及记·第四十章》,上海:中国基督教协会,2009 年版,第 93 页。

54 《圣经·出埃及记·第三十九章》,上海:中国基督教协会,2009 年版,第 92 页。

《圣经》中也有大量的场景刻画，如《出埃及记》中对以色列和埃及人战争的描绘："……以色列人下海中走干地，水在他们的左右作了墙垣。埃及人追赶他们，法老一切的马匹、车辆和马兵都跟着下到海中。到了晨更的时候，耶和华从云、火柱中向埃及的军兵观看，使埃及的军兵混乱了；又使得他们的车轮脱落，难以行走……"[55]《马太福音》中的场景描绘："……他就看见神的灵仿佛鸽子降下，落在他身上。"[56]这些场景的详细刻画，使得语言符号具有图说的能力。

通过以上对《圣经》的分析，其文本具有文学性，有语象的产生，并且在艺术手法上，使用了叙述，描写和比喻，使得《圣经》的文字可以成像，文本具有图像性，图说寓于语言符号之中，像蕴涵在言中。

四、图像符号的"言说"欲望

在西方社会中，有一种观点认为图像是有生命的，米歇尔在其《图像何求》中提到了马克思和弗洛伊德对物神概念的相关研究[57]，并肯定视觉再现具有生命性[58]；伽达默尔（Gadamer）在《真理与方法》中就已经明确提出了图像的生命[59]；基思·莫西（Keith Moxey）在其著作《视觉研究与图像转向》中认为现今出现了一个新的趋势，即"关注图像自身存在的在场性，即其作为生命体的地位"[60]。米歇尔在《图像何求》中认为圣经的第二诫中，禁止制作偶像的禁令不是仅仅禁止上帝的形象和敌对神的形象，而是禁止人制造任何物的图像，这种图像无论以何种媒介的形式出现，这其中的原因在于因为形象必然如我们所说"有其自己的生命"，如果人开始制造形象，就意味着人可以如同上帝一样创造生命，从而取代上帝，因此具有冒犯性[61]。同米歇尔一样，艺术史家波姆（Gottfried Boehm）在《什么是一个图像？》中认为图像的在场性意味着图像具

---

55 《圣经·出埃及记·第十四章》，上海：中国基督教协会，2009 年版，第 66 页。

56 《圣经·马太福音·第三章》，上海：中国基督教协会，2009 年版，第 3 页。

57 转引自米歇尔：《图像何求》，陈永国、高焰译，北京：北京大学出版社，2018 年版，第 29-30 页。

58 W. J. T. Mitchell, "What Do Picture Want? A Idea of Visual Culture", in *In visible touch: modernism and masculinity,* Terry Smith (ed.,) Chicago: University of Chicago Press, 2005, p.30.

59 伽达默尔：《真理与方法》，洪汉鼎译，上海：上海译文出版社，1999 年版，第 193 页。

60 Keith Moxey, "Visual Studies and Iconic Turn", *Journal of Visual Culture*, Vol. 7, No. 2, 2008, p.137.

61 米歇尔：《图像何求》，陈永国、高焰译，第 145-146 页。

有生命，《圣经》的第二诫对偶像的禁令，以及摩西反对亚伦为以色列人制造用来崇拜的金牛犊，都意味着图像具有生命。[62]正因为图像具有生命，它便欲求它所缺失的东西[63]。关于图像欲求何物，米歇尔认为此类问题类似于弗洛伊德的"黑人何求"和法侬的"妇女何去"问题。[64]正如贡布里希提出图像具有"皮格马利翁效果"一样[65]，米歇尔也认为图画"会想要一种对观者的掌控"，"想用某种方式控制观者，简言之，图像的欲望就是要与观者交换位置，使得观者惊呆或者瘫痪，把观者变成供图像凝视的形象，这就是'美杜莎效果'"[66]，即图像有一种让人去观看的吸引力。米歇尔在之后的论证中进一步提出图像的欲望缘于图像缺乏表达自己的机制[67]，因为在传统表达中图像经常被简化成语言[68]。图像想要的东西，是我们未曾给予的，即足以支持其本体存在的视觉性的观念[69]。图像作为符号媒介，与语言有着同等重要，图像想要的是与语言享有平等的权利，而不是被转换为语言、被阐释、被解码、崇拜、打碎。[70]由此，图像想被看作占据多重主体位置、具有多重身份的复杂个体，并且通过自身的特性进行言说。[71]简言之，"图像不再是维特根斯坦或者福柯们需要处理的利害对象，而是一个可以言说、行动、欲望的主体。"[72]而对待此种情况，"我们的任务不是要克服这些态度，而是要理解它们，弄清它们的症状"[73]。

关于图像如何"言说"的问题，汉斯·贝尔廷（Hans Belting）[74]在其著作

---

62 Gottfried Boehm, *Was ist ein Bild?* (Bild und Text), München: Wlihelm Fink Verlag, 1994, p.332.

63 米歇尔：《图像何求》，陈永国、高焓译，第 41 页。

64 米歇尔：《图像何求》，陈永国、高焓译，第 28-36 页。

65 米歇尔：《图像何求》，陈永国、高焓译，第 87 页。

66 米歇尔：《图像何求》，陈永国、高焓译，第 36 页。

67 米歇尔：《图像何求》，陈永国、高焓译，第 41-42 页。

68 米歇尔：《图像何求》，陈永国、高焓译，第 49-50 页。

69 米歇尔：《图像何求》，陈永国、高焓译，第 49 页。

70 米歇尔：《图像何求》，陈永国、高焓译，第 50 页。

71 米歇尔：《图像何求》，陈永国、高焓译，第 49-50 页。

72 唐宏峰：《图绘理论：一部由图像构成的图像理论》，载《艺术观察》2019 年第 2 期，第 33 页。

73 米歇尔：《图像何求》，陈永国、高焓译，第 30 页。

74 汉斯·贝尔廷是德国海德堡大学和慕尼黑大学艺术史教授，主要代表作包括《相似和在场》（*Likeness and Presence: A History of the Image before the Era of Art*）、《艺术史的终结？》（*The end of the history of Art?*）、《现代主义之后的艺术史》（*Art history after Modernism*）、《形象的人类学：图画、媒体、身体》（*An Anthropology of Image: Picture, Medium, Body*）等。

《相似和在场：一部艺术时代之前形象的历史》中认为欧洲的圣像画创作有以相似性为基础的图式化倾向，但正因为这种图式化倾向，显示了圣像画表现对象在关于基督教神学理论和宗教祭祀上的在场性，因此圣像画有其自身的生命，可被称作"活的绘画"。[75]图像的这种图式化的"言说"可以辅助信徒的理解和记忆，使得信徒根据相似性最快理解图像想要"言说"的内容，从而以最快的速度领悟其背后的神圣启示。即人们之所以能够读懂圣经图像，并不是直接"望图生义"，而是依靠图像的"言说"欲望主动将其宗教意义展现给圣徒。在笔者看来，图像的"言说"具体可分为对具体场景描绘类的"言说"和对具体事件叙述类的"言说"。

首先，在具体场景的描绘上，图像的"言说"集中体现在根据现实生活中人们的视觉错觉，利用相似性塑造与之相似的场景，图像越真实，就越能唤起一种熟悉的现实感，虔诚的信徒就越会思索故事的警戒意义，也就越能认出故事中的每一个人物。在宗教与书的范围内，对圣经图像的要求主要是为了更加清晰明了的说教，即要求信徒从远处看圣经图像，可以一目了然，明白易认，如果过多追求绘画的技巧和方法，势必使得图像中增添一些陌生的东西，使得其"言说"变得嘈杂，这样就会扰乱信徒信众原本熟悉的景象，任何一种导致多义性的行为都应该被消除。如乔托在画圣像画中桌子（如图2）时，就采用了当时的图式，而这种图式的存在符合一种早已存在的人们视觉需要。

图 2 希律王的宴会 乔托[76]

在对神圣力量形象的创作上，画家在描绘人物表情时可以让表情有一种"言说"的欲望。

---

75 Hans belting, *Likeness and Presence: A History of the Image before the Era of Art*, Chicago: University of Chicago Press, 1997, pp.108-138.

76 该图转自贡布里希：《图像与眼睛：图画再现心理学的再研究》，范景中等译，南宁：广西美术出版社，2016 年版，第 22 页。

以乔托的《拉撒路的复活》（图 3）和拉斐尔的《摩西击磐出水》（图 4）
的图像为例。在乔托的《拉撒路的复活》（图 3）中，要表现拉撒路复活上的神
圣性的力量，就要格外关注每个形象的表情刻画，既然图像无法发出声音，那
么图像就需要靠图中人物现实的表情动作而不是象征性的动作去"言说"。在
《拉撒路的复活》中，图像的"言说"通过旁观者目睹整个复活场景的反应来
说明——当基督耶稣利用神力使得拉撒路复活的时候，他的两个姐姐跪在基
督面前，神态充满了敬畏和感激之情，身边观看者的形象在塑造上也使用了张
开嘴、捂住鼻子这种源自于日常生活的表情。赵宪章在《文学成像的起源与可
能》中指出，图像符号本身遵循"相似性"原则，图像被严格限定在视觉维度，
从而先验地决定了图像的隐喻本质。[77]这种与日常生活中表情极度相似的刻画
在《拉撒路的复活》图像中得到了展现，这使得该图像很好展示了自己"言说"
的欲望，该图像通过言说欲望的表达，向信徒展示了自身背后不可见的神圣力
量。再比如，《摩西击磐出水》（图 4）在刻画摩西击打磐石这一动作的时候，
画家遵循了日常人击打的程式化动作——摩西身体前倾，手臂举起，一只脚离
地，一只脚踩地，身后目睹这一场景的长老无不张大嘴表示惊讶，而口渴的以
色列人则迫不及待地伸出双手。图像上的这些符号单元通过日常经验指向各
个动作，如摩西的动作、长老的动作和犹太人的动作，这些动作都可以与日常
生活中的某种动作相对应，这就引发了信徒内心对摩西击打磐石出水这一行
为的惊讶和敬佩，通过这些动作和表情，该图像"言说"了摩西击打磐石出水
的背后神奇力量以及众人对之的敬畏。

图 3 拉撒路的复活 乔托[78]

77 赵宪章：《文学成像的起源与可能》，载《文艺研究》2014 年第 9 期，第 21 页。
78 该图转自贡布里希：《图像与眼睛：图画再现心理学的再研究》，范景中等译，第
87 页。

图 4 摩西击磐出水 拉斐尔[79]

　　相比于描绘形象的图像，叙述事件类的图像的"言说"方式较为复杂。这类图像"言说"的方式一般仍是程式化的图式，在这些图像中，采用的程式化图式是利用最富有孕育性的瞬间动作来表达图像的"言说"，即通过瞬间的动作生发出无穷的想象力。如伦勃朗创作的图像《圣彼得的拒认》[80]（图5）采用的"言说"方式是利用莱辛的"顷刻"理论，即选取"言说"欲望生成意蕴最多即彼得不认主和耶稣转身看彼得这一时刻，作为自己"言说"的核心信息。

图 5 圣彼得的拒认[81]

79　该图转自贡布里希：《图像与眼睛》，范景中等译，第88页。

80　该故事的《圣经》原文："他们拿住耶稣，把他带到大祭司的宅里。彼得远远地跟着。他们在院子里生了火，一同坐着，彼得也坐在他们中间。有一个使女看见彼得坐在火光里，就定睛看他，说：'这个人素来也是同那人一伙的。'彼得却不承认，说：'女子，我不认得他。'过了不多的时候，又有一个人看见他，说：'你也是他们一党的。'彼得说：'你这个人！我不是。'约过了一小时，又有一个人极力地说：'他实在是同那人一伙的，因为他也是加利利人。'彼得说：'你这个人！我不晓得你说的是什么。'正说话之间，鸡就叫了。主转过身来看彼得。彼得便想起主对他所说的话：'今日鸡叫以前，你要三次不认我。'他就出去痛哭。"（参见《圣经·路加福音·第二十二章》，上海：中国基督教协会，2009年版，第100页）

81　该图转自贡布里希：《图像与眼睛：图画再现心理学的再研究》，范景中等译，第96页。

　　在《圣彼得的拒认》中，占画面大部分的前景有四个人物，彼得的形象最丰满，可知其为主要人物，在他旁边画有三人则概括性图解为"三次不认主"。为了使得整张图像"言说"欲望更为强烈，伦勃朗让耶稣转身来看时，彼得的视线还在那三个人身上，这就暗示着彼得即将转头去看耶稣。图中的少女举着蜡烛靠近彼得的脸，审视他的面部特征，而图中的彼得仅仅是含糊的举手动作。画面中的彼得痛苦地面对着一位逼近他的女人和两位粗鲁的士兵。士兵的在场清晰地说明了彼得为什么拒绝认主，并且在画面右上方黑暗中若隐若现的基督的形象，基督也一直在面对迫害他的人，他正转着头来注视这位犯下过错的门徒。在构图上，伦勃朗也别出心裁，信徒在观看此幅图像时最先看到的是明亮的彼得，顺着照在彼得身上的光线看到了神圣力量的耶稣，最后才会注意到其他形象，这使得图像"无声胜似有声"。该图像符号通过色彩的搭配和人物图像位置的摆放，特别是通过明暗的调节达到了自己的言说的效果，赋予了图像中的人物和场景一种神秘的氛围。在该图像展示事件和"言说"氛围的过程中，观图者犹如在场，"陷入"其中，这进一步加深了对彼得拒认主这一事件的理解。

　　综上所述，宗教改革时期新教与天主教的言像之争有来自各自传承不同的文化传统的原因，新教传承的是听觉和圣言至上的希伯来传统，天主教传承的是肯定形象合法性、重视视觉的希腊传统。双方在言像之争中都存在在二元论的框架内讨论两者关系的倾向，尤其新教把两者的二元对立推向了极端。实际上，从语图符号学角度来看，言和像作为人类社会最基本的两种表征符号，两者是无法分离的，两者之间的关系无法仅仅通过对两者异同的简单比较来获得，它们一起构成了合成艺术，如米歇尔所说的"形象文本"。它们彼此相互交织，它们之间已经逐渐呈现为你中有我，我中有你的局面，语言符号具有图像性，"图说"寓于语言符号之中，图像符号具有生命性，有"言说"的欲望，言蕴涵在像中。

论美学与神学的会通及其意义[1]

内容提要:

　　美学与神学的会通, 一方面表现在传统的哲学美学和文艺美学研究中对神圣的关注。柏拉图和海德格尔都提倡美不是自然世界本身的属性, 美的背后有神圣的因素。文艺美学中对作家创造源头的研究则追溯到上帝, 认为, 创造所具有的开放、自由、奥秘的特征, 与上帝创造世界过程中所包含的奥秘及自由有着内在关联。某种程度上, 现代美学和艺术则不停地朝脱离了源始事件的形式倾注。另一方面也表现在神学中所包含的美学因素: 基督的形象与事件,《圣经》中的形象系列, 与基督教有关的文学艺术, 宇宙的创造秩序与形式, 对上帝体验过程中的陶醉和沉思。本文最后认为, 美学与神学会通意义是深广的: 对神学来说, 通过美学可以一定程度上激活神学, 扩大和调整以往自身研究范围, 并恢复神学和教会领域内的美学能力; 对美学来说, 通过神学可以纠正以往对自身限界的设置, 即人类学、心理学、视觉文化的设置, 扩大对美的超验研究。

关键词: 美学、神学、上帝、创造、超验美

　　对于美学与神学的关系, 时下学界开始逐渐关注, 瑞士神学家巴尔塔萨在这方面是奠基者, 他以三部 (六卷本)(《荣耀: 神学美学》) 和四卷本《圣神戏剧学》为主干来建构他的神学美学, 德国学者盖萨·艾斯贝斯·塞赛所编的《神学美学读本》及其在大学教授这门课程则成了这方面的极力推广者。[2]国

1　本文原载于国际核心期刊《汉语基督教学术论评》2013 年总第十五期, 在收录于本论文集时, 为保持与全书其他论文格式一致, 论文的脚注的格式作了一些变动。

2　巴尔塔萨的神学美学思想, 国内主要见其《神学美学导论》(刘小枫编选, 曹卫东、刁承俊译, 北京: 三联书店, 2002)。Hans Urs Von Balthasar. *The Glory of the lord:*

内也有学者开始关注美学与神学的关系，并出版《神学美学》刊物。[3]本文则通过美学与神学之间的相互对话来发掘两者相互渗透和交融的地方，藉此恢复美学在神学研究中应有的位置及其作用。

一、美学中的神圣因素

美学与神学之所以可以对话，并进行相互渗透和交融，首先表现在哲学美学[4]中。在一些哲学家看来，美的背后有神圣的因素。无论是西方美学的开端

A Theological Aesthetic, trans. T. & T. Clark Ltd, Great Britain: T. & T. Clark Limited, 1986. Hans Urs Von Balthasar. Theo-Drama: *Theological Dramatic Theory*, San Francisco: Ignatius, 1988. Gesa Elsbeth Thiessen. ed., *Theological Aesthetics: A Reader*, Michigan & Cambridge: Wm. B. Eerdmans Publishing Co., 2005.

3 国内有关神学美学的研究著作主要有孙津的《基督教与美学》，重庆：重庆出版社，1990），阎国忠：《美是上帝的名字：中世纪神学美学（上海：上海社会科学院出版社，2003)，雷礼锡：《黑格尔神学美学论》（武汉：湖北人民出版社，2005），宋旭红：《巴尔塔萨神学美学思想研究（北京：宗教文化出版社，2007）。另外《神学美学》（刘光耀、杨慧林主编，上海：上海三联书店出版，创刊于 2006 年，每年一辑）刊物则由湖北襄樊师范学院神学美学研究所主办。另外相关的研究论文有：张法《巴尔塔萨的神学美学》（《中国人民大学学报》2002 年第 4 期），赵广明《爱留根纳的神学美学》（《世界哲学》2006 年第 3 期）、李枫《消极浪漫与神学美学》（《中国比较文学》2008 年第 2 期）、郭珍明《汉语美学语境中的神学美学之思》（《厦门广播电视大学学报》2008 年第 11 期）等。

4 "美学"是一个内涵非常丰富的概念。从层次上它可以分为诗性的生存、感性的思维和学科的美学，它们分别对应于人类的生存方式、思维方式和知识学科类型，呈现出一种金字塔式的层次。"美学"（Aesthetic）的希腊语原文 Alsthetik（"埃斯特惕克"）意指"感觉、感性知觉"，它最初的语义是有关人对世界的情感，关联着人的在世结构和感性生存，显然，这种以诗性生存和感性思维为基点建构起来的美学应位于塔基，是对学科美学的奠基，学科美学位居顶端。一般认为，由于德国哲学家鲍姆嘉敦选择美学标示他所划分出来的新的哲学分支而开始在十八世纪中期流行，后经康德在三大批判中对人的三大认知能力的划分以确定各自的认知对象——科学、道德、审美，这以后"美学"才作为学科的一个分支跻身于19、20 世纪学科研究行列之中。但实际上，这门学科学科管辖之内的许多问题很早就得到研究，比如文艺问题，亚里士多德在《诗学》中直接研究戏剧和诗歌，莱辛的《拉奥孔》比较诗与画的异同。可以这么说，侧重对各种艺术理论共性进一步概括和抽象的美学与在哲学层面上展开美的本质追问的美学两者研究并行不悖。20 世纪以来，随着心理学的发展，从审美经验出发来研究审美活动中的心理规律成了美学的一个重要分支，产生了心理学美学；随着技术的发展，出现了由技术支配的视觉景观，由此也产生了技术支配下的视觉美学。本文在探讨美学中的神圣因素时涉及的美学更多是侧重于学科的美学，着重探讨美的本质和美的规律背后所蕴涵的神圣因素。在探讨神学中的美学因素时则涉及到美学的感性思维活动和心理活动，比如形象、陶醉、沉思等。

者柏拉图，还是 20 世纪存在主义美学的代表人物海德格尔都是这样认为。柏拉图借着苏格拉底的口认为美有更高的源起，那种因感官所带来的美是低级的：“美是否还有其它奇妙的原因呢，我现在还不知道，也没看到。假如有人跟我说，美的原因是颜色可爱，或是形状好看等等，我都不理会，因为颜色、形状等东西，使我迷惑不解。我只简简单单、或许是笨笨地抓住这一个原因：为什么一件东西美，因为这件东西里有绝对的美或沾染了绝对的美（随你怎么说都行），不管它是怎么样儿得到了这绝对的美”。[5]柏拉图对爱欲中的快感也进行了否定：“快乐不是第一位的财富，也不是第二位的，倒不如说，第一位的财富已经被永远安置在有尺度的领域中——尺度或恰当，……第二位的财富安置在有比例的、美丽的领域，或者完善的、令人满意的领域等等”。[6]一般动物对于神圣世界所塑造的生命形式毫无感觉，它们分辨不出节奏或和谐，但我们人类却不然，只有人类具有真正的审美能力，当神分派给我们做舞蹈的伙伴，他们同时也给我们和谐与节奏的快感。

在柏拉图看来，现象界可感可触及呈现出来的美是由先在于某种现象的理念（理式）确定和表达其存在的，这种理念（理式）带有神秘、不可知，具有神圣的性质，所以他借着苏格拉底的口说：“每件东西的存在，没有任何别的原因，只因为它具有它自己的本质。所以，如要问你二是哪里来的，你只能承认一个原因，因为二具有双重性，这是二的本质。各种东西的二都具有双重性。同样，所有的一，都具有单一性。”[7]这里的“本质”、“双重性”、“单一性”，均指理念（理式）。就美来说，十八岁的少女和一朵花之所以美不是因为这个十八岁的少女美，也不是那朵花美，而是十八岁的少女和那朵花分享了美的理念（理式）所以才美。

在柏拉图看来，自然世界并非不美，但美不是自然世界本身的属性，美属于更高的一个世界。艺术也是庄严的，它表现为关于正当生活和存在的神圣艺术。在这样的神圣艺术中，神圣世界秩序的圣洁变得有血有肉，美和善成了圣者自身的观照。

柏拉图之后，德国古典哲学家康德在他的《判断力批判》中对崇高的分析

---

5 柏拉图：《斐多》，杨绛译，沈阳：辽宁人民出版社，2000 年版，第 74 页。
6 柏拉图：《柏拉图全集》第三卷，王晓朝译，北京：人民出版社，2003 年版，第 261 页。
7 柏拉图：《斐多》，杨绛译，沈阳：辽宁人民出版社，2000 年版，第 75 页。

蕴涵了崇高美与神性的关联。[8]什么是崇高，康德认为，那些能激起并挑战我们力量（包括自然巨大的、无定型的形式）但我们最终在心理上克服害怕和恐惧并最终超越了它们的，都可以叫崇高。而我们内心最终之所以能克服外在力量对我们的威胁和恐惧，就在于我们从更高的秩序和存在者那里获得力量和支持，"也只有这样一种设定在我们心理，并指向它，我们才能够抵达激起我们心中很深敬仰的那个存在者的崇高的观念，不仅仅他在自然中展示的大能，而且更多的是能力，这能力也馈赠给我们，让我们不带恐惧地去判断自然并思想自身比万有更崇高的存在地位。"[9]同时代的德国哲学家黑格尔也认为，美是高于现实世界的理念的感性显现。丹麦哲学家也是神学家克尔凯廓尔甚至宣称，一个人若主要以感觉即审美的方式活着，他的生命总体是非本质性的（inessential），因为他的感觉与他所感觉的对象要么因直接融在一起而丧失选择，要么因对象丰富的多样性而无从选择——他在这个时刻可能会选择这个，在下一时刻可能会选择另一个，而不像伦理选择非此即彼，相对明确集中，所以他没法达到一种更高的献身。他由此提倡在感性人生中引入与伦理有关的更大的生存秩序，某种来自上头的责任："可以确信，伦理的个体敢于调度和表现情感，他就是他自己的编辑者，但他也充分意识到他的责任，他要亲自为他所选择的担当，因为他选择什么将会对他产生决定性的影响，他要向他生活在其中的事物的秩序负责，要向上帝负责。"[10]

　　20 世纪是一个特别的世纪——这是一个灾难的世纪，也是尼采说上帝死了之后的世纪，它需要神性重新介入，哪怕谈论美也是如此。20 世纪哲学家在美学中提倡对神性的追求有：英国美学家克莱夫·贝尔，德国存在主义哲学家卡尔·雅斯贝尔斯和海德格尔，法国新托马斯主义哲学家雅克·马利坦，甚至西方马克思主义的代表人物之一瓦尔特·本雅明等。[11]克莱夫·贝尔认为只

8　这方面的详细介绍请见宋旭红：《被遮蔽的神性内核——康德崇高论中的基督教神学遗迹》，载杨慧林、罗秉祥主编《审美的神学：基督教文化学刊》，北京：宗教文化出版社，总第 20 期，2008 年秋。

9　Immanuel Kant, *The Critique of Judgement*, trans. Werner S. Pluhar, Indianapolis: Hackett Publishing Company, 1987, p.123.

10　Søren Kierkegaard, Either/Or, part I, trans. and ed. Edna H. Hong and Howard V. Hong, Princeton, Princeton University Press, 1987, p.261-262.

11　以上哲学家美学中的神性思想详见其著作：雅克·马利坦：《艺术与诗中的创造性直觉》，刘有元、罗选民译，罗选民校，北京：三联书店，1991 年版。Jacques Maritain, *Art and Scholasticism and The Frontiers of poetry*, trans., Joseph W. Evans, New York: Charles Scribner's Sons, 1962. 克莱夫·贝尔：《艺术》，周金环等译，滕守尧校，北

有"有意味的形式"的作品才是真正的艺术品，"有意味的形式"不同于现象的实在，而是同"物自体"或"终极的实在"有关。法国哲学家雅克·马利坦在谈到美时认为，美属于超越者的秩序，美不是存在自身偶然添加上去的，它是存在的一种性质，它超越了自身族类或范畴的限制，不允许自己禁锢在任何种类里。海德格尔则提出美、真合一。传统的文学模仿说认为，文学作品中的美与真来自于所模仿的对象。海德格尔则认为，若作家以对象化的方式模仿世界，因所模仿的世界是从所属的整体当中分离出来，所以，所模仿的对象不是真理性的，因为真理是大全、整体、无限，不是所见和有的部分。真理保存在未对象化、未分化之前的整体性存在当中，这整体性存在由天、地、人、神共同参与，天、地、人、神共同"筑居"了一个保存美、真的世界，而一旦这一世界被对象化即个人在意识活动中以意识的对象把握这一世界时，它所保存的美和真在意识对象化过程中就会走向损耗和流失，就如陶渊明诗中所说，"此中有真意，欲辨已忘言。"（《饮酒》其五）

美学中的神圣因素也表现在文艺美学中。文艺美学主要通过对大量文艺作品的总结归纳出人类创作中普遍的美的规律，而人类创作最核心的问题就是作家的创造力。人是按照上帝的形像和样式造的，因而，人类的创造力是上帝赐予的，上帝亲自以无中生有的创造以及创造的结果即丰富多彩的世界启示给人类以示范，创造成了上帝生动的自我表达并充满整个创造界。"创造"尽管在不同的领域有不同的习惯叫法，如科学领域的创造习惯称为"发明"或"发现"；体育竞赛中的创造习惯称为"破纪录"；文学艺术领域的创造习惯称为"创作"；技术领域中的创造习惯称为"革新"。创造不管是哪种称呼，"创造"的第一个释义是神学的，因着人具有上帝的形像和样式，上帝的创造行为也体现在人当中。上帝与人在创造方面的区别是上帝创造这个世界不需要质料（无中生有），而人的创造需要在上帝已创造的基础上再创造（有中生未有），包括尚未有过的事物的发明、创造活动，以及艺术创新等等。亚里士多德在《诗学》中认为，诗比历史更富有普遍性，艺术真实应超越生活真实的局限，说得就是人的创造中的其中一种——艺术创作。

京：中国文联出版公司，1984年版。雅斯贝尔斯：《存在与超越——雅斯贝尔斯文集》，余灵灵等译，北京：三联书店，1988年版。本雅明：《本雅明文选》，陈永国译，北京：中国社会科学出版社，1999年版。海德格尔《诗·语言·思》，彭富春等译，北京：文化艺术出版社，1991年版。

当人类堕落以后，人与无限的他者发生了断裂和隔离，人意识到自身的有限，渴望无限，而创造尤其艺术中的创作提供了对终极关切和人与无限相联结的重要契机。正是在这个意义上，保罗·蒂利希表达了艺术创作中的"宗教性"，即创作中所蕴涵的终结关切和神圣维度，"无论我们喜欢与否，艺术，即各种艺术或艺术创造，都通过它们的风格而间接地表现了一种终结关切。这意味着，每一艺术表现都在广义上是宗教的。没有一种艺术表现能够逃避在其所展示的形式中表现终极实在之性质的事实。"[12]

在这里需要澄清的是，并不是表现了某种宗教题材的艺术就使该艺术具有了某种神圣性，艺术中所展现的某种神圣性并不一定与宗教题材相关，就如保罗·蒂利希所说的："不要相信如果你描绘宗教题材，你就能制造出宗教的本质。"[13]相反，在那些非宗教的或世俗的绘画中，却有可能表现了存在的神圣之基的某种东西。[14]艺术中所展现的某种神圣性与创造本性有关。因着创造出来的存在范围不是已有的现实之物所能概括，也不是知性可以把握，它的源头又与上帝联结，这使创造具有了神秘的、自由的、开放的特征："人的创造行为不仅仅是对世界物质的重新组合与重新分配，也不仅仅是世界的原初物质的流溢和流出，也不只是在为物质加上理想形式的意义上对物质的塑造。在人的创造行为里有新的、未曾存在过的东西加入，这个新东西不包含在给定的世界里，不在它的组成里，而是来自于另外一个世界背景，不是来自于永恒给定的理想形式，而是来自于自由，不是来自于黑暗的自由，而是来自于光明的自由。"[15]"如果创造出来的存在所具有的超验性只是一些无关紧要的静态和狭义的特征，而并非是指一切存在者的内在本质和结构都具有某些上帝启示决定的自由度和神秘性，那么，创造出来的存在也就不会是独立和充满活力的上帝的影像和'结晶'（托马斯）。"[16]创造有从另一个世界的自由中来的因素，也有从虚无中来的因素，所以，作为创造的一种文艺创作理应保持一种开放的、自由的、奥秘的写作，而不是基于某种教条式的教义和概念式的立场写

12 保罗·蒂利希：《艺术与社会》，成璱译，载查常平主编《人文艺术》2010年总第9辑，第384页。

13 保罗·蒂利希：《艺术与社会》，成璱译，第391页。

14 保罗·蒂利希：《艺术与社会》，成璱译，第385页。

15 别尔嘉耶夫：《末世论形而上学》，张百春译，中国城市出版社，2003年版，第181-182页。

16 巴尔塔萨：《神学美学导论》，刘小枫编选，曹卫东、刁承俊译，第19页。

作。文艺创作有"宗教性"并不意味传达时要时时围绕某一教义和立场写作，若局限于教义写作，虽传达的内容没错，但违反创造的本性。有些宗教性画家画画的内容是宗教性的，但画画的水平和风格却停留在海报层次，这是对创造和美的误解。有些认信的诗人在表达神性的思想时直接用心灵的东西和不在场的来表达，用理智化和观点化后的语言来书写。这是一种概念式、表态式和总结式的写作，是写作懒惰的表现，因为概念式、表态式和总结式的写作是一种自动化和习惯化的写作，没有让语言经过淬炼道成肉身，即让诗中的语言回到象征之言、沉默之言、祈祷之言和诗性之言。这些艺术家没有意识到创造是敞开的，就像上帝敞开自己一样，这片敞开的领域是"诸神"的家园，也是他们所遇到的天赋和本真经验的家园；这种敞开是超越已有和静态的。

从以上的哲学美学还是文艺美学可看出，美学的源始事件往往跟神圣相关联，这也就是在美学中，对美的本源性追问往往涉及现象背后的一个神圣世界。若美不与源始事件相关联，与我们的存在之基相关切，脱离了神圣的美就易下降为俗世之美。某种程度上，现代美学和艺术就是不停地朝脱离了源始事件的形式倾注，直到一切都被抹平，成为实证主义和精神分析的战利品。"自从彻底的人类学世界观和转变成技术和心理学的一切形而上学把诸神最后的足迹从宇宙中清除出去，使得宇宙变得一切空白，这种最后的呐喊也就完全成了空谷足音。"[17]巴洛克艺术中还存在神和神性的维度，但文艺复兴以后进入古典哲学时期，西方的美学和艺术进行了美的内在下降时期，这一下降在现代美学史上主要体现在三个美学时期：人类学美学时期、心理学美学时期和机械复制时代的由技术控制观看的视觉美学时期。鲍姆加敦、康德、席勒提供的是人类学审美主义，由弗洛伊德、荣格、布洛、考夫曼等提供的心理学审美主义，由本雅明、阿多诺、福柯等提供的对视觉美学反思和批判的审美主义时期。

现代美学的震撼力有一部分是靠丧失综合力量而获得的："在唯物主义和精神分析时代，特别是20世纪，当艺术主要成了对纯粹物质空间关系、平面关系以及肉体关系的一种揭示，（最终同样）成了对心理—精神的无意识结构因素的一种表现之际，传统的美难道还能完整地保持下来吗？还能和现代的美用同一个概念来概括吗？人们可以将这种暴露出来的可疑性概括如下：即对于20世纪的人来说，过去作为形而上学在内在科学和基督教启示的超验之间建立起积极联系的尺度，已经完全失去了其现实意义，或者说彻底失效

---

17 孙津：《基督教与美学》，重庆：重庆出版社，1990年版，第16页。

了，并被科学的内在性所取代。"[18]本雅明的《艺术的机械复制时代》一文正深刻揭示了传统美学的韵味转变为现代美学的震惊，传统美学的沉思变成了现代美学的怀疑。

二、神学中的美学因素

美学研究的范围很广，其中涉及到美的形象、形式以及审美过程中的陶醉、沉思。在天主教神学家巴尔塔萨看来，神学美学主要关注的就是以与上帝为关系的、以能否显出上帝的荣耀为基础的美的形象与形式，以及在其审美过程中的陶醉和沉思，"由此来看，神学美学实际上必须经历下列两个阶段：（1）直观论——或曰基础神学；（康德意义上的）美学作为感知上帝启示形象的学说。（2）陶醉论——或曰教义神学；美学作为荣耀之上帝成人以及鼓舞人分享荣耀的学说。"[19]巴尔塔萨认为，直观论侧重于形象、形式的研究，上帝形象的展露方式（形式）和正确的观照融合在一起，陶醉论侧重于审美内容的研究，但观照学说和陶醉学说、基础神学和教义神学在审美过程会并不绝然区分，审美中对上帝形象的认知与对上帝的荣耀的美的体验也相结合在一起，就如使徒保罗所说的："我们众人既然敞着脸得以看见主的荣光，好像从镜子里返照，就变成主的形状，荣上加荣，如同从主的灵变成的。"（林后三：18）。"只有对于那种在精神中对其整个形象的轮廓有着准确把握的人才会信服神圣的启示形象，而且在教义化过程中，这种人还会不断地对这些轮廓加以修正、澄清，使之变得醒目，但他片刻也不能将它们放弃。"[20]

以与上帝关系的直接程度来识认和展开的美的形象和形式主要有以下几种：一、道成肉身的基督形象。上帝作为真理有爱和悲悯，祂必向人启示祂自己。祂一方面通过道成肉身成为耶稣基督的形象，耶稣基督的整个人生、工作、布道、受难以及复活完全成了对上帝的表达，是最高意义上的宗教"塑像"，不只是形象和言词，也是触手可及的肉身。上帝在启示中"敞开"自己，基督成了包括上帝的启示和人的启示的极致和化身，甚至是创造的形象性的化身："《圣经》称之为'上帝荣耀的光辉形象'，并以此来表示'摹仿出来的实事'：'逻格斯、圣像（Eikon）、辉光（Apaugasma）、阳光（Hlios）、头生子（Protogonos）、独生子（Monogenes）'等所有这些指的是同一个东西，即神

---

18 巴尔塔萨：《神学美学导论》，刘小枫编选，曹卫东、刁承俊译，第 2 页。
19 巴尔塔萨：《神学美学导论》，刘小枫编选，曹卫东、刁承俊译，第 141 页。
20 巴尔塔萨：《神学美学导论》，刘小枫编选，曹卫东、刁承俊译，第 143 页。

性所获得的完整表达"[21]二、《圣经》中的形象系列，如亚伯拉罕、艾萨克、雅各布、约瑟、摩西、先知、使徒等。上帝以各种手法雕刻着祂的选民，并构成了系列的旧约中的众先知形象、祭司形象和君王形象，以及新约中的众门徒形象，"……严格地说，先知的实存就是一个在其自我塑造的信仰中主动成为神的创造材料的人的实存。比如，亚伯拉罕、艾萨克、雅各布、约瑟、摩西、卡里斯玛型的法官、先知和殉教者，乃至先驱和'主的童贞女'——在这个童贞女身上集中体现了锡安（Zion）女儿这位新嫁女的形象，从这样一个最最突出的例子可以确定上帝的艺术或神圣的形象：这永远都是圣灵的生命，既深藏不露，又显而易见，因此，其处境和遭遇保持着一种毫不含混的清晰轮廓，对于整个信仰历史来说具有样板意义。"[22]也就是说，上帝也是创造生命形象的造物主，祂在历史和世界当中雕刻祂的选民，祂是窑匠，祂的选民成了祂手中的器皿，"窑匠看怎样好，就怎样作。"（耶十八4）三、在形式上与上帝的荣耀有直接相关的事物，如包括教堂建筑、圣画、雕塑、圣传、圣歌等基督教文学艺术，也包括圣礼、宗教节日等；四、与神学间接相关联的各种艺术，如《圣经》与希腊神话、人文思潮、浪漫主义以及与东方文化的复杂关联；五、作为上帝创造物的人和世界。上帝也通过创造宇宙万物来展示自身的形象。宇宙是神普遍启示的一种，"天生烝民，有物有则。"（《诗经·大雅》）朱熹说："风起见雨，震雷闪电，花生花结，非有神而何，自不察耳。"（《朱子语类》卷八十三）"自从造天地以来，神的永能和神性是明明可知的，虽是眼不能见，但藉着所造之物就可以晓得，叫人无可推诿。"（罗一20）"诸天述说你的荣耀，穹苍传扬他的手段。"（诗十九1）神用祂智慧创造了各式各样物质，这些创造的物质有目的、有规律，各适其用，充分把神的大能和智慧表现出来，"神造万物，各按其时成为美好"（传三11）。美与秩序由此不可分割。

基督教之所以要用形象来认识上帝，从接受的角度来说，只有富有形象性的存在，才会使人入迷，让人陶醉，只有形象能够迸发出永恒的美的光芒；从认识角度来说，非形象的象征不能了解上帝。达马色的约翰说："我们在圣经上找到许多有关上帝的名称都是譬况之言，是可以应用在有躯体的人身上的。我们应当承认，要我们这些血肉之躯的人类去了解或解说神本体之神圣的，崇高的，非物质的一切活动力，乃是没有办法的，除非是用一些在我们自己生活

---

21 巴尔塔萨：《神学美学导论》，刘小枫编选，曹卫东、刁承俊译，第107页。
22 巴尔塔萨：《神学美学导论》，刘小枫编选，曹卫东、刁承俊译，第57-58页。

中所有的各种形象，样式和象征，才可以做到。因为上帝是单纯的，无形体的，所以一切对他所含有身体之意的说话都是象征的，而却含有较高的意义"。[23] 当用生活中的"形象"、"样式"和"象征"来传达某一神学观念或事件时，神学就借助视觉化、可触摸的美学形态表达了自身的信息。

当我们对以上帝的荣耀为基础的美的形象与形式进行审美时，我们在审美过程中的主要表现是沉思和陶醉。

上帝没法限制在一个确切的知识里，因为若上帝被限制在一个确切的知识里，那个确切的知识就大于上帝，这与上帝的超本质即无限本质相矛盾。从对上帝难以有确定的知识中，神学家俄利根（Origen，185-254）引出了一个十分重要的概念，即沉思。尽管我们无法得到对上帝的确切知识，但我们却可以在沉思和期待中朝向上帝，因为我们毕竟是从袘那儿来的。但是要使沉思成为神学的沉思，使沉思的形象变成神学的形象，我们必须与上帝相遇。而相遇的核心则是观者与上帝之光（圣灵）的相遇。由于上帝是灵，我们必须带着心灵和诚实来到袘面前，所以对上帝的沉思带有了神秘主义的性质，对上帝的沉思也成了神秘主义美学一个重要的组成部分。

在上帝之光的照耀中，观者跌进审美的陶醉里。基督教的源泉本是陶醉，这种陶醉首先表现在"超越万物"和"主宰万物"的上帝因着对万物尤其对人类的爱竟然"道成肉身"下降到万物之中，公开表达他对人类深挚甚至狂热的爱——愿意为他们牺牲，担当他们的罪孽和人生的劳苦，耶稣使徒也亲眼看过和亲手摸过耶稣，他们被他们的所见、所闻、所感陶醉，被上帝形象中的启示所陶醉，就如保罗在与耶稣相遇的陶醉中，张开充满神性的嘴喊出："我已经与基督同钉十字架，现在活着的不再是我，乃是基督在我里面活着"（加二20）。神也说："他要按着那能叫万有归服自己的大能，将我们这卑贱的身体改变形状，和他自己荣耀的身体相似。"（腓三21）在人神相遇时刻，人的思想、情感、心灵得到了圣化，你改变了自身的生命，这生命的改变就是在上帝之光照耀下的陶醉中获得。这正是神学审美陶醉的深刻之处。

三、美学与神学会通的意义

就神学来说，恢复神学中对美学的研究可以扩大和调整以往神学的研究

---

23 费多铎编，沈鲜维桢，都孟高等译：《东方教父选集》，香港：基督教辅侨出版社，1962 年版，第 330 页。

范围，并对以往的神学研究进行匡正和补弊作用。对美的研究应是神学中不可或缺的一部分，准确地说，神学是惟一能够以超验之美作为对象的科学。

今天以神学的名义命名的科目很多，如教义神学、实践神学、系统神学、神学思想史、历史神学、妇女神学等等，但这些名目众多的神学对超验的美重视不够，也对神学发展和更新未起根本性的作用。巴尔塔萨借神学家屈格勒对当今神学的空洞无物作了批判，"由于一再区分的概念，从人身上的整个神圣生命产生了五花八门的神学科学，并且获得了长足的发展……它们毫无共同之处，它们失去了充满生命活力的根……我们所见到的教义和道德教材、《圣经》解释者有多少能保持宗教完好无损呢？教会历史和天上普照万物的光芒又已相去多远？人们发现我们的神学中应有尽有，惟独没有名副其实的内容：我们的神学犹如是圣殿遭劫后所剩的一堆生硬的乱石；靠上帝充实的内在情感大门紧闭了，掌握着认识秘诀的人没有深入进去，却用无数鸡零狗碎的东西阻塞入口。"[24]因而，恢复美学尤其文艺美学在神学中的研究一定程度上可以激活神学思想，因为文学艺术以更有力的感觉、更清晰地知觉重新谈论在传统基督教神学里早已存在的东西（如基督、启示、救赎和神性）的到来，诗人对语言、画家对光与色彩、音乐家对音符的敏感，和他们对伟大艺术作品的超验性格的意识，共同构建了神学的文化能力，艺术有能力使宗教传统及其意义能更为有力得到表现，或使之更为生动，宗教也因通过艺术性的活动而得以"展示"。[25]遗憾的是，这方面并没有在教内外形成广泛的共识："在生活世界，美学经验享有一个很高的价值，但在神学和教会的领域里，我们看到了美学能力的下降。由于教会的目的太关心艺术的功用化，继续囿于一个传统的规范化

---

24 巴尔塔萨：《神学美学导论》，刘小枫编选，曹卫东、刁承俊译，第120页。

25 如当代作家北村在诗歌中对耶稣形象的系列描写，既丰富了汉语在耶稣形象方面的塑造，也深化和拓宽了汉语中耶稣形象所包含的神学思想内容。在北村诗歌中有用"你"、"他"指称耶稣的："所有的寒冷中有你的声音"（《爱人》）"他比在上面时更清瘦，更接近我心的模样"（《他和我》），"他已在天上放养"（《想象》）；有用"我们"表达与耶稣的同在："今夜我们至少可以一同受伤"、"终生屈辱是我们的粮食"（《爱人》）；也用"弟弟"形象表达耶稣为爱人类舍去一切，以致于用自身的死换取更多人的生命："衣裳褴褛的弟弟，披戴幸福的麦粒"（《弟弟》），弟弟也是孤独的，"谁聆听弟弟的爱情，孤独的帐篷"。在《深谷》中耶稣则成了在最安静之处的那个"苍白的孩子"，"发出了有史以来最低沉的声音"；在《诗人》中耶稣则成了在地上孤独死去、清瘦善良、无毒无害、声音喑哑的"诗人"。以上北村诗句节选自施玮主编灵性文学丛书：《琴与炉》（诗歌卷）（第一卷），北京：中国电影出版社，2008年版。

的美学概念，对于在造型艺术、电影和当代文学领域里新的经常具有挑战性的风格形式过敏，这样以教会为导向的基督徒就失去了和活生生的文化世界的联系。这种文化—美学能力丢失的一个最明显的标志是这样一个事实，就是在对牧师和神学家的教育中，美学能力的教育几乎没有出现。"[26]可见，美学对神学的浸润就是要给神学思想提供一次美学能力的教育。

以往神学的研究主要局限在救赎主题上，而目前许多福音的宣讲也几乎都以罪为开始为结束——人是罪、世界是罪恶的世界，耶稣是罪人的救主，信徒要时时离罪成圣。若把罪的问题看成是教义的唯一中心，则忽略了神的整个救赎计划，神的整个救赎计划不单单是人可以通过信靠耶稣基督可以赎罪，让自身从死亡和罪恶的辖制中得以释放，也让信徒来分享他与主已同作世界的主人，因为天父是宇宙的主，耶稣胜过死亡和世界，信徒就能分享祂的胜利，并且神的整个救赎计划也不全是为了人的利益，祂在救赎和更新万物过程中，也是为了祂自身的荣耀和爱。

恢复美学在神学中的研究，也是恢复人对自我有一个更全面的了解。集中于救赎主题的教义使人集中于人的灵魂救赎上，而有意无意忽略了上帝所创造的世界以及祂创造秩序所本有原初的美善性。上帝创造的人是全人，全人亦包括人在灵性上能与神交通之外，还有包括人的审美能力、理性思考能力、创造文化的能力，这些能力都是人受造时上帝给予人的禀赋。所以，因着上帝赐给人美善的心灵，人能欣赏神创造的美：人既属天就能欣赏上帝，既属地就能欣赏地上的一切美物。

对于基督徒来说，他（或她）的创作不必限于"宗教性"的主题，创造主的创造也不完全是宗教主题，祂创造了宇宙、花草树木，上帝还命令艺术家为会幕和圣殿造出牛和狮子形象，以及雕刻出百合、橄榄和杏花等花草形象。由此，对上帝的创造、爱和荣耀的研究亦可通过文学艺术进行，就像诗人大卫所说的："耶和华我们的主啊，你的名在全地何其美！你将你的荣耀彰显于天。"（诗八1）同时我们也承认，通过文学艺术来研究上帝创造、爱和荣耀是有限的，因为我们不能将上帝自身的荣耀与美与祂所表现出来的荣耀与美直接等同。

---

26 卡尔—约瑟夫·库舍尔，《文学作为对于二十世纪天主教神学的挑战》，包向飞译，载刘光耀、杨慧林主编：《神学美学》，第2辑，北京：三联书店，2008年，第249-250页。

对美学来说，通过其与神学之间的相互对话来发掘两者互透交融，藉此恢复它在神学研究中的位置及其作用，并纠正以往美学对自我的限界和设置。以往的美学把自己沦为文艺学问，或一门人文学科，即使在哲学层面上论述美，但对美的本体和源头追究过于局限在人类学框架中，即使寻求到的美的本体因着普遍启示超越了人类学视野，带有了神圣的性质，但人的有限性和主观性决定了人还是无法看清美的本体，所以在哲学层面上所寻究到的美的神圣因素须放在基督信仰中去才可能看得更清楚，毕竟，藉着上帝的特殊启示我们才进一步明确美的超验性来自于上帝，上帝是真、善、美的本体。人对真、善、美的本体的追寻和渴慕，乃是因为人有上帝的形象，也正是因为有了上帝放在人心中的真、善、美，才激起人对真、善、美永不停止的追求，直安息于它们的本体，就如奥古斯丁所说："我一直不能止息，直安息于你那里。"

以往中外美学往往纠缠于"美是什么"的追问，"美是典型"（蔡仪），"美是自由的象征"（高尔泰），美是社会性和实践性的统一（李泽厚），"充实之谓美"（孟子），"美是习俗"（迪基），"美是人本质力量的对象化"（马克思），"美是理念的感性显现"（黑格尔），美是理念在物质媒介的显现（阿恩海姆），但这样的穷究却不能解决美的本体，因为美不是人所定的，美同真、善一样都是在人所定之外。当人把上帝作为"你"而确证自己的"我"的存在时，美善便成了人的本性和目的了，这样美的本体来自于上帝，保障和解说了人的现实的美的活动。这的确比穷究"美是什么"要好得多。

以往美学对宗教中存在的超验美也重视不够，尤其现代美学把美实存化，或单纯的理解美，"这样也就使得美无法在存在、主体和客体及其相互交织的结构中现身，也使我们无法从与纯粹的客观存在，譬如一朵花的遭遇中获得一种真正源始的美的经验，而且这种美的经验凭着其宗教根基完全能够达到适应历史需要而产生的伟大神话所能实现的深刻程度。"[27]实际上，只要上帝向祂创造出来的自然敞开，并且允许自然享有祂自己的实质和自然，那么恩典世界就是上帝自身的世界。创造物表现为一种更高尚的自然，恩典赋予我们的不止是崭新的外在尊严，从一定意义上讲还有一种拥有实际意义的开端，一种更新更高的自然。这种实质性的崇高对于创造物来说就是指存在以及经验和审美的"升华"，我们信奉的超验之美在于展示出我们的本性在恩典的奥秘中获得了无限的升华。艺术的形成也并不是物质的堆砌，

---

27 巴尔塔萨：《神学美学导论》，刘小枫编选，曹卫东、刁承俊译，第15页。

而是在原型（上帝）自身指引下的不断成型，因此观照在此开启，并永远与上帝联结在一起直观。

由此在基督信仰里我们对美的理解比以往会变得更丰富，美从此有了两个尺度，一是事件的超验尺度（与美的本源性相连接），一是事物的现状的内在尺度（客观性的美）。事物就像上帝的创造物一样，即是自然的又是超自然的，上帝的启示就其结果而言是自然的，就其神圣意义而言则是超自然的。

长期以来，神学与美学的互渗互融，或明或暗，或强或弱地存在着。在中世纪神学与美学的互渗与会通达至鼎盛，西方美学家沃拉德斯拉维·塔塔科维兹介绍的中世纪美学几近于基督教神学美学[28]，中国学者阎国忠直接把中世纪美学称为神学美学。[29]只是到了近现代以后，随着美不与源始事件相关联，美学脱离了以神圣为美的源头，美学渐渐被人类学美学、心理学美学和机械复制时代由技术控制观看的视觉美学占据主流位置，尽管如此，在近现代不乏一些美学家在其美学中提倡对神性的追求，他们提醒人们不要遗忘神学与美学的内在关联。差不多同一时期，尤其宗教改革以后，近现代的神学因着教派、教义和科目变得五花八门，这些名目众多的神学尤其新教神学因过于强调以人的救赎为中心的教义和关心艺术的功用，对超验的美重视不够，对非宗教和俗世艺术中表现了某种神圣的东西的漠视，这些都导致了现代神学中美学经验的匮乏和美学能力的下降。由于此，美学与神学会通的意义在现代变得深广：对神学来说，通过美学可以一定程度激活神学，扩大和调整以往自身研究范围，并恢复神学和教会领域内的美学经验和能力；对美学来说，通过神学可以纠正现代美学对自身限界的设置，即人类学、心理学、视觉文化的设置，扩大对美的源始事件和神圣的研究。

参考文献：

1. Søren Kierkegaard, *Either/Or, part I*, trans. and ed. Edna H. Hong and Howard V. Hong, Princeton: Princeton University Press, 1987.

---

28 塔塔科维兹基本上把中世纪美学定位为基督教美学："中世纪美学延续的时间要比古代美学要长，大约有一千年。它始终都是基督教的；尽管它并不只是从基督教原则中得到发展，但它却尽力将非基督教原则同基督教原则相适应。"见沃拉德斯拉维·塔塔科维兹，《中世纪美学》，褚朔维等译，北京：中国社会科学出版社，1991年版，第346-347页。

29 阎国忠：《美是上帝的名字：中世纪神学美学》，上海：上海社会科学院出版社，2003年版。

2. Immanuel Kant, *The Critique of Judgement*, trans. Werner S. Pluhar, Indianapolis: Hackett Publishing Company, 1987.

3. Hans Urs Von Balthasar, *The Glory of the lord: A Theological Aesthetic*, trans. T. &T. Clark Ltd, Great Britain: T.&T. Clark Limited, 1986.

4. Hans Urs Von Balthasar, *Theo-Drama: Theological Dramatic Theory*, San Francisco: Ignatius, 1988.

5. Gesa Elsbeth Thiessen. ed., *Theological Aesthetics: A Reader*, Michigan & Cambridge: Wm. B. Eerdmans Publishing Co., 2005.

6. 宋旭红：《被遮蔽的神性内核——康德崇高中的基督教神学遗迹》，载杨慧林、罗秉祥主编《审美的神学：基督教文化学刊》，宗教文化出版社，总第 20 期，2008 年秋。

7. 柏拉图：《柏拉图全集》（第三卷），王晓朝译，人民出版社，2003。

8. 巴尔塔萨，《神学美学导论》，刘小枫编选，曹卫东、刁承俊译，三联书店，2002。

9. 孙津：《基督教与美学》，重庆出版社，1990。

10. 施玮主编：《琴与炉》（诗歌卷）（第一卷），中国电影出版社，2008。

11. 卡尔—约瑟夫·库舍尔：《文学作为对于二十世纪天主教神学的挑战》包向飞译，载刘光耀杨慧林主编：《神学美学》，三联书店，2008 年第 2 辑。

12. 沃拉德斯拉维·塔塔科维兹，《中世纪美学》，褚朔维等译，中国社会科学出版社，1991。

13. 阎国忠，《美是上帝的名字：中世纪神学美学》，上海社会科学院出版社，2003。

14. 别尔嘉耶夫，《末世论形而上学》，张百春译，中国城市出版社，2003。

15. 保罗·蒂利希，《艺术与社会》，成璐译，载查常平主编《人文艺术》2010 年总第 9 辑。

附录一：《圣经》文学与中国化图像
——访画家岛子[1]

　　岛子是中国当代在基督教艺术中国化方面取得比较有影响的画家。他在探索用水墨表现《圣经》题材和主题方面取得相当成就。笔者感兴趣于他在画面中如何处理《圣经》题材以及如何在画作中呈现出视觉和思想两方面的神圣性，故有了采访他的念头。

　　以下是笔者与他的对话（笔者简称包），文中的图像全采自岛子的画作。

　　包："竹"成为中国传统文人画领域里非常重要的一个题材，自宋有之，但其中的主题内涵没有变化，竹与梅、兰、菊并称为"岁寒四友"，一直到清代郑板桥，也是以画竹而闻名。这个"竹"其实是一直表现儒家的人格象征，在中国这样文化语境中要想改变人们对"竹"寓含的文化意义很难。您是怎样通过一系列途径让您画作中的"竹"无论在视觉语言、视觉形象还是视觉寓意方面展示出基督教的神圣含义？

　　岛子：杜甫有诗《苦竹》："青冥亦自守，软弱强扶持。味苦夏虫避，丛卑春鸟疑。轩墀曾不重，剪伐欲无辞。幸近幽人屋，霜根结在兹。"作者咏物明志，以苦竹的物性象征甘贫乐道之君子人格。清代浦起龙解诗说，老杜"素不作软语，此诗乃目睹其物而哀之，不觉自暴甘苦"。卑苦，但自持德性高洁，遭受剪

1　岛子（原名王敏）（1956-），诗人、艺术批评家、画家，山东青岛人。先后毕业于西北大学、北京师范大学，曾任西安市文联《长安》文艺月刊副主编，四川美术学院教授，美术学系主任，重庆文艺评论家协会副主席。现为清华大学美术学院教授，博士研究生导师。香港中文大学客座教授，国际美学学会会员。学术研究和创作方向：艺术批评学；现代艺术历史与理论；基督教艺术研究；诗歌创作；水墨艺术创作。多次参加过国内外画展。有多部著作、译著问世。

伐而隐忍缄默,已经十分接近献祭精神。问题是自周初人文主义天道信仰转型以来,中国文人只有德性天、义理天,却远离人格天的信仰。超验的精神性匮乏原因就在于将"神道设教"当作工具理性而不是价值认识,发生论和动机论都有问题。孔丘所谓"朝闻道,夕可以死",仅仅止于天道信仰的慕道友基准,老庄则停守在自然主义的神秘衍义,实为无神论滥觞。因此我们看到,神格的缺失是中国的儒家文化、道家文化最大的一个亏缺,在这两种文化里,都没有认识创始成终的宇宙的唯一真神。道家的开山始祖老子(B.C. 571-471)说,道法自然,这个自然就是"自然而然",他就再也没有终极追问了,至于庄子(B.C. 369-286),自管逍遥而不知救赎。至于泛神的道教,汉代以后即流于世俗化的炼丹、养生。救赎就是神化的思想源于道成肉身的奥秘。而真正的宗教,是唯一不受文明衰落和对社会绝望所影响的力量,是把人类与更广阔的终极实在、超自然者联系起来的力量。人类失败和无能的时刻,也应该是永恒的力量得到证明的时刻。在儒、道、庄禅传统里,我看不到这种精神力量。2008 年我画出第一幅竹子,就给出它一个位格,相对于人格的神格,于是就有了十字架《苦竹》(图1)。这幅作品力图给出"道成肉身"的灵韵,给出上帝临在的一个异象,基督的临在不是要废弃儒道释,乃是要在祂里面成全。在中国绘画史上没有这样的竹子,在西方艺术史上也没有一个竹子十字架。因此说,《苦竹》有一个双重的建构。其笔墨依势造形,纵横相生,每一个笔触都是一个淋漓酣畅的生命体。

图 1《苦竹》纸本水墨 147x367cm 2008

包：您的基督教绘画对《圣经》的阐发更多是一种观念性、寓意性或单景式的，比如"约"、"天使"、"教堂"、"圣灵"、"耶稣像"而不是场景性和故事性的，而场景性和故事性作为绘画内容和题材在西方基督教绘画中常被使用，比如"天使报喜"、"最后的晚餐"、"犹太之吻"、"基督被钉十字架"、"基督复活"，是您在这方面忽视，还是遇到表达方面的困难或其他？

岛子：没有忽视，相反这些题材我都画过。对于圣水墨，写意和抽象手法可能更自由，更适合灵性表现。其实，即使近代以来的西方基督教艺术也不再全是场景性和叙事性的，那是一套被历史固化、符号化的视觉模式。上帝是灵的存在，灵性的提升也就是圣水墨的全部所值。再者，写意和抽象宜于个体主体性视角来阐释福音信仰。现代艺术的法则是看你怎么画，不在于画啥，这个"怎么画"当然不只是形式创造，还应当包括艺术家的信念、情感、价值观、表现力、文化反思能力……，我不是在画圣经故事或可视化图像，而是在"书写"，书写一种被遮蔽的踪迹。

我最初画大横幅圣餐，纯水墨，用中国书法的书写性，所谓的"书法入画"，以书法的草书笔意造型，一笔下来，就带有抽象性，写意性。一笔连起来，象征耶稣基督是和我们连接在一起的。一条颤动的曲线，从远处看，它像一个心电图的显现。一个欧米伽的所指符号，一个欧米伽原型的变体，其能指不再是欧米伽本身。欧米伽两端的线，代表着始终，它是可以无限延伸的。那么当它变成蓝色底色的时候，凸显在中心就是耶稣基督，它像一滴巨大的泪。泪珠中间透出一个灵，一个飞升的灵体。在圣餐的时候，耶稣基督的灵体已经要走了。所以他要求门徒纪念他，这个圣餐也是耶稣基督要在人间建立教会的异象，吩咐门徒把福音传到人间极地。这是一个终极救赎，是一次分别，直到基督重临。我在画圣灵的时候，都使用了这样一个欧米伽变体。诸如《神的灵运行在渊面上》、《圣灵、水、血》（图2）等等。这个希腊字母欧米伽和阿尔法即象征着无始无终、自有永有的灵性。"我是阿尔法，我是欧米伽；我是首先的。也是末后的；我是初，我是终。"（启22：13）《圣灵、水、血》、《圣记》是读解我作品一个符号源，也是解码的钥匙。我们的洗礼不单是用水、血，且用圣灵来浇灌，方可以说我们洗祛了兽记，与圣洁有份。欧米伽的这个圣水墨形态，也近似于"子宫"意象，我画《天使报喜》，玛利亚的形象就是这样一个变体的融渗的欧米伽，里面含有对于圣母孕育基督的爱。

图2《圣灵、水与血》纸本水墨 年代尺寸不详

包：有人认为，一个宗教艺术家即使拥有再正确的神学观念也不足以保证他在创作时一定拥有"宗教表现力"，神学家保罗·蒂利希也认为，一个人描绘宗教题材并不能保证自己就能制造出宗教的本质，您是怎么理解上述这些话的，并避免仅仅用神学观念和宗教题材展现艺术中的宗教神圣维度。

岛子：像宇宙有浩瀚的群星，神学也是丰富多样的，这是由于基督的表征是多元的，基督教艺术本身是一种神学，是艺术神学。我个人认为好的基督教艺术应该是表现基督精神的艺术，而不是解释教义或某一正确的神学观念。它要具备三个要素：艺术才华和创造力所保障的形式创新、对基督的彻底委身、社会批判的敏感性。

包：在您看来，民国时期以陈路加、王肃达等为代表的辅仁大学师生的本土化圣水墨运动不是很成功，主要的问题是在本土化实践过程中仅仅强调了文化上的差异与适应，没有带出水墨中对上帝的道和灵性的表现，能否就这一问题详细谈谈什么是理想的或您心目中的基督教艺术本土化。

岛子：1920年代，机枢主教刚恒毅在辅仁大学撰文说，中国的庙宇，天坛等传统艺术对于教会有极好的适应性,适合本土化。他反对在中国建一个罗马式、哥特式或巴洛克式的教堂以及圣像。所以他就寻求一种适应性形式,就是本土化。1919 年 11 月 30 日,教宗本笃十五世发布《夫至大》通谕,对于刚恒毅推动中国天主教的本土化,该通谕起了至关重要的作用,成为理论与教律上的有力支撑点。民国五十七年,台湾光启出版社出版了他和几位主教合著的《中国天主教美术》,对本土化艺术实践的影响很大。但我个人认为,在本土化实践上,仅仅强调文化上的差异与适应,上帝的道可能已经漏掉了。但我不能说辅仁大学的圣艺术实践是失败的,因为它奠定了本土化基础的同时,也带来了处境化的反思条件。

本土化(inculturation)及处境化(contextualization)是艺术实践的两个观念。本土化与道成肉身奥迹的动力与过程有紧密关系。圣子的降生发生在特定的历史背景和地理环境中。在拿撒勒人耶稣身上,上主穿上了典型人性特征,包括一个人隶属于某个特定民族及某块特定土地。土地的物理特性及其地理限制与圣言取肉身这一事实紧密不分。因着降生圣言的生活、死亡及从死者中复活,耶稣基督现在已经被宣称为所有造化、全部历史及人类对完善生活之渴望的完成与实现。在祂里面,所有宗教和文化传统的纯正价值,如仁慈、怜悯和正直、非暴力和正义、孝德及与造化寻求和谐等,均寻获了它们的完成与实现。没有任何个人、民族、文化能够对发自人类情境之核心的耶稣的呼求表现得无动于衷。

本土化也被认为与教会的使命紧密联系在一起。作为教会精髓的福传使命,必须要经历一个本土化的过程。如果福音与文化是不同的两种东西,那么福传与本土化自然就紧密联系在一起。

相应的是处境化问题,一直为神学反思所广泛接受,关注的不仅是文化这个难以定义和描述的概念,而且还关注宣讲福音时的特定环境。这特定环境不仅由各种文化因素所组成,而且由社会、经济、政治、种族及其它因素构成。处境化这个概念帮助民众及艺术家在具体情境中作更明确的决定,它允许人们以种族、性别、反潮流和被压迫等群体之一来描述全球化情形。如果说本土化依靠文化的适应性和选择性,而处境化更强调历史的反思性和现实的批判性,二者在观念和实践上显然不同。我更倾向于处境化的创作,我画雾霾、画圣女林昭,也像画被钉十字架的基督一样(图 3),这时的神是忧伤的。处境化要求我们担当,和祂一起背负十字架。

图 3《耶稣圣像》纸本水墨 80x150cm 2007

包：水墨相较于西方油画颜料在绘画语言和媒材方面自身有哪些特殊表现力？

岛子：我在一篇文章里写道，毛笔这个东西，就是神赐给中国文化的神圣礼物。东晋郭璞撰文《笔赞》说："上古结绳，易以书契。经天纬地，错综群艺。日用不知，功盖万世。"汉代杨雄则认为毛笔是"天地之心"的发声路径，他曾反诘道："孰有书不由笔。苟非书，则天地之心、形声之发，又何由而出哉！是故知笔有大功于世也。"中国古代文人已经意识到，毛笔与人的灵性是联系到一起的，是主体性表达的重要媒介。

水墨奇妙，但并不比其他媒介容易上手。基督教本身和水有关。水，在圣传里面不断成为表征，一个非常重要的表征。后来我提出水墨艺术要研究水法。有一次研讨，我说，墨法、笔法，水墨里面还有一个重要的水法，水你单独用它，它都是一种语言。有年轻评论家认为水墨就是水墨，水，离开墨就不成立。我大致是从本体上说的，水墨的神学意义，形上意义。从物性上说，墨，离开水更不成立，清代之前墨都是墨锭。墨的干湿浓淡焦，都是对水而言的。墨法的实质其实是水法。如果没有神学的思考，水，离开墨就不成立。其实有很多人用茶水做水墨，仅仅是做效果。还有，宣纸，它主要材料是树木，草，稻草，麦秸，芦苇等，有的造纸植物也是中药，防腐，防虫，后来又加了棉麻，更有韧性，且有隐隐的暗香。这种质料轻盈，柔韧，半吸水，半透明，其物质形态本身就是一种语言。水墨的时间性，看起来在瞬间完成，但它是时间的绵延和运动，时间在里面延展，其他的媒介很难替代。现代水墨颜料可能并不比古代好，古代画师往往自己制作颜料。我后来有意用丙烯。丙烯在纸上很有效果，也是半透明的，但我用的很少，比如只用了钛青、金粉。金粉、泥金都是不好用的颜料，金色甚至都不能作为色彩系谱，但丙烯金色恰恰会被水墨吸收，会形成一些油画或水彩的稳重感，会加强色彩的饱和度。至于其他方面的考虑，那就是更适应于灵性和灵韵的表现，光感，宣纸本身带有透明的光感，即使装裱起来，从后面看，他会反透，版画纸、水彩纸都不行。

实际上我思考的更多的是精神性艺术在当今的可能性，它所面临的严峻的挑衅性，我如何建构它。中国的水墨里边，笔意、笔法、书写性，本身更宜于蕴含形上的、超验的、苦难感的、灵魂的灵性。笔墨的黑白、浓淡、枯润，自由笔法的千变万化，都可以寄寓圣道、彰显灵性。它的书写，它的运动，都可以寄寓精神性的崇高。

包：相较于当今影视、装置、行为艺术以及各种观念、传媒图像、科技图像的出现，架上绘画有边缘化趋势，您有没有想过要突破目前架上水墨绘画，引进架下绘画，以此增强艺术表现力？请诠释有或者没有背后的理由。

岛子：20世纪90年代末，当表现性水墨、新文人画、都市水墨还在绘画性层面上探索时，从事实验水墨的一些艺术家已经开始进入了空间（水墨装置）、观念（文字水墨）媒介（新媒体影像）等新的领域进行探索了。特别是在进入21世纪后，一些实验水墨艺术家已经开始思考水墨这一传统材质及水墨这一本土艺术形式的当代可能性问题了。一些艺术家转化了审视"水墨"的角度，将"水墨"理解为艺术表现的媒材，试图冲破"水墨唯画种论"的惯性思维，尝试把"水墨"仅仅视为一种艺术表现的媒材，将其应用到新的艺术领域探索中，于是在装置艺术、观念艺术、行为艺术甚至数码新媒体影像艺术等领域中出现了"水墨"的身影。艺术批评界将这些新探索称为水墨装置、观念水墨、水墨行为艺术、水墨影像艺术等。当然这种命名方式也只有在中国才会出现，因为水墨艺术作为中国的本土艺术形式对于许多人来说有一种难以割舍的文化情结。但无论如何，实验水墨的这一转化再一次验证了其"传统中的前卫"这一形象。不断探索新领域，而这一转化是以牺牲水墨艺术的传统固有优势及特点为代价而演进的。一千多年来，"水墨"材质一直是用来绘画和书写的，中国人掌握了这种材质的优势及特点，并形成了独特的笔墨技法和水墨审美趣味。而实验水墨的这一转化，冲破了"水墨唯画种论"的思维惯性，将"水墨"这种材质引入到观念、装置、行为甚至数码新媒体影像艺术领域中，冲出了人们印象中的水墨作为画种意义的边界，这实质上就牺牲了水墨艺术的传统固有优势及特点。而放弃水墨作为画种在历史上所形成的艺术语言方面的优势及特点，将水墨仅仅作为艺术表现的媒材引入到新的艺术领域中。我认为水墨在架上还有要探讨的问题，诸如中西绘画融合，究竟是风格学还是本体论的融合，尚需要在灵性论里进行整合。

图4《圣三一颂：圣钉》纸本水墨 70x140cm 2008

包：您的宗教信仰在您所从事的圣水墨创作过程中扮演了什么角色？

岛子：这是一个艺术与宗教关系的大问题。简单说，因信而画，荣神益人。以艺术表达信仰，基督教艺术的当代性旨归，并不是限制在描绘或制作神圣图像，或解经般地阐述福音信息。更为重要的是，在现实的生存状况和人类共在的心灵世界，见证基督的爱与医治，透过人性的处境所隐涵、所反照的真理，帮助人们去感受世界的真实意义。因真理，得自由，彰显基督的荣美。

原载《文学与图像》第三卷，江苏凤凰教育出版社，2014年

附录二：《圣经》文学与中国化图像
——访画家何琦[1]

近日，著名旅美艺术家何琦博士在宁举办个人画展（2012 年 2 月 19 日至 29 日）。何琦画展由国内著名现代艺术策展人南京艺术学院顾丞峰教授担任策展人，在位于南京草场门北京西路的艺事后素现代美术馆举办。笔者在展览现场采访了他。以下是笔者与他的对话（笔者简称包，何琦简称何）。

包：何老师，您好，我以前在南京大学听过您的讲座，您那次讲座专门讲基督教艺术，我也看过您的简历，知道您 1983 年经丁光训院长介绍，进入金陵协和神学院工作，主要授课《西方基督教艺术》。我更感兴趣的是您在绘画中把西方《圣经》文学题材用中国化图像来处理。

何：这要从我的经历谈起。1978-1981 年，我去西藏，那几年我一直临摹西藏壁画，我刚南师大美术系毕业，被派到西藏工作。1981 年我回来后在江苏美术馆工作。西藏的那几年写生对我绘画产生影响。

包：是的，我在您的画作中认出了西藏的一些文化元素，比如《圣经·出埃及记》14 章描写以色列人在摩西带领下过红海，当时有法老率领的六百辆特选的车和埃及所有的车以及军队，他们在后面拼命追赶，前有红海挡路，结果是摩西在耶和华帮助下，用杖让海水分开，以色列人下海中走干地，平安无事，埃及人则被水回流淹没了车辆和马兵，跟着以色列人下海法老的全军，连一个也没有剩下。但在您的画作（图 1）中，则用两个藏族服装打扮的两个姑娘用藏族舞蹈的方式完成了法老兵败被洪水冲走的场景。

1 本次采访记录未经何琦本人审阅。何琦，1949 年生，江苏南京人，基督教艺术家，中国美协会员，亚洲基督教美协会员。毕业于南京师范大学美术系。长期担任金陵协和神学院讲师，教授《西方基督教艺术》。

图 1 过红海 何琦 年代不详

包: 作为叙事性文学题材的《圣经》进入中国, 并用绘画的方式表现出来, 主要从晚明开始。起初西方传教士也用西方的绘画方式描绘《圣经》故事, 但中国百姓尤其底层百姓的视觉经验和视觉习惯都是本土经验, 不适应西方绘画语言和图像造型风格, 若图像里那些人的胡子、那些房子结构, 以及背景等等, 都是异文化, 这些异文化产生的视觉符号的排斥力始终在百姓聆听信仰的过程中被突出显示, 百姓对信仰核心耶稣本身也就不再关注。所以 19 世纪戴德生要求内地会传教士在中国内地完全过"入乡随俗"生活(图 2), 并要了解中国底层百姓生活视域(图 3)。除了西藏视觉符号外, 您在您的绘画中还结合了哪些中国本土视觉符号?

图 2 内地会传教士

图 3 内地会的传教画

何：我的宗教绘画中确实有很多中国元素，比如民间美术中的剪纸，我小时侯喜欢剪纸，曾在国外办过一次剪纸展。我的绘画中也有中国传统山水画的视觉符号，比如在《出埃及记》第2章所记载的摩西出生的故事中，法老的女儿到河边洗澡，她看见箱子在芦荻中，打发其中的一个婢女拿来。我在绘画时让法老女儿的婢女穿中国古代水袖衣服，"芦荻"替换成了"荷花"，犹太人婴孩摩西则是中国民间美术中福娃的形象（图4）。在犹太人大卫与扫罗的故事中（见《圣经·撒母耳记上》16-19章），扫罗当王，但妒忌百姓喜悦大卫，一直想方设法杀他。中国戏剧舞台中的视觉符号，京剧的脸谱，马鞭，戏袍，我都用上了，但少年人大卫手上拿的竖琴及肩上斜背着的放石子用的袋则符合原初文本记载（图5）。另外，中国传统壁画式的线条，西北民族的装束，甚至云南重彩画派使用的水粉等，都可以在我绘画中找到影子。

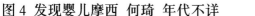

图4 发现婴儿摩西 何琦 年代不详　　　图5 大卫与扫罗 何琦 2001

包：有评论指出您的绘画艺术，在内容上采用了西方普及的基督教教义《圣经》中的故事，在美术的形式上采用的是中西合璧的装饰画的手法，其中有中国画的勾线，填色，皴擦，也有西画的对比、明暗、大块着色；有较为具象的造型，也有抽象的手法。知道您有这样的专业背景，本科就读于南京师范大学美术系，硕士和博士就读于南京艺术学院，专攻艺术史。1991年在德国汉堡艺术学院做访问学者。在诠释流传于西方两千年来的《圣经》文学题材时您融入了大量现代特别是中国东方元素，在东西方文化碰撞中试图找到一个完美的切入点。您为了照顾中国观众的本土视觉经验，绘画中采用了很多中国视觉元素，但您有没有考虑过，当您的视觉符号过于"中国化"时，是否会面临一些困境，比如对不了解《圣经》文学的中国观众来说，在他们看来，你讲述的是一个中国故事，与西方他者一点都没有关系，如标为"所罗门断案"

（见《圣经·列王纪上》第3章）的一幅画作（图6）中，西方的文化符号在绘画中几乎找不到，再如发生在加利利地区的迦拿婚筵故事（见《圣经·约翰福音》第2章）中，在你的画中（图7）见不到任何犹太人的习俗，也见不到故事的主角耶稣，充斥画面的是中国西北的婚俗；对于外国人来说，他们在欣赏您的画作时，若画作中没有西方文化元素，他们能读懂画面中所讲的本是西方文化中的故事吗？

图6 所罗门断案 何琦 1999　　　图7 迦拿婚筵 何琦 1996

何：这确实是一个很有意思的话题。为什么发生在公元前10世纪古代中东地区的所罗门断案故事用的是中国北宋时期包拯断案的视觉图景，如果仔细想一想，在文化传播和影响上是有可能的。因为在北宋时期有犹太人定居开封，《旧约圣经》有关所罗门王断案的故事在犹太人中间流传，自然有可能在当地民间流传，对不熟悉异文化的中国民间百姓来说，他们就可能把这一故事复制拷贝到包公事迹中不是没有可能的。以色列国王所罗门提审两个真假母亲，儿童的恸哭使真母亲心痛万分，由此假母亲露出真相。

包：看了您这三十多幅画作，给我印象最深的是用色，尤其您色彩感非常好，用色大胆，如青色和蓝色这样中国画中少用的颜色，您使用后使您的画风充满迷幻，迷离，与宗教的那种神秘与畏惧相对应。另一个是中国少数民族和民间美术的夸张和变形的构图所产生的绘画效果与您吸收了西方的毕加索等立体主义的构图模式相得益彰。另外，您的画装饰性很强，所用的纸质也很好，用的是高丽纸，不是宣纸，这种纸柔韧性很好，画画时先用墨勾勒出轮廓和线条，然后在背面用水粉画，水粉撒在上面肌理扩散开来真得很好看。有个发现，您的画作在 2008 年以后越来越少，不知您以后在视觉符号和构图模式上是否会有所改变？

何：我现在对德库宁、夏加尔的绘画很感兴趣，估计将来的画风会作一些改变。

包：好的，采访就到此，谢谢何老师。

何：不客气。

原载《文学与图像》第一卷，江苏凤凰教育出版社，2012 年

附录三：寻找汉语中的光与盐
——访"雅歌文艺奖"评委包兆会[1]

缘起：杜克大学神学艺术中心（DITA）与 2019 年 12 月 1 日推出"华人雅歌文艺奖"，征集期半年，奖掖全世界原创华人基督教文学、音乐和艺术创作（https://sites.duke.edu/dita/yageprize/），包兆会获邀成为文学板块评委之一。

下文为徐颂赞对于"雅歌文艺奖"评委包兆会的访谈记录：

一、有关文学研究与信仰经历，从"汉语光与盐文丛"谈起

徐颂赞：最近，"汉语光与盐文丛"出版，被誉为"首套汉语基督教文学集成"，收录了自唐代景教到当代的各种本土基督教文学创作，引起很多基督徒的关注。您一开始为什么会想到编辑这部丛书？

包兆会：我编撰这套丛书，来自几个心愿。一个是在大学教《基督宗教与中国文学》这门课的过程中，发现没有很好的中国基督教作品选集供学生阅读，所以有了编撰此书的打算，希望学生选修这门课时，不需要花很多时间到处去搜集资料。基督教作品选集的缺乏可追溯到清代礼仪之争后，官方和主流文化对基督宗教的敏感和不重视。民国时期，陈垣想要研究基督宗教，发现《四库全书》收录的基督宗教作品不多，主要就是因为雍正年间全面禁教，基督宗教在全国成了敏感词。在乾隆年间完成的《四库全书》，自然有意无意地避开基督宗教的资料。所以，陈垣感慨，中国有道藏和佛藏，却没有景藏。我第二个心愿，是纠正自传教士以来，中国基督宗教重教义、轻文学

---

1 访谈人：徐颂赞，青年作家，台湾政治大学硕士，台湾神学院"马偕访问学者"，澎湃新闻湃客专栏作者。

艺术的不足。另外一个心愿是，希望教外的人士也意识到，中国基督宗教文学作品已是中国文学史、中国文化的一个不可或缺的组成部分，许多名家都参与基督宗教文学创作。

徐颂赞：这套书有个很明显的特色，就是集中展示了宗教徒创作的基督教文学，您甚至把教会人士倪柝声创作的诗歌也纳入其中，这可能对很多读者而言比较新奇。这是为什么？

包兆会：由于基督教文学的核心主干部分是宗教徒创作的文学，所以本丛书的大部分作家都是宗教徒，而以往宗教徒创作的文学没有得到足够的重视，这严重影响了学界对中国基督宗教文学的体认。这套丛书可以弥补这方面的不足。至于把教会人士倪柝声创作的诗歌也纳入其中，并不是因为一些诗歌是倪柝声写的，所以纳入。衡量圣诗，包括倪柝声创作的诗歌是否入选本丛书，首先看其有无达到文学性的标准，其次是看其宗教性。这套书所选录的倪柝声的三首诗，在感受人的"存在"以及发挥诗的抒情品质方面做得不错。《自伯大尼你与我们分手后》中提到了人的孤独和漂泊，相信孤独和漂泊的现代人在读此诗时会有共鸣。《你若不压橄榄成渣》这首歌在写作技巧方面有大量的形象化比喻，如橄榄成渣与油的关系，葡萄入榨与酒的关系，哪哒成膏与芬芳的关系，而这些关系用来比喻信仰中一个人的受苦、创伤与雕刻中的成长。

徐颂赞：您的文学研究经历是如何开始的？什么人或事特别启发了您的研究和信仰？

包兆会：我从 1991 年开始读浙江师范大学中文系起，到 2001 年在南京大学中文系拿到文学博士学位，这十年的专业都与文学相关，研究生和博士分别读文艺理论和美学专业。在北京师范大学中文系读硕士期间还没有接触信仰，1998 年我来南京大学中文系读博士才开始接触信仰。当时我的导师同时招收了一个马来西亚的华人留学生，他是基督徒，他最早给我讲福音信仰，那时我已 26 岁，已有一套自己成熟的"三观"，认为他讲得太虚妄。后来在写博士论文庄子美学时，深深被庄子的虚无意识所打动，也困惑于他用美学，而不是宗教，来面对这一根本性的生命问题，所以我决定去体验一下宗教是怎样克服和穿越虚无人生的。我参加了一些查经班，再结合那个留学生跟我讲的，慢慢对信仰有了更深的了解和体验，后来就信了主。再后来对神学也有了更多的了解，遂决定在大学里开一门跨学科的课程，即《基督宗教与中国文学》。

二、"汉语基督教文艺"与华人教会

徐颂赞：长期以来，华人教会都比较重视教义，认为基督教文学艺术不太重要，甚至部分教会还有反智的倾向，认为这不够"属灵"。您如何看待这种现象？

包兆会：华人教会重视教义轻视基督教文学艺术是有其历史传统的，这一历史传统要追溯至民国时期基要派与自由派之争。基要派重敬虔、追求圣洁、强调灵魂得救，对知识和学问鄙视，对社会和文化不感兴趣，认为这是堕落的世界，不值得花时间去了解，也无能力和专业储备与社会、文化进行对话，而自由派则对社会、文化感兴趣，抱着积极地融入社会以及与文化对话的态度，但自由派在信仰上对基督的独特性和超拔性重视不够，这两派的纷争以及特点明显继承了西方 19 世纪以来自由派和基要派的各自纷争和特点。但作为今天的我们，应该像西方 20 世纪兴起的福音派一样，应突破这一明显的、狭隘的二元论的历史框架。实际上，敬虔与知识、学问并不矛盾，强调基督的独特性和超拔性与抱着开放、平等的胸怀与其他文化、其他宗教进行专业的对话也没问题。正因为基要派放弃在文化和各领域内做见证，很大程度上导致了今天基督教文化的沙漠化。

徐颂赞：您如何看待文学阅读和基督徒个人信仰的关系，文学事工与教会事工的关系？

包兆会：文学阅读，尤其好的、优秀的文学作品阅读，可以提高一个人对生存的"感受力"和对美好生活的向往。好的文学阅读可以拓展想象力，培养同情心，无论是提高感受力，还是拓展想象力，培养同情心，实际上都在塑造一个人增强与他者关系的能力，它帮助我们用"心"去感受他人和世界，用"心"去感受上帝的爱，与哀哭的人一起哀哭，而不是仅仅用大脑来生活，用冷冰冰的教义和概念去分析世界和他人。阅读基督宗教文学，实际上也是一种个人牧养和灵修，《圣经》不就是用众多文体写成的文学吗？保罗不就是通过书信来牧养信徒吗？特别是在牧者不在场的情况下，通过阅读好的基督宗教文学，比如一些圣徒传记，可以让自身的生命和信仰得到造就。

教会事工有很多项，但教会最核心的事工是以圣道的传讲为中心的教导和牧养事工，以及以福音广传为中心的宣教事工。文学事工是教会诸多事工中的一个非核心事工，它不是每个教会都必须要去做的，而是根据这个教会和教会信徒的感动、所领受的恩赐以及所看到的负担而行动。

徐颂赞："汉语基督教文学"，如何参考借鉴西方基督教文学来发展自身？有哪些非常具有参考价值的经验？

包兆会：西方基督教文学有几千年的历史，西方基督教文化也是西方文化的主干之一，出现了一些伟大的基督教作品，比如奥古斯丁的《忏悔录》、但丁的《神曲》、陀斯妥耶夫斯基的《卡拉马佐夫兄弟》、安徒生的童话等。

中国历史上基督教文学在明末清初、民国、改革开放以来的三十年各有过一段繁荣期，但遗憾的是因外在因素影响和自身内在的不足，中国基督教文学的发展进程常被打断，基督教文学开出的花果也不惊艳，至今为止，中国还没有出现上述提到的西方这样级别的基督徒作家，甚至连亚洲远藤周作这样级别的基督徒作家还没出现。

创作出伟大的基督教作品并不容易，按照艾略特的说法，"一部作品是文学、不是文学，只能用文学的标准来决定，但是文学的'伟大性'却不能仅仅用文学的标准来决定。"也就是说，作为一个基督徒作家，首先要提高自己的文学修养，要大量阅读世界文学名著，而不是仅仅局限在属灵书籍里，信仰绝不是宗教徒降低文学自身写作难度的借口和理由。基督教文学，按照艾略特的说法，它仅是一种"次文学"，是文学中的一个具体文类，所以基督教作家首先要提高自己的文学修养，让自己写出来的作品能以文学的专业度征服读者。

徐颂赞：1949 年后，中国大陆因为长期的信仰隔绝和宗教管制，很多知识分子和作家很难走近基督宗教，而目前这些基督徒作家诗人的出现，他们的作品有哪些不一样的地方，或者给您带来惊喜的地方？

包兆会：当代基督徒作家诗人至少在写作上比民国时期或更早历史时期的基督徒作家有所突破，他们更多受现代文学观念的影响，在写作上可以展示自己的个性，在写作技巧上可以多样化，在题材和主题处理上不需要像前人那样过于亦步亦趋地模仿或忠诚于《圣经》的某一场景，他们可以充分发挥自己的创造力和想象力，不需要纠缠于某一细节和场景是否匹配圣经具体内容，他可以重构一个虚拟世界，也可以对现实世界有精微的描写和独到的观察，哪怕整个作品不涉及信仰的内容和词汇，但只要这个作品蕴含了某种基督教的精神和价值观，这样写出来的作品也是基督宗教文学。

三、对"雅歌文艺奖"的期许

徐颂赞：我看到，"雅歌文艺奖"的宗旨是"鼓励全世界华人文艺作者从自身独特的民族身份、经验出发，吸收、消化基督之道，为世界贡献灵性的文艺果实。"作为评委，您如何看待这个奖项的宗旨？另外，这个奖项在今年缘起又是什么原因？

包兆会：在民国时期，在李提摩太提倡和推动下设立了李提摩太文学奖，以此奖励基督教文艺方面的创作。当代香港设有"汤清文艺奖"，主要奖励文学创作和神学著作，而"雅歌文艺奖"的出现是一个好事，就如该奖项的宗旨里所讲的，它是鼓励全世界华人文艺作者进行文艺方面的全方位创作，除了文学外，还包括音乐和视觉艺术，囊括了几乎所有艺术类别。而且，华人基督徒作家在民族身份、生存经验方面确实有值得书写的地方，美国的华裔学者曾研究华人基督徒在移民同化、宗教皈信、散居国外方面的身份认同与建构所带来的张力问题。由于华人教会和华人神学界不重视基督教文艺创作，由杜克大学设立"雅歌文艺奖"，来鼓励和推动全世界华人文艺作者进行灵性的文艺创作，这是值得肯定的，也是有远见的。文艺的表述能够表达华人与世界相遇的张力，并呈现其弥合、更新的经验，基督教文艺具有独特的优势来表达这种相遇和融合。此外，这个奖项之所以在今年缘起，是因为有感于近年来基督教文艺创作的繁荣。

徐颂赞：我看到雅歌文艺奖的评选范围很广泛，既有传统的文学门类（比如散文、小说），也有声乐、器乐，还有视觉艺术（装置、视频等）。如此庞大广泛的评选范围，是出于什么考虑？

包兆会：如此庞大广泛的评选范围主要考虑到改革开放以来，不仅传统的基督教文学门类在创作方面取得了成就，基督教艺术比如基督教音乐和视觉艺术也取得瞩目的成绩，中国当代出现了一批基督徒作曲家和词作家，以及一大拨基督徒艺术家；另外，作为孪生的文学与艺术，在当代文化中都同样重要，都是当代文化不可或缺的组成部分，都深刻影响着当代文化的发展方向，所以不能褒此薄彼。

徐颂赞：在您这样一位文学研究者看来，进行文学创作特别是"汉语基督教文学"的创作，最重要的事情有哪些？创作者最需要具备什么能力？

包兆会：对于从事汉语写作的基督徒作家来说，首先要提高自身文学的修养和汉语的表达能力，汉语表达有它自身的美和魅力。其次，创作者也需要提高自己对"存在"的感悟和洞察力，要尊重差异。作家写作是去感受人类的生存处境和他人世界，不是要急于对所生活的世界和他人下一个判断，尤其是扁平化地给出一个教义答案。作家所书写的生存处境和经验应蕴含着人类各个阶层、信教的与非信教的最大的公约数，而不是仅仅基督徒或自己眼中喜欢的生活。基督徒作家不能应把陌生的他者和生活世界简化为自己熟悉的生活经验，再把自己熟悉的生活经验简化为自身的宗教经验。远藤周作的《沉默》之所以写得好，就在于写出了信仰和人性的复杂性，信仰的上行须扎根在生活的细节和生存问题的复杂性中。

徐颂赞：最后，对那些有志于从事文艺研究和创作的年轻人，您有何期许或者建议？

包兆会：对于从事文学研究、创作的年轻人来说，在这一问题上不要好高骛远，要认识到从事这方面的研究和创作需要长期的积累，因为你首先是用你所从事的专业来征服读者，而专业的训练和专业知识方面的积累是一个长期的过程。你如果对自己有进一步的、更高的要求，那你更需要搭建自己高品质的产品流水线。今天是一个重事工、重产出、重效率的时代，却很少有人愿意花大量时间训练和装备自己，训练和装备自己目的是先提高生产流水线的品质，因为只有好的生产流水线，才会生产出好的产品，否则只强调产出、只追求短、平、快，这样创作出来的作品是一种低层次的产品。另外，要找专业的人士进行指导和引导。中国长期缺乏真正的文艺教育，国人已缺乏分辨理想的文艺作品与不理想的文艺作品的鉴别能力。

原载《福音时报》门户网站，2020 年 2 月 4 日，

网址：https://www.gospeltimes.cn/article/index/id/50632?btwaf=37135589

《基督教文化研究丛书》

主编：何光沪、高师宁

（1-9 编书目）

初　编　（2015 年 3 月出版）

ISBN：978-986-404-209-8　　　　　定价（台币）$28,000 元

册　次	作　者	书　名	学科别（／表示跨学科）
第 1 册	刘　平	灵殇：基督教与中国现代性危机	社会学／神学
第 2 册	刘　平	道在瓦器：裸露的公共广场上的呼告——书评自选集	综合
第 3 册	吕绍勋	查尔斯·泰勒与世俗化理论	历史／宗教学
第 4 册	陈　果	黑格尔"辩证法"的真正起点和秘密——青年时期黑格尔哲学思想的发展（1785 年至 1800 年）	哲学
第 5 册	冷　欣	启示与历史——潘能伯格系统神学的哲理根基	哲学／神学
第 6 册	徐　凯	信仰下的生活与认知——伊洛地区农村基督教信徒的文化社会心理研究（上）	社会学
第 7 册	徐　凯	信仰下的生活与认知——伊洛地区农村基督教信徒的文化社会心理研究（下）	
第 8 册	孙晨荟	谷中百合——傈僳族与大花苗基督教音乐文化研究（上）	基督教音乐
第 9 册	孙晨荟	谷中百合——傈僳族与大花苗基督教音乐文化研究（下）	

	王 媛	附魔、驱魔与皈信——乡村天主教与民间信仰关系研究	社会学
第 10 册	蔡圣晗	神谕的再造，一个城市天主教群体中的个体信仰和实践	社会学
	孙晓舒 王修晓	基督徒的内群分化：分类主客体的互动	社会学
第 11 册	秦和平	20 世纪 50－90 年代川滇黔民族地区基督教调适与发展研究（上）	历史
第 12 册	秦和平	20 世纪 50－90 年代川滇黔民族地区基督教调适与发展研究（下）	
第 13 册	侯朝阳	论陀思妥耶夫斯基小说的罪与救赎思想	基督教文学
第 14 册	余 亮	《传道书》的时间观研究	圣经研究
第 15 册	汪正飞	圣约传统与美国宪政的宗教起源	历史／法学

二 编 （2016 年 3 月出版）

ISBN：978-986-404-521-1　　　　　　　定价（台币）$20,000 元

册 次	作 者	书 名	学科别 （／表示跨学科）
第 1 册	方 耀	灵魂与自然——汤玛斯·阿奎那自然法思想新探	神学／法学
第 2 册	刘光顺	趋向至善——汤玛斯·阿奎那的伦理思想初探	神学／伦理学
第 3 册	潘明德	索洛维约夫宗教哲学思想研究	宗教哲学
第 4 册	孙 毅	转向：走在成圣的路上——加尔文《基督教要义》解读	神学
第 5 册	柏斯丁	追随论证：有神信念的知识辩护	宗教哲学
第 6 册	李向平	宗教交往与公共秩序——中国当代耶佛交往关系的社会学研究	社会学
第 7 册	张文举	基督教文化论略	综合
第 8 册	赵文娟	侯活士品格伦理与赵紫宸人格伦理的批判性比较	神学伦理学
第 9 册	孙晨薈	雪域圣咏——滇藏川交界地区天主教仪式与音乐研究（增订版）（上）	基督教音乐
第 10 册	孙晨薈	雪域圣咏——滇藏川交界地区天主教仪式与音乐研究（增订版）（下）	
第 11 册	张 欣	天地之间一出戏——20 世纪英国天主教小说	基督教文学

三 编 （2017 年 9 月出版）

ISBN：978-986-485-132-4　　　　　　　　　　定价（台币）$11,000 元

册　次	作　者	书　名	学科别（／表示跨学科）
第 1 册	赵　琦	回归本真的交往方式——托马斯·阿奎那论友谊	神学／哲学
第 2 册	周兰兰	论维护人性尊严——教宗若望保禄二世的神学人类学研究	神学人类学
第 3 册	熊径知	黑格尔神学思想研究	神学／哲学
第 4 册	邢　梅	《圣经》官话和合本句法研究	圣经研究
第 5 册	肖　超	早期基督教史学探析（西元 1~4 世纪初期）	史学史
第 6 册	段知壮	宗教自由的界定性研究	宗教学／法学

四 编 （2018 年 9 月出版）

ISBN：978-986-485-490-5　　　　　　　　　　定价（台币）$18,000 元

册　次	作　者	书　名	学科别（／表示跨学科）
第 1 册	陈卫真 高　山	基督、圣灵、人——加尔文神学中的思辨与修辞	神学
第 2 册	林庆华	当代西方天主教相称主义伦理学研究	神学／伦理学
第 3 册	田燕妮	同为异国传教人：近代在华新教传教士与天主教传教士关系研究（1807～1941）	历史
第 4 册	张德明	基督教与华北社会研究（1927～1937）（上）	社会学
第 5 册	张德明	基督教与华北社会研究（1927～1937）（下）	
第 6 册	孙晨荟	天音北韵——华北地区天主教音乐研究（上）	基督教音乐
第 7 册	孙晨荟	天音北韵——华北地区天主教音乐研究（下）	
第 8 册	董丽慧	西洋图像的中式转译：十六十七世纪中国基督教图像研究	基督教艺术
第 9 册	张　欣	耶稣作为明镜——20 世纪欧美耶稣小说	基督教文学

五　编　（2019 年 9 月出版）

ISBN：978-986-485-809-5　　　　　　定价（台币）$20,000 元

册　次	作　者	书　名	学科别（／表示跨学科）
第 1 册	王玉鹏	纽曼的启示理解（上）	神学
第 2 册	王玉鹏	纽曼的启示理解（下）	
第 3 册	原海成	历史、理性与信仰——克尔凯郭尔的绝对悖论思想研究	哲学
第 4 册	郭世聪	儒耶价值教育比较研究——以香港为语境	宗教比较
第 5 册	刘念业	近代在华新教传教士早期的圣经汉译活动研究（1807～1862）	历史
第 6 册	鲁静如 王宜强 编著	溺女、育婴与晚清教案研究资料汇编（上）	资料汇编
第 7 册	鲁静如 王宜强 编著	溺女、育婴与晚清教案研究资料汇编（下）	
第 8 册	翟风俭	中国基督宗教音乐史（1949 年前）（上）	基督教音乐
第 9 册	翟风俭	中国基督宗教音乐史（1949 年前）（下）	

六　编　（2020 年 3 月出版）

ISBN：978-986-518-085-0　　　　　　定价（台币）$20,000 元

册　次	作　者	书　名	学科别（／表示跨学科）
第 1 册	陈倩	《大乘起信论》与佛耶对话	哲学
第 2 册	陈丰盛	近代温州基督教史（上）	历史
第 3 册	陈丰盛	近代温州基督教史（下）	
第 4 册	赵罗英	创造共同的善：中国城市宗教团体的社会资本研究——以 B 市 J 教会为例	人类学
第 5 册	梁振华	灵验与拯救：乡村基督徒的信仰与生活（上）	人类学
第 6 册	梁振华	灵验与拯救：乡村基督徒的信仰与生活（下）	
第 7 册	唐代虎	四川基督教社会服务研究（1877～1949）	人类学
第 8 册	薛媛元	上帝与缪斯的共舞——中国新诗中的基督性（1917～1949）	基督教文学

七　编　（2021 年 3 月出版）

ISBN：978-986-518-381-3　　　　　　　　定价（台币）$22,000 元

册　次	作　者	书　名	学科别（／表示跨学科）
第 1 册	刘锦玲	爱德华兹的基督教德性观研究	基督教伦理学
第 2 册	黄冠乔	保尔. 克洛岱尔天主教戏剧中的佛教影响研究	宗教比较
第 3 册	宾静	清代禁教时期华籍天主教徒的传教活动（1721～1846）（上）	基督教历史
第 4 册	宾静	清代禁教时期华籍天主教徒的传教活动（1721～1846）（下）	
第 5 册	赵建玲	基督教"山东复兴"运动研究（1927～1937）（上）	基督教历史
第 6 册	赵建玲	基督教"山东复兴"运动研究（1927～1937）（下）	
第 7 册	周浪	由俗入圣：教会权力实践视角下乡村基督徒的宗教虔诚及成长	基督教社会学
第 8 册	查常平	人文学的文化逻辑——形上、艺术、宗教、美学之比较（修订本）（上）	基督教艺术
第 9 册	查常平	人文学的文化逻辑——形上、艺术、宗教、美学之比较（修订本）（下）	

八　编　（2022 年 3 月出版）

ISBN：978-986-404-209-8　　　　　　　　定价（台币）$45,000 元

册　次	作　者	书　名	学科别（／表示跨学科）
第 1 册	查常平	历史与逻辑：逻辑历史学引论（修订本）（上）	历史学
第 2 册	查常平	历史与逻辑：逻辑历史学引论（修订本）（下）	
第 3 册	王澤偉	17～18 世紀初在華耶穌會士的漢字收編: 以馬若瑟《六書實義》為例（上）	语言学
第 4 册	王澤偉	17～18 世紀初在華耶穌會士的漢字收編: 以馬若瑟《六書實義》為例（下）	
第 5 册	刘海玲	沙勿略：天主教东传与东西方文化交流	历史
第 6 册	郑嫒元	冠西东来——咸同之际丁韪良在华活动研究	历史

册次	作者	书名	学科别
第 7 册	刘影	基督教慈善与资源动员——以一个城市教会为中心的考察	社会学
第 8 册	陈静	改变与认同：瑞华浸信会与山东地方社会	社会学
第 9 册	孙晨荟	众灵的雅歌——基督宗教音乐研究文集	基督教音乐
第 10 册	曲艺	默默存想，与神同游——基督教艺术研究论文集（上）	基督教艺术
第 11 册	曲艺	默默存想，与神同游——基督教艺术研究论文集（下）	
第 12 册	利瑪竇著、梅謙立漢注 孫旭義、奧覓德、格萊博基譯	《天主實義》漢意英三語對觀（上）	经典译注
第 13 册	利瑪竇著、梅謙立漢注 孫旭義、奧覓德、格萊博基譯	《天主實義》漢意英三語對觀（中）	
第 14 册	利瑪竇著、梅謙立漢注 孫旭義、奧覓德、格萊博基譯	《天主實義》漢意英三語對觀（下）	
第 15 册	刘平	明清民初基督教高等教育空间叙事研究——中国教会大学遗存考（第一卷）（上）	资料汇编
第 16 册	刘平	明清民初基督教高等教育空间叙事研究——中国教会大学遗存考（第一卷）（下）	

九 编 （2023 年 3 月出版）

ISBN：000-000-000-000-0　　　　　　　　定价（台币）$56,000 元

册 次	作 者	书 名	学科别（／表示跨学科）
第 1 册	郑松	麦格拉思福音派神学思想研究	神学
第 2 册	任一超	心灵改变如何可能？——从康德到齐克果	基督教哲学
第 3 册	劉沐比	論趙雅博基本倫理學和特殊倫理學之串連	基督教伦理学
第 4 册	王务梅	论马丁·布伯的上帝观	基督教与犹太教

第 5 册	肖音	明末吕宋之中西文化交流（上）	教会史
第 6 册	肖音	明末吕宋之中西文化交流（下）	
第 7 册	张德明	基督教五年运动与民国社会（上）	教会史
第 8 册	张德明	基督教五年运动与民国社会（下）	
第 9 册	陈铃	落幕：美国新教在华传教事业的终结（1945～1952）	教会史
第 10 册	黄畅	全球史视角下基督教在英国殖民统治中的作用——以 1841～1914 年的香港和约鲁巴兰为例	教会史
第 11 册	杨道圣	言像之辩：基督教的图像与图像中的基督教	基督教艺术
第 12 册	张雅斐	晚清聖經人物漢語傳記研究——以聖經在華接受史的視角	基督教艺术
第 13 册	包兆会	缪斯与上帝的相遇——基督宗教文艺研究论文集	基督教文学
第 14 册	张欣	浪漫的神学：英国基督教浪漫主义略论	基督教文学
第 15 册	刘平	明清民初基督教高等教育空间叙事研究——中国教会大学遗存考（第二卷：福建协和神学院）	资料汇编
第 16 册	刘平、赵曰北主编	传真道于中国——赫士及华北神学院百年纪念文集（第一册）	论文集
第 17 册	刘平、赵曰北主编	传真道于中国——赫士及华北神学院百年纪念文集（第二册）	
第 18 册	刘平、赵曰北主编	传真道于中国——赫士及华北神学院百年纪念文集（第三册）	
第 19 册	刘平、赵曰北主编	传真道于中国——赫士及华北神学院百年纪念文集（第四册）	
第 20 册	刘平、赵曰北主编	传真道于中国——赫士及华北神学院百年纪念文集（第五册）